神｜遊｜海｜吃｜下｜四｜川

川菜小吃古鎮行

文‧圖◎向東

推薦語

我一直認為川菜最迷人之處就在於它接地氣、不擺派，充分展現蜀地人民「尚滋味，好辛香」的天賦，能把觸手可得的平凡食材幻化成鮮爽開胃的佳餚，也因此小吃往往更勝大菜，越是家常越精彩。

向東先生的古鎮巡禮所著重的正是這類傳承深厚的民間飲食，既通俗又獨特。

文中娓娓道來，有風土人情，有歷史掌故，讀之令人嚮往也十分靠譜，是不可多得的蜀地古鎮導覽與民間美食指南。

廚房裡的人類學家——

莊祖宜

何记
叶子烟

作者序

迷失的味魂

道家有言：一生二，二生三，三生萬物。唐代以前的巴蜀，正如李白所感歎：蜀道之難，難於上青天。故而，朝廷多以劍南西川道和劍南東川道來劃分行政管轄區域，簡稱「二川」；唐玄宗時，增設了山南西道，於是便有了「三川」之稱；到宋真宗時代，再次劃分調整四川行署管轄區，皇帝老兒下達了一道詔書：分川峽轉運使為「益、梓、利、夔四路」，謂之「川峽四路」，因此而稱為「四川」至於今。

在民俗學家眼裡，所謂「四川」，即是「川菜、川酒、川茶、川戲」。但在川菜文化學者和川人眼中，「四」，是一個「口」，裡面一對「八」字大牙，於是乎就「嘴大吃八方」，且「尚滋味，好辛香」；所謂「吃八方」，這自當是有依據的。

四川是個移民省份，四川的歷史、文化，尤其是飲食文化，更是移民文化的結晶。自秦王朝到大清朝，移民到四川的主要來自湖北、湖南、江西、山西、陝西、山東、廣東、福建等地，他們分別帶著各自家鄉的民風、習俗、生產工藝、土特產、飲食習慣、烹調技藝來到四川各地定居。故而，在川菜中不難發現華夏八大菜系的影響。

再說「川」字，三條大道夾兩江，融通四方，顯示川菜「融南北菜系，海納百川」而「兼收並蓄，百菜百味」。故此，「四川」二字即生動而充分地道出了川菜天下，天下川味的箇中奧秘。

歷史上川中有三個以神遊海吃著名的文人饕客，杜甫、蘇軾和陸游。唐代大詩人杜甫為避「安史之亂」攜家帶小入川，在友人資助下於成都西郊浣花溪搭建茅屋（即後來的杜甫草堂），客居成都幾年期間，他暢遊四川各地，漫遊田園，品味農家，信步食肆，細品慢酌，寫下了大量詩篇，如「蜀酒濃無敵，江魚美可求」、「魚知丙穴由來美，酒憶郫筒不用沽」等。

宋代眉山人蘇軾，自稱「老饕」，對飲食烹飪有極高造詣。東坡先生出川，吃遍華夏，留下了諸多美食感悟和美味詩篇。蘇軾幾乎每到一地，都要品嘗該地特色風味菜肴，豪飲細啖中，詩風也更顯瀟灑飄逸，韻味無盡。至今在川菜的傳統名菜中以「東坡」命名的名肴，有「東坡肘子」、「東坡豆腐」、「東坡墨魚」等等，甚至筵宴、餐館也有稱「東坡酒樓」、「東坡飯店」者。

至於南宋大詩人陸游，在蜀為官十年，遊吃巴山蜀水，對蜀中風物、飲食更是讚美備至，對川中名酒、香茗、蔬果、野菜、河鮮、山珍、禽畜、菜肴、粥品等更是如醉如癡，竟到了「未嘗舉箸忘吾蜀」的程度。因為吃喝得愜意，其詩詞更豪放情衷。由於常在川菜酒肆流連忘返，海吃豪飲，被人稱作「宴飲頹放」，「陸放翁」之名由此而來。回家鄉後老先生居然已不習慣家鄉味了，他感歎說：「還吳此味那復有，日飯脫粟焚枯魚。」八十多歲高齡依然還舉箸思蜀老淚漣漣，「夜夜寒食夢還蜀」，做夢都還想著回到四川品嘗川菜。

自秦王朝到如今，歷史上大凡有名望的文人雅士，都要下四川神遊海吃，從西漢常璩、楊雄，到唐宋黃庭堅、范成大，從張大千、徐悲鴻到葉聖陶、梁思成等，無不對天府樂土之山水風光，麻辣鹹甜酸推崇備至。

現今，放眼華夏大地，雖是川菜天下，天下川味，然而，今天府之川菜川味，卻是菜式混沌，味之迷惘，魂之迷失，就剩下辣椒、花椒，以及五花八門的調味品和添加劑起哄喧鬧了。於是吃喝之間，舌尖失落，朵頤尷尬，令人唏噓不已。雖菜式也是色香味形器俱到，但傳統變形、新派怪異、鄉土變味，家常走樣，一品一嘗，一席川菜，已是「魂」飛「魄」散，「靈」之不存。大小餐館多是跟風攆潮，你模他仿；新派菜雜亂，華而不實；創新菜離譜，嘩眾取寵；文化虛空，孤芳自賞；精品深藏，曲高和寡。

行住坐臥之中，百思終得其解！肇因於今日原輔料污染，禽畜吃化學，蔬果澆農藥……冠冕堂皇的說辭，倒也令人啞口。然，從業者急功近利、唯利是圖；事廚者浮躁虛華，也是業中常態。那一桌玲琅滿目的菜肴，徒有其色，鮮有其香，虛有其味，枉有其形，假有其名，更何奢談傳統川菜，正宗道地也！

如此，傳統川菜偏安何方？正宗味道散落何處？記得1996年4到10月，曾專程到川西、川東、川南和川北一些鄉鎮采風，收集了海量的地方與民間食材、食藝、食典、食風、食俗、食文、食事、食趣，且每一個都蘊涵著豐富的文化內涵和地方風情。感悟尤深的是在雅安望魚古鎮一農家客棧，女主人在屋後的山林裡挖來鮮竹筍，採得幾朵蘑菇，在竹林間捉了一只母雞，再用山泉水和自家醃製的大頭菜，就這樣弄了一鍋竹筍蘑菇燉雞，既沒放鹽，更沒放雞精。那湯黃澄清亮，竹筍清香脆嫩，蘑菇滑爽柔美，雞肉細嫩化渣，吃得是熱淚伴著雞湯，真味暖熱肚腸，如此簡單淳樸的原生態美味，是可遇而不可求啊！

近十幾年間，亦有不少大廚，不時到山野鄉鎮尋根探源，取材掠料，但一離開那片水土，脫離那方環境，卻又是皮之不存，毛將焉附。我們也時有到鄉鎮遊玩，或路邊川菜館小啖，或農家樂細品，或鄉里人家舉箸言歡，必有幾款家常味、鄉土菜讓人感動不已，味濃情濃。鄉鎮川菜，原料天然新鮮，用料認真實在，烹製地道傳統，存幾許敬業之態，少諸多勢利之心，人純樸，味亦真淳。

由此反思，川菜之魂，想必依然是根植鄉土，若求川菜真味，還需葉落歸根。於是乎，四川東南西北，精挑細選三十個歷史、文化、風情依舊豐富，與美景、美色、美食相映成輝的古鎮，再次啟動川菜小吃尋根古鎮行。

目錄

壹

西蜀壩子——成都 020

貳

三江川南 136

參 四方尋味

前言

最後的吻別

記得五、六〇年代有首西北老民歌《下四川》，是最具傳統地方色彩，最有魅力的漢族民歌之一，百聽不厭：

一溜溜山，兩溜溜山，三溜溜山；

腳戶哥下了個四川，唉喲嘿，腳戶哥下了個四川。

下四川，對於千百萬從四面八方移民而來，世代繁衍生息的外鄉人而言，四川，依然是記憶中難以被模糊的故鄉。然而當下，「每個人的故鄉都在淪陷」！這句話出自哪裡已難考證，卻一直縈繞在我的腦海，不時忽悠著我尚還清醒的意識與感知。夢中亦也常出現故鄉的場景，竹林院壩、石橋流水、麥青稻黃、鵝鴨嬉戲、雞鳴犬吠、嫋嫋炊煙……。

田間小路，竹林院壩，淳樸生活是如此真實，讓人嚮往。

四川的歷史原本就是一部血淚情殤的移民史。散落在巴山蜀水的各地移民，懷揣家鄉的語言文化、民風民俗、食材食料、飲食習俗，安居於川西、川東、川南和川北，造就了風情風俗異彩紛呈的四川鄉鎮。這些印刻著血淚和笑語的古鎮多情而滄桑，大多都深藏在山林河谷，窮鄉僻壤，掩映在竹木樹林中，有些幾乎與世隔絕。這些古鎮，歷史久遠、風情多樣，具有濃郁的地方文化與人文底蘊、移民風情和質樸民俗。逢場趕集、壩壩筵、九斗碗、八大碗、十大碗、廟會、舞獅、舞龍等多姿多彩的民風交相輝映，自然而然地融合在青山綠水之中，點綴著蒼茫的巴蜀大地。走進鄉鎮，呼吸的每一口空氣裡似乎都含著某種殤思，那些青石板路和青瓦木屋間，古榕樹、吊腳樓，也無不默默流動著喜樂哀愁的世間情感與簡約溫馨的一日三餐。作家阿城說過，思鄉這個東西，就是思飲食。也常聽遠在異鄉的人說，家鄉的飲食總是讓思鄉之情高漲……。

山鄉古鎮，頑強執著地固守著世代相襲的傳統，保留著古風民俗。人們春耕秋收，夏耘冬藏，和山水相依，與莊稼共舞，既有著生生不息的活力，日子又過得純真而悠閒……。在鄉鎮裡，我們能找回遺失在高樓大夏、喧鬧市井裡，那些被人們遺忘的淳樸真實的生活，魂牵夢囈的兒時快樂生活的七滋八味。如老四川長說的，簡單出真味，質樸見本色。

瞧那無處不在的竹椅、竹筐、竹簍、竹篩、竹籃、竹扒、竹帚、竹席……件件讓人倍感親切。鄉裡的大媽、小妹遞上一把竹扇，端上一碗竹葉芯熬的清茶，聞一聞，心神頓安，呷一口，情思纏綿。於城市間充斥身心的浮燥憂煩、疲憊傷痛頓時間風吹雲散。

看到這些簡單得近似原始而又質樸的竹器竹具，禁不住使人浮想聯翩，兒時和小夥伴們騎竹馬、唱童謠的那份快樂在心中悠悠迴蕩——「胖娃兒胖嘟嘟，騎馬上成都，成都又好耍，胖娃兒騎竹馬……」。

在21世紀的今日，鄉村人家還一直保持著淳樸真誠的豆花待客這樣的傳統習俗。進門落座，片刻功夫，老大媽便端上一碗荷包蛋，還特地告訴你，這是老母雞新下的呢！晚間吃飯，必是豆花、臘肉，自養的雞、鴨，湖塘裡打來的鮮魚，以及鮮蔬、泡菜、新米飯。而農家大娘或大嫂卻笑眯眯地說：「真不好意思，鄉裡頭拿不出什麼好東西招待你們，只有吃點豆花便飯，不要見笑哈！」可對於長久生活在繁華都市的你我，這才是真正的飯菜啊！這桌豆花便飯，這淳樸的鄉情，任你是鐵打硬漢、頑石心腸也會咽喉哽塞，手中的竹筷亦不住地顫抖，夾菜如夾鐵。這箇中滋味，怎一個「情」字了得！

鄉村人家，總能以其純真和質樸把原本無情之物變為有情之肴，在豆花中澆注了人世間最為真誠的親情、鄉情、友情、人情。當然，還有食趣與吃情。口裡慢咽著清香甘甜的豆花，心中又迴響起兒時和小夥伴們常在田壩頭、竹林盤中唱起的，那不知傳了多少代的豆花民謠：「清豆花，黃豆花，煮在鍋頭白生生兒，舀到碗頭嫩咚咚兒，筷子夾起閃悠悠兒，吃到嘴裡麻碌碌兒，糍粑辣椒辣呼呼兒，嘴上印個紅圈圈兒，喝碗窖水甜絲絲兒，打個飽嗝香噴噴兒……」。

我們這些從鄉村裡苦苦奮鬥出來進了城的人，曾經為自家的鄉土身分感到卑微羞澀過，也曾認為老家的鄉親們「土裡土氣」，是「鄉巴佬」、「鄉老坎」。然而，山不轉水轉，而今我們這些「城裡人」、「白領金領」、「文化藝人」、「商人老闆」，在「現代化」、「國際化」的「時尚」生活中，為財累，為情困，為名惑，為利誘，貪婪心、虛榮心日益膨脹，現代化、時尚潮也使我們變得越來越「土」；那幾十百把平方公尺的「鴿子籠」蝸居著三代人；一門關進的「洋樓房」，低頭不見抬頭見，卻是爭吵之聲相聞，老死不相往來；每日每夜呼吸著霧霾塵埃，一日三餐吃著殘留農藥化學，喝著被污染了的廢水……。

如今，鄉親們帶著善意與同情關心著我們「可憐的生活」、「無知愚昧」，送來一桶新菜油、一袋新米、一塊家養豬肉、一只土雞或一籃子土雞蛋，竟會讓我們如獲珍寶，欣喜不已。於是乎，那鄉裡土氣，也不知是在什麼時候變得日漸珍貴，返璞歸真成為一種奢侈。

從某種意義上來說，天府蜀地的古鎮講述著四川的滄桑和變遷，演繹著移民情殤和人文風尚。因為四千年古蜀歷史的煙雲，「湖廣填四川」的悲喜苦樂，牽腸掛肚的鄉思鄉愁，都已經深深地浸透在了古鎮的青磚黑瓦和石板路上，一日三餐更是融合著深情與鄉戀的情肴，是望穿秋水的思戀與期盼……。

二十年前暢遊川鄉古鎮，以及兒時回到鄉下的生動情景，依然鮮活在目，感人心懷。神遊海吃逛四川，到鄉鎮去，只為追尋那迷失的味魂，乾涸的川菜之根。只是想為自己短暫的人生留一份心靈的充實與懷念。從鄉野到廚房，從土地到餐桌，這不就是當今社會追捧的食尚嗎？特色食材，民間烹技，地道川味，深藏在民間，川菜的根在鄉野，川味之魂在鄉土，讓人垂涎，讓人嚮往！回鄉下去，親吻鄉土，親昵鄉風，探望情絲纏綿的鄉鎮風情，將巴山蜀水的奇妙美景、美味、美色一舉攝入，篆刻在天府大地幾千年浩瀚燦爛的移民風情中。

然而眼下，一臺臺推土機正冷酷野蠻地推倒一個個老弱病殘的鄉鎮，將無數傳承了幾百年的民風民俗，農耕文化摧毀掩埋。鄉土中國正在一點點地分崩瓦解，華夏傳統社會的經緯已經被撕碎。城鎮化大潮，必使我們生長的那個質樸，寧靜，浪漫的村子也像中國很多鄉村城鎮一樣陷入衰落，最後的古鎮面臨消失的危險！一剎那間，我們的記憶、我們的情殤、我們的生活和我們的文化與風情變得是那樣支離破碎，或許一年二年三年後，我們就會在悲哀的嘆惜中，為曾擁有的那份初戀、癡情，作最後吻別，為品味過她的風情韻味而深感幸運和欣慰。故而，我迫不及待地帶著尚未衰敗的吃情與健全的胃腸，挎上攝影包，啟動了或許是最後的人生孤獨之旅，去尋覓今生今世的——舊愛新歡。

1 鄉鎮廚師端出的美味沒有秘密，就是依循傳統，按部就班，加上新鮮或當令食材，家常卻常給人意外的美味驚喜。

2 趕場天，鎮周邊的農民除了趕場買賣點新鮮蔬菜也順便和老熟人擺點龍門陣。

壹 西蜀壩子 成都

以成都為核心的川西壩子，自秦漢以來就被譽為「天府樂國」。

成都，古九州之一的益州治所，秦《戰國策》中表述：「田肥美，民殷富，戰車萬乘，奮擊百萬，沃野千里，蓄積饒多，地勢形便，此所謂天府，天下之雄國也。」

諸葛亮在《隆中對》中亦說：「益州塞險，沃野千里，可謂天府。」

常璩《華陽國志》記曰：「水旱從人，不知饑饉，時無荒年，天下謂之天府也。」

到唐宋時代，蜀地的經濟發展、社會繁榮可說華夏第一，成為名副其實的「天府之國」。

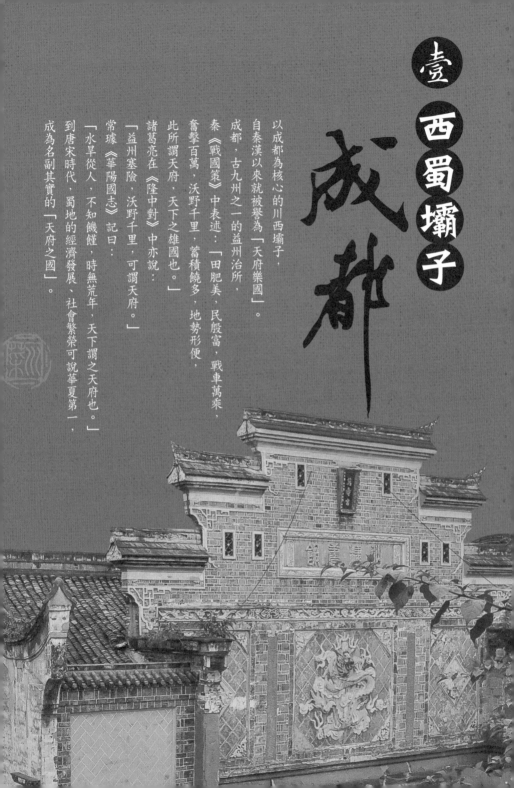

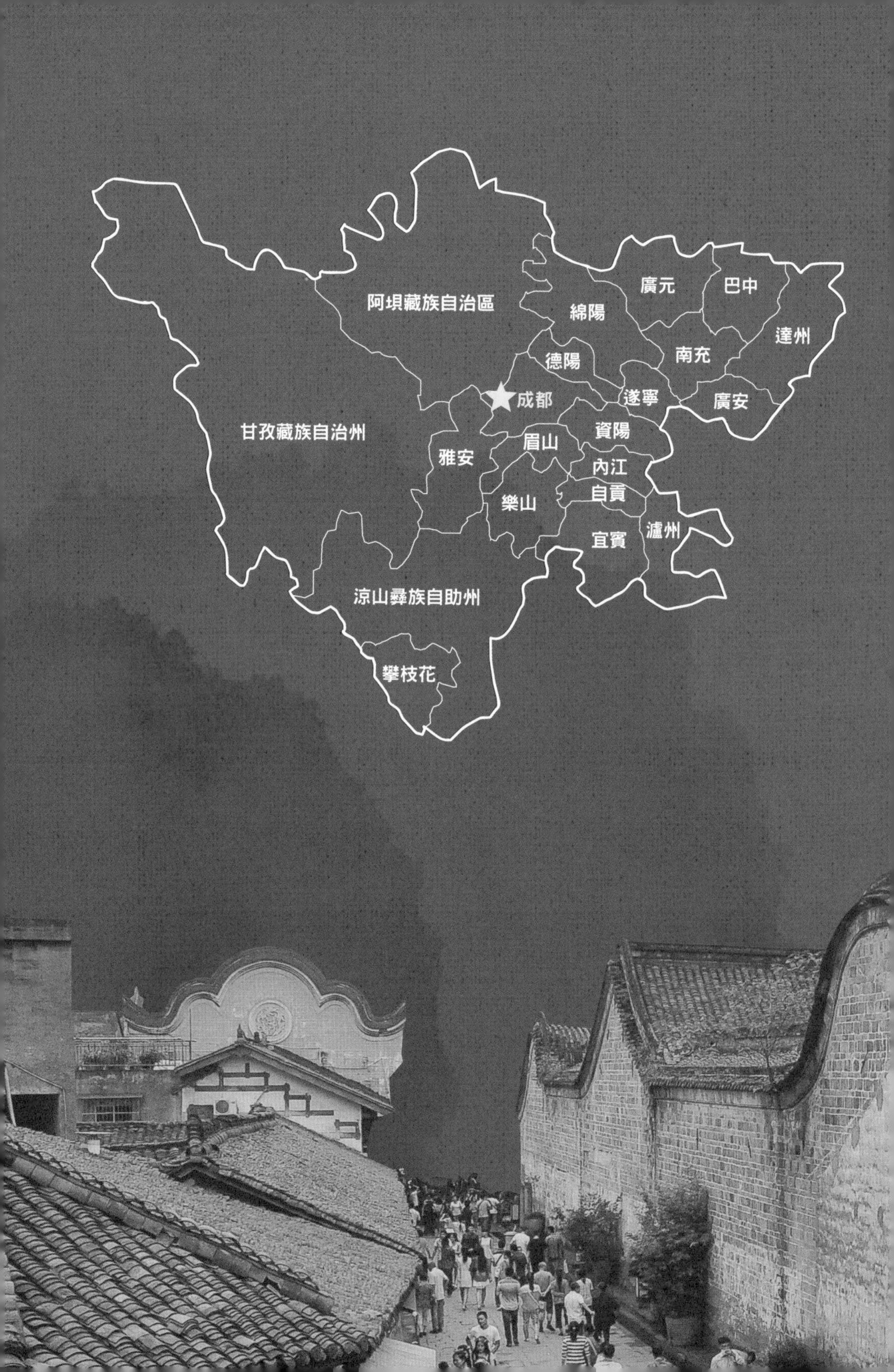

阿壩藏族自治區
綿陽
廣元
巴中
達州
德陽
南充
成都
遂寧
廣安
甘孜藏族自治州
資陽
眉山
雅安
內江
自貢
樂山
瀘州
宜賓
涼山彝族自助州
攀枝花

01

街子古鎮，小吃百味

位居天府平原與山地交界的崇州街子古鎮，身居青城山麓，岷江水系，人文奇美，物產豐碩，為一大休閒旅遊熱點。放眼街子，除奇美的天然風光，先人遺留的豐厚歷史、人文積澱造就出街子味道。

近年，街子古鎮更受到川菜頂級大師們的青睞，打造出一批傳統名菜、鄉土佳肴及風味小吃，簡直是「一家一格，百家百味」。

川菜、小吃味道都很巴適的街子，是街子人的聰慧靈氣悟煉出來的。那條環繞街子的清澈江水就叫「味江」！

據傳，古蜀王征西蕃的時候，江邊居民曾敬獻一壺美酒，蜀王沒有一飲而盡，而是「投諸江中，令眾軍共飲」。於是，這條江從此清純甘美，取名味江。正是這條從雪山走來、很有「味道」的古老江河，滋潤出千滋百味的街子古鎮來。

巴蜀「尚滋味，好辛香」的飲食習俗，是由崇州人常璩在現存最早的地方志《華陽國志》裡率先披露，讓人們窺見先秦以前及秦漢時期蜀人的食風食俗，重滋味的同時，更要味感豐富、吃口香美。常璩在《華陽國志》中還明確地將蜀人「尚滋味，好辛香」與「多斑采文章」、「君子精敏」、「小人鬼黠」、「多悍勇」之性情，一起總結為蜀人的「五大特徵」。如今，

「品生態，吃正宗；品特色、吃道地；街子美味，讓你口福心服。」便成了川西壩子休閒飲食的一大特色。

世外淨土，雅韻無盡

街子古鎮青峰綿亙，四季蔥鬱。街子鎮東北與都江堰銜接，岷江雪水從川西高原咆哮而下，一出青城山，其支流經地勢平緩的街子鎮，一下顯得和順而柔美多了。江水在此形成味江，以及一池龍潭。西面，有天國山環護，讓古鎮山水相映。

街子建鎮有一千多年歷史，明朝萬曆四十二年，百業凋敝，昔日繁華的古鎮只剩江邊的河街子一條街了，附近山民仍到這趕場，集市貿易，因此叫做「街子場」、「街子」。現在街子讓遊人駐足流連的，便是青石板路和古老民居，淳樸溫厚的街子人文和濃醇的鄉風鄉情。

街子，既有脫胎於青城山的清幽恬靜，又得益於皇家古寺的神采護佑。千年古楠、古柏、古杉、銀杏參天蔽日；山中深藏以光嚴禪院為中心的32座寺廟等古蹟，人文璀璨，從而贏得「川西水鄉」、「青城後花園」之美譽。

古雅的風情韻味無盡，廣場上的銀杏古樹，千百年來在世易時移中見證街子鎮的苦樂年華。

進古鎮老街，山清水秀，空氣清新，感受到的是淳真、親切、質樸裡透出優雅。兩旁低瓦簷、木門板的民房，花草鳥籠，儼然如世外淨土；古寺禪院，祈福聽經、蕩滌心靈。猶如一幅怡情養生的川西小鎮畫卷。

街子也是一個充滿隱居傳說的地方。據《中國通史》的記載，明朝開國皇帝朱元璋之孫朱允炆在歷史上曾神秘失蹤，經民間許多專家考證，朱允炆其實就隱居在街子場光嚴禪院的上古寺附近。從西元１４０４年起，一直在山裡住了十餘年，「青城街子，怡養小鎮」之說由此而來。

如果說山水是街子修身養心的基因，那詩、茶、禪、史之特色文化，則是街子的歷史與人文之精靈。

「詩」，街子歷代都受到皇家官宦、佛道高人、文人雅士的青睞，杜甫、陸游、尹昌衡、于右任等人曾在此吟詩作賦。晚唐「一瓢詩人」唐求則生於此，留下詩作35首，收入《全唐詩》。

「茶」，崇州曾是漢藏茶馬貿易重要的集散地，古時街子盛產茶葉，南宋嘉定年間設四川提舉茶馬司以治理茶馬事，品茗休閒成為古鎮的重要休閒文化。悟禪、品茶、養蘭花，這般高雅休閒境界乃源自街子人的生活創造。

「禪」，古寺「光嚴禪院」在佛教中有「西川第一天」之稱，寺裡的「千僧鍋」、「鐘鼓樓」讓遊客歎為觀止。光嚴禪院隱身山林中，禪意濃厚，是四川佛教聖地之一。寺院因有《初刻南藏》、貝葉梵文、御賜極品三件寶物而馳名，寺裡還保有「悟空祖師肉身像」。在古寺悠遊，看嫋嫋香火，聽聲聲木魚，虔誠的香客、繚繞青煙更給古寺增添一股莊嚴和靜謐。

「史」，崇州「三傑」之一、東晉史學家常璩，輯撰的《華陽國志》，被稱為「中國地方志的初祖」。《華陽國志》是一部專門記述古代中國西南地區地方歷史、地理、人物等的地方誌著作，志書包括了晉以前上千年歷史；地域範圍包括了雲、貴、川、渝和陝、甘、鄂

街子的味道，在古樸典雅與現代時尚中悄然融合，味醉世人。

光嚴禪院釋迦牟尼成佛歷程石刻。

部分地區。在這部巨著中，常璩以川西壩子和崇州為基點，率先道出天府之國對飲食肴饌「滋味」與「辛香」的追求。

不僅如此，千多年前五代十國之後蜀，青城東南天國山下還出了位花仙王妃——愛花惜花的著名女詩人花蕊夫人。花蕊夫人本姓費，是蜀王孟昶的貴妃，酷愛牡丹和芙蓉，於是孟昶便命官民人家在城內外遍種牡丹、芙蓉，每當五彩芙蓉盛開，沿城四十里如鋪錦繡，成都因而得名「芙蓉城」。花蕊夫人還是個花膳烹調高手，她創製的各種花肴、小吃、點心多達百餘種，並編寫成花膳食譜，可惜後來大宋滅了後蜀即遺失了。

今日街子鎮還是享譽海內外的「蘭花之鄉」。門前屋後、隨處可見蘭花，滿街商鋪前各種蘭花爭相鬥妍，客棧、餐館裡也不乏蘭花展示，為的是那份雅韻流香及閒情逸趣。

鄰近街子鎮的野地山林蘊藏豐富的野生蘭花資源，幾乎涵蓋了除墨蘭外的中國蘭花物種，其中不乏珍奇品種。每年陽春三月，這裡都要舉辦名揚海內外的蘭花節。除蘭花精品展外，還有西蜀十八名貴蘭花評選。街子蘭花節已有數百年歷史，是成都八大花會之一。

「家家清泉流，戶戶蘭花香。」蘭花秉承了古鎮「琴棋書畫詩酒花」的儒雅風韻，點綴了古鎮居民悠然自得的生活品味。我方才心有所悟，啊，是蘭草，把街子男人調養得瀟灑熱誠，儒雅有禮；是蘭花，把街子女人薰陶得猶如大家閨秀，淑美優雅，風韻可人。

古今交疊，民風純樸

漫不經心地悠蕩街子，街巷間賣麻糖的叮噹聲，「磨剪子、鏘菜刀」的吆喝，玻璃彈珠滾落地上的嘀嘀嗒嗒；江邊小路上吱吱呀呀的「雞公車」（四川早期的一種獨輪人力車，可坐一到二人，也可推貨），站在壩壩打連杆（撞球、檯球）老人的身影，還有似船一樣搖搖擺擺的么妹燈（民俗表演，花燈戲的一種）。

遊走間感受著當地人純樸的熱情，聽著那抑揚頓挫，鄉土味濃厚而溫馨的話音，看著一座座古樸建築、吃著鄉野美食，好像來到了世外桃源。秋日斜陽如金燦燦的薄紗，飄落的銀杏黃葉在落日映照下金光閃爍，令人眼花繚亂。

到了傍晚，不遠處傳來吆喝聲：「豆花——熱豆花！」一位壯實豐滿的農婦挑著豆花擔子，像一股暖風迎面而來，臉龐紅撲撲的，爽朗的向你打著招呼，如此溫馨，看來吃碗豆花是必須的了。

現今的街子鎮，雖說人為打造的痕跡較重，也很商業化，但不僅不俗反而很雅。因為她的青山綠水、民風民俗是真切淳樸、鮮活生動的。仿古建築中融入歷史古鎮的真跡，古舊與新鮮混雜，相得益彰。現今城鎮化大潮中，每天有八十多個古老村鎮正在消失，有街子這樣的古鎮，已是十分難得。

《華陽國志》作者常璩就誕生於街子古鎮。

街子小吃，千滋百味

晃晃悠悠遊走在街子街巷的豆花擔子，空氣中散發出湯麻餅、葉耳粑、凍糕饃饃、油糕兒、烤紅苕、烤包穀（玉米）的陣陣香味，雖說就只是一條街，卻有兩百多家餐館，飯店都把灶台砌在大門口，上面堆滿野菜，聽當地人說，街子獨有的地理環境下生長的的野菜格外香嫩。飯店屋簷下還會掛著老臘肉，暗褐中透出紅亮，十分誘人。走過每一家飯館，都會舉步不前，看著菜牌就口水連連，像是名奇味美的太極養生豆花、鄉村雞豆花、泡椒紅燒肉、泡菜豆腐燒鰱魚、手撕山雞、泡菜什錦、山藥燉烏骨雞、山藥肘子、相思魚、心太軟、按摩鱔魚、霧裡看花、荷葉叫花雞、金椒土鯰魚、紙包螞蟻、脆皮豆花、紅燒蒸酥肉、熱拌鯽魚、羅板鴨等；懷遠三絕的葉兒粑、凍糕、豆腐簾子舉目可見；天主堂雞片、豇豆麵、翡翠涼粉、阿婆涼粉、傳統油糕、酸辣粉、甜水麵，跳水麵疙瘩、手打豆花等。

尤其是天順苑的「太極養生豆花煲」、「鄉村雞豆花」、「鄉村回鍋肉大全」、「泡菜豆腐燒鰱魚」，還有唐公別院的「香乳粉蒸肉」、「紅乳燒蹄花」、「腐乳燒豬肚」、「什錦泡菜」等，還有品之不夠的地方小吃，無不讓人口迷心醉，真似當年的陸游，樂而忘歸，樂不思鄉也。

湯麻餅：並不是泡在湯裡的麻餅，而是姓湯的人做的麻餅。始創者為街子鎮居民湯仕元，現今已傳至第六代，為古蜀四大名小吃之一。湯麻餅以酥、脆、香、甜，滋潤化渣而著稱，選料講究，採用特級精麵粉、優質白沙糖、冰糖、桃仁、玫瑰、冬瓜條、黑芝麻、植物油等原料，以祖傳配方結合傳統與現代工藝製作，經製皮、製心、製油、製酥等程序後，製作成圓餅型，黏上脫皮芝麻，用炭火爐烘烤而成。成品色澤棕黃、皮薄酥脆、香美可口，是名冠

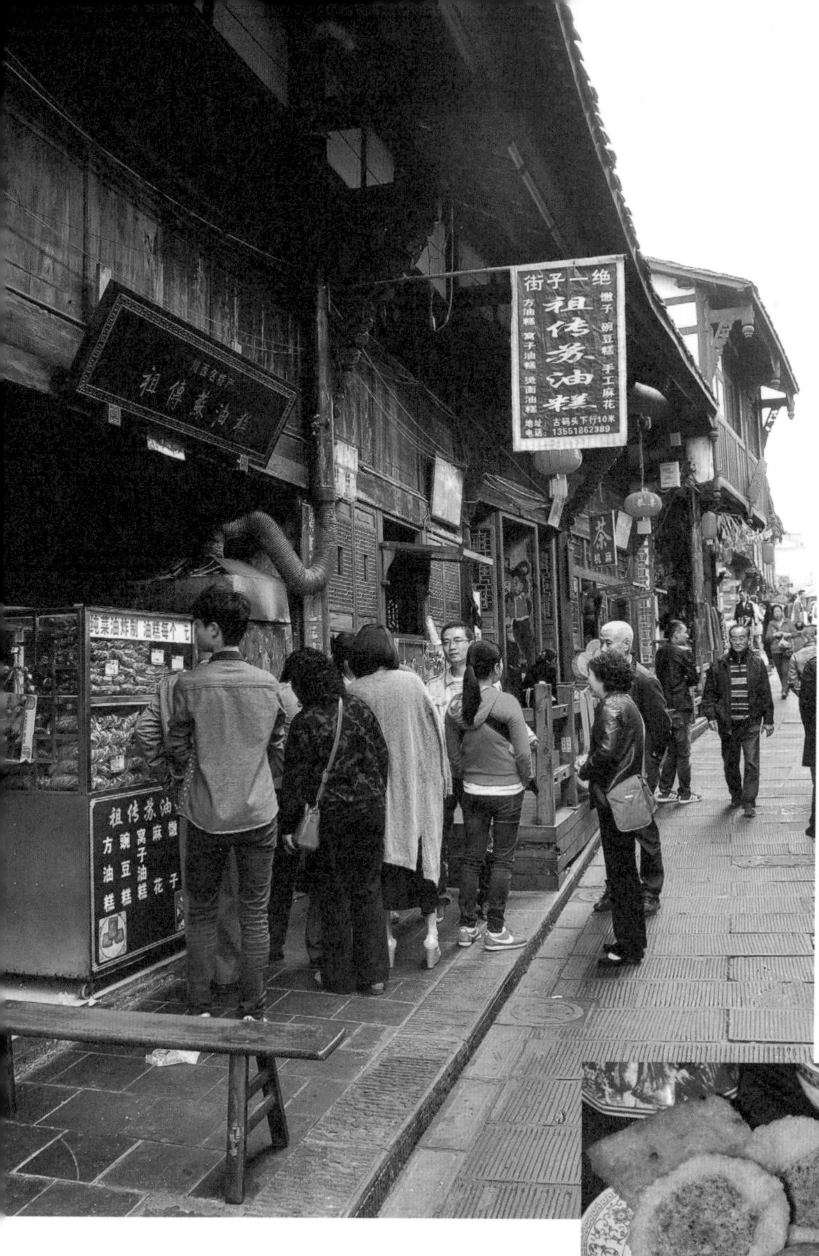

剛出鍋的油糕，是許多人兒時記憶中的美味，金黃油亮，香美可口。

川西的傳統民間小吃。湯麻餅有多種口味，以鹹甜為主，另有黑芝麻、五仁、花仁、火腿、玫瑰、冰橘等以及無糖麻餅。

程記葉兒粑：一家三十多年來在成都四方傳揚，至今仍不時勾起三十多歲以上男女之食趣的葉兒粑名店。一走到陝西街或青石橋，總是忍不住一鹹一甜買兩塊解饞。

葉兒粑有甜、鹹兩種風味，甜的用吊漿糯米粉子做皮，內包用豬板油炒熟炒香的紅糖、花生、核桃、芝麻等混合製成的餡兒；鹹的則包香艾、臘肉碎末、青筍或藕粒、芽菜等合製成的餡兒，此外也常以新鮮五花肉做餡。

回到老家的程記葉兒粑，依然堅持傳統手工製作，除了葉兒粑，凍糕就有白糖味、紅糖味、香油味，還有黑米凍糕、玉米凍糕等。趁熱嘗，很驚喜地感受到那懷念的風味。

唐公阿婆涼粉：「唐公」是指街子鎮唐代大詩人唐求。這家涼粉做工精細、調味手法獨到，只用本地大米、菜籽油，以確保新鮮和天然口感，其辣椒、花椒、豆豉醬等尤為精到，故而吃來是滑爽柔韌、細嫩滋潤，麻辣多滋、醬香味濃、回味悠長。還有一款香甜涼粉很獨特，夏天吃即感清涼解渴、疲乏頓消、精神氣爽。其涼粉名堂還頗多，有豌豆涼粉，還有土豆涼粉、米涼粉等，此外，店裡的蕎麵、酸辣粉、涼糕、銀耳羹等系列小吃亦是款款爽口美心。有意思的是街子鎮上的涼粉，以「阿婆」為名有好幾家，每家都有自己的特色。

傳統油糕：在街子古鎮靠江邊老碼頭的一條小巷裡發現一家油糕小店，現炸現賣窩子油糕、椒鹽方塊油糕、豌豆油糕和燙麵油糕。方方圓圓，金黃的色調，濃濃的油香，一下就勾起了我的懷舊之情。

油糕是成都人的傳統風味早點，有糯米做的方塊油糕、窩子油糕，麵粉做的燙麵油糕，還有豌豆油糕和花生油糕。窩子油糕，因炸成後形似鳥窩，圓圓的，中間向下凹著，又像一盞小鍋，故又稱為「油錢餅」。窩子油糕是用糯米蒸熟，揉搓成粗條，揪成小團壓扁，中包紅豆沙泥或綠豆沙泥，再捏成圓窩形油炸而成。「窩子油糕」看上去是色澤金黃，吃來則表皮酥脆、內軟滋糯、油而不膩，細膩的豆沙餡中含有淡淡甜香。

方塊油糕則在蒸熟後的糯米飯團中，拌合上鹽及少許花椒粒，倒進一個大方木框內壓平，冷卻後切成四方塊，入油鍋炸製成皮酥色黃即可。方塊油糕不是靠餡料提味增香，而是經過調和在糯米飯團中的淡鹽和花椒，經過高溫油炸，把糯米的本味與鹹味、花椒酥麻香味融為一體，故而其風味顯得十分奇特。最能讓食者意外的是偶爾咬到其間的一粒花椒，那香香的酥麻味感，在唇舌上舒張開來，頓覺精神一爽，在吃香咽麻中享受那獨特的快意。

燙麵油糕則是將麵粉倒入燒滾著適量熱水的鍋中，充分攪製成熟麵團，起鍋晾冷，再加適量乾麵粉揉勻，扯成約一兩一個小塊，壓成麵皮，然後包入用木棍捶成泥茸狀的紅糖心子，再將麵塊搓成約8公分長、5公分寬的條，壓成牛舌形狀，入油鍋炸成金黃。燙麵油糕外酥內嫩，香甜可口，熱吃最佳，由於糖餡在油糕裡緩緩流動，老百姓又風趣地叫為「活糖油糕」。

成都人對方塊油糕、窩子油糕和燙麵油糕是情有獨鍾的。過去，窩子油糕和方塊油糕是花會燈會上，與糖油果子、三大炮並列，廣受人們喜食的風味小吃。尤其是小孩子，一手拿著油糕慢嚼細咽，一手拿只風車車，邊吃邊玩邊看熱鬧。這小吃雖在成都早晨街邊臨時小攤子上也可以買到，但看著那黑黑混沌的油，確實又不敢買。第一次巧遇這家店時，聞到一股濃郁的新鮮菜油香，立馬買了紅豆沙的窩子油糕，一口咬在嘴裡油滋滋的，滿口都是糯米的香脆，豆沙的酥香，味很濃卻不甜膩。吃著這道地的鄉村風味窩子油糕，童年的記憶也浮上心頭。

活埋泡菜、豆瓣：街子入口的新橋江邊，有家庭院式的餐飲酒家叫天順苑。不經意間發現其坡坎上、花壇裡都深埋著一個個瓦缸土罈，藏著「今古奇觀」般的秘密——入土三尺，「活埋」泡椒、泡菜、豆瓣。

尋遍四川鄉鎮的我，知道鄉村人家有的把泡菜、豆瓣放在潮濕通風的地方，有的把罈子底部埋在土中，以保持濕度和溫度，防止泡菜、豆瓣變質。但把整個大土罈子都埋在土裡，還是第一次看見。泡菜、豆瓣、豆腐乳需自然發酵，故很講究環境濕度和溫度，隔絕了空氣、異味和細菌，才能充分發酵，產出獨特的鮮香。這家土罈裡的泡菜選用高山中按季栽種的蔬菜，加上80公尺深的地下泉水，以鄉村傳統工藝泡製而成。

這些被「活埋」，只露出罈口的土罈子，可謂沐日月之光華，吸水土之靈氣，真正接了地氣，融通了天地，其美味自然天成。一看，一聞，立馬就誘得人口水牽線。

泡菜、豆瓣是川菜家常菜之靈魂，其風味品質決定菜肴是否道地與美味。天順苑埋在地裡的罈子，分別有泡蘿蔔、泡青菜、泡辣椒、泡薑等家常川菜的重要調輔料。揭開一個個罈蓋，泡蘿蔔、泡紅椒色豔如初，飽滿鮮嫩、香味四溢，泡青菜色澤金黃，脆嫩多汁，酸香撲鼻；尤其是那泡蘿蔔，色澤嫩紅，豐滿水靈，食色之心頓生，嘗一口，鹹辣酸香，鮮嫩脆爽，像是吃可口的水果一樣；豆瓣罈更是紅亮刺目，醬香、辣香，頓時刺激得人口水連連；香辣豆腐乳尤為霸道，油亮紅潤的辣椒裹著細膩白嫩的腐乳，鹹鮮香濃，辣麻多汁，可口至極。曾任聯合國中國代表團御廚的張中尤大師也說第一次看見這樣製做泡菜、豆瓣的，很鄉土，也很科學。舒國重和李紅兩位川菜大師直言，用這泡菜燒魚風味絕對美味，用豆腐乳做粉蒸肉，

街子古鎮小吃多樣，由上而下，分別是春捲、麻餅及貨真味實的程葉兒粑。

以埋在土中的潭子泡出的泡紅辣椒、泡蘿蔔色麗如初，特別飽滿硬朗，鹹鮮香美，十分少見。

川菜三劍客「向舒李」指導湖南衛視拍攝。

一定十分正宗道地。

坐在江邊細品慢嘗用這些調輔料烹製的款款美肴，大蒜泡菜燒土鯰魚湯汁紅亮，色香味鮮美無比，魚肉細嫩香美，其中的老豆腐綿紮鮮嫩，泡菜渣渣尤其爽口，那鹹辣酸甜，鮮美爽滑的口感，真還有幾十年前吃帶江草堂鄒鰱魚（應為鯰魚，川話鯰、鰱不分）的口感；再說那酸菜魚看似清花亮色，泡青菜黃亮脆爽，酸香之中，那泡小米辣的辣勁超強，一尾大草魚，居然能烹製得如此細嫩鮮美，可見功夫非同一般。用那燒鯰魚的泡菜湯汁拌米飯，或是拌麵條，就著香鮮泡菜，滋味真好。

各大電視節目都十分青睞這家獨具風味風情的鄉村餐館，２０１５年央視財經頻道《春天的味道》攝製組以天順苑的泡菜為主線，介紹了鄉野美味的奧秘。街子天順苑的「活埋」泡菜一舉成為傳奇，名揚四方。也使得原本只是自家烹調所用的泡菜、豆瓣、豆腐乳、紅蘿蔔乾、鹽白菜等，成了四方遊客暢遊街子必買的伴手禮。

黑白豆花：天順苑還有一樣美味，是黑白豆花。巴蜀鄉村幾乎每戶農家都有石磨，接客待友都要推豆花。鄉裡的豆花，從磨漿、熬製、點鹵到調兌蘸料，多為婦女包辦。街子鎮天順苑的楊孃孃和甜美可人的豆花美女，推磨起豆花來，真是一道亮麗的風景。在磨邊，隨著推磨的節奏，緩緩從缸缽裡舀出帶水的黃豆往磨眼兒裡添加。磨沿邊，白花花的豆漿流淌出來，順著磨盤又流進盛漿汁的缸或盆裡。那推磨豆花的美女，神情淡定而優雅，不時莞爾一笑，讓人心醉神迷。

所謂「黑豆花」，則是用黑黃豆磨製的。黑豆花不僅顏色特別，灰黑灰黑的，吃到嘴裡口感和味道也有些異樣，天然本味、清醇甘美。

鄉裡人常講，好品質的豆花必講究黃豆、水質、滷汁等原料，加上選豆、泡豆、磨漿、濾漿、煮漿、點鹵、燜花等七道製作工藝，樣樣馬虎不得。然而，最能體現豆花地方風味特色的還是味碟。鄉村豆花的調味料大多簡單實惠，所用調料不過六、七種，醬油、油酥豆瓣醬、紅油辣子、豆豉醬、花椒粉、蔥花等，喜吃酸辣味的則加點香醋，關鍵在於精心調配，讓人吃來妙不可言。

鄉村人家，給豆花中澆注了人世間最真誠的親情、鄉情、友情，當然，還有食趣與吃情。對品嘗過四川大部分鄉鎮豆花的我來說，天順苑的豆花品質和蘸碟風味堪稱一絕。難怪在天順苑玩耍的孩子們，一看見推磨豆花，就情不自禁地唱唱跳跳起來：「白豆花兒、黑豆花兒，夾起一塊閃悠悠兒，吃進嘴裡甜絲絲兒，紅油辣子多放點兒，嘴上辣個紅圈圈兒。」

另一黑白豆花特色菜「太極養生豆花寶」，取道、佛兩家之飲食養生，皆以豆花為寶的飲食養生理念烹製，將黑豆花、白豆花盛於砂鍋或湯煲，輔以雞肉、肉圓、酥肉、蘑菇等，配以四季風味蘸碟，即是「太極混元，四季養生，天人合一，生生不息」。這種黑白豆花從形式、風味、吃口及營養都老少皆宜。

街子古鎮猶如盛開在青城山下的一朵美味奇葩，最適合以漫不經心的閒情逸趣來咀嚼品味。青霧籠巷的清晨，或是日影銜山的午後，再或是不需要任何理由的日子，不妨來此，遊吃街子，體驗感受那些會讓你懷念的風情與美食。

川人對豆花蘸料的調配十分講究。左為黃豆豆花，右為黑豆花。

02 懷遠老街，人情味濃

出成都西行四十里，南北是重疊蜿蜒的山峰，東西是高低錯落的丘嶺，形似長廊。龍江水自西南逶迤而下，中州河從西北蜿蜒而來，一大一小，兩江會合，懷遠鎮就坐落在這三角嘴上。

懷遠原名「横原」，兩名音相似，但「懷遠」更上口，更響亮，因而更名。清乾隆年間，古鎮已有東南西北四條街道，清光緒初年增至八條，到１９５０年代街巷已有21條，加上有廟宇、宗祠、會館、教堂等古建築，其規模在川西壩子堪稱一流。時至今日，不少老街已然沉寂，隨意走進街巷庭院，都能感受盛世遺風。

在洄瀾街，有一座洄瀾塔，塔型六方，高九層。塔中有一約10公分直徑的垂直孔，可自塔底直視頂端，上八層有窗戶，可眺望遠山，每層有螺旋階梯，下三層有壁繪，多為釋道兩家經典記述，甚是壯觀。

江河碼頭，笑納四方

懷遠人最自詡的是河與船。然而最先看中這「寶船」，啟動他的卻是廣東人，接著是貴

州人、湖南人、江西人等紛至遝來，開發懷遠，設鋪經商。於是小鎮迅速興旺起來，從清道光年間起始，懷遠曾有百餘年商貿繁榮的歷史。那時街道上鋪面林立，兩河之上，大小船隻每日進出數百艘。

懷遠新建的大碼頭都屬於外來人，還分別豎起各省籍的界碑；街道上好幾座外省人的大會館，樓臺亭角雕龍畫鳳，十分風光；就連遠近的坡嶺也先後改姓更名，異鄉人買下一座座山頭安居落戶，占據懷遠的青山秀水。好在懷遠並不排外，就像那江河與碼頭笑納四方客船。

有河便有船，也就有船家，航運的、打魚的、擺渡的，成為一股頗有勢力的水族。因為有河，才有了懷遠。鎮子大了，百業俱興，手藝人也就不少。外地人多了，鎮上的事情就不再僅是本地人說了算，久而久之大家都是懷遠人。

懷遠人說話也特別，將「長」說成「牆」，把「酸」說成「鮮」。做生意說數字，不說「一、二、三、四、五」，說的是「劉、開、汪、則、打」，「六、七、八、九、十」說成「銀、心、將、愛、流」。鬧惡作劇者罵為「打炮鬼」，華而不實者稱「瓦石榴」，就這樣生出許多詞語，漸漸形

古老的商業街依然五花八門生意興隆。

懷遠古鎮老街一景。

成一種獨特的「懷遠語境」。

古鎮有一條古意盎然、情趣別樣的老街——棕繩街，建於清朝中期，因街上居民均從事棕編生產而得名。街長不過百十公尺，成色較舊，房屋形制、高度基本相同，階沿柱排列整齊，街道兩邊有許多樹木。漫步老街·徜徉在那色調沉鬱、樸實無華的山牆、吊腳樓和柱子之間，十分舒心。

老街上，好幾個老人提議到大順街口的老年文化站去看一看，用他們的話說：「那兒有很多老古董。」古鎮人把過去祖先遺留下來的一切統稱為「老古董」。

成溫邛高速貫通後，遊客川流不息，都衝著懷遠美食三絕、街子古鎮、元通鎮而來。然而在老人們心底，懷遠是一首凝固的古詩，淡然注視著目不暇接的各種時尚與風潮。老街依舊在，古風依稀存，只是往日作為「商賈都會」的懷遠已不復存在。

懷遠三編，名揚古今

在川西壩子，懷遠自古有「三編」、「三絕」。「三編」即藤、竹、棕三項民間手工編織技藝，已有兩百多年歷史。來到懷遠，欣賞購買藤編、竹編、棕編工藝品和日常起居用品，鄉風濃郁，帶給人許多溫馨和美好。

竹編：川西壩子翠竹成蔭，傳承了幾千年古風雅韻的各種竹編、竹雕工藝自然成了鄉間的拿手巧活。懷遠竹編品項繁多，有竹兜、竹籃、竹盤、竹碗、竹扇、竹燈籠、竹盒、竹筷簍、竹紙簍，還有竹編玩具，花色品項達兩百多種。竹編具有結實耐用的特點，產品雅致

大方。竹編富有彈性，能經受一定的壓力，且有濾水的優點，有的還可盛上食物放鍋裡蒸煮。

竹編通常以經緯編織法為主，貫以穿、插、釘、鎖、纏、套多種技巧，近年來開發出主題藝術竹編，有壁掛、花插、茶具、涼帽、竹包、仿古傢俱、竹絲彩繪等。在一代代民間工匠傳承下，竹編製品成為懷遠古風雅韻、特色濃郁的傳統特產。

棕編：利用棕絲製成的工藝品，是傳統編製工藝的主要品類之一，已有近兩千年歷史。大約起源於三國時代，被大陸文化部譽為「中國民間一絕」。棕編製品細緻精巧，樸實大方，可任意造型，品項類繁多，極具保存性。

棕編的魅力不在原料的本身，而在巧妙利用原材料的天然色澤及質感。棕編以打扣為主，綜合運用草編、竹編中的一些編織技巧。經過撕、拉、繞、穿、刺等方法，進行創作。棕編的創作題材多以十二生肖、魚、蝦、昆蟲等動物為主。它既是孩子們喜愛的玩具，也是一種居家生活的裝飾品，藝術欣賞品。

到今天，棕編這項古老而頗有人情味的民間工藝，正面臨失傳斷代的境遇。鄉村裡的年輕人大多在外打工或做生意，沒人願意學習和傳承，在他們而言這是既土氣又不賺錢的手藝活。在朋友的帶領下轉悠了好幾個村子，方才看到一對老夫妻還堅持著這門長輩傳下來的手藝。大娘無奈地說：「唉，沒辦法，不做又能幹啥呢？娃娃們都不願學，丟了又可惜啊！」我心裡一陣發熱，不知是感動還感歎。

藤編：起源於三國時期，《華陽國志》中記載，三國時期懷遠鎮有一個馬姓工匠，善於手作器具，發現野生藤條很適合編織東西。經反覆實驗，才發明水泡藤條法。

懷遠古鎮歷來被譽為「藤編之鄉」，人們起初用藤條編織各種器物籃、筐、篼等生產生

1 像這樣每日在鎮街上編製竹器的匠人，已很罕見！他們的手藝豐富了琳琅滿目的竹編木器店。

2 棕編已成為一種少見的景觀和旅遊商品。

3 藤編是「三編」中保護和發展得最好的手工藝。

活用具，逐漸形成藤編產品的交易市場。長期以來，當地人繼承馬氏藤編的技法，把它作為家庭副業。藤編使眾多男女在家創業，拒絕做農民工，既學到獨門技藝，又足以小康，更重要的是一家老小不用為了生存而痛苦分離，孩子快樂學習健康成長。今日崇州懷遠藤編，一應生活用品，尤為是高級藤編傢俱早已是享譽海內外，成為辦公、居家的優雅奢侈品。

美食三絕，開人脾胃

懷遠是一座空氣裡彌漫著美味香氣的小吃名鎮，而品嘗「懷遠三絕」：凍糕、葉兒粑、豆腐簾子更是開心的美食體驗，會讓你餘味渺渺，久久難以忘懷。

懷遠三絕：在懷遠鎮街上，前些年滿街幾十上百家的凍糕、葉兒粑店，現已僅存段葉兒粑、唐葉兒粑、黃記葉兒粑等幾家老店，且仍堅持傳統手工製作，通常是前店後作坊，當街面市加工蒸製、由人參觀。

像凍糕，依然按傳統配方製作糯米漿、加化豬油、白糖或黃糖調製，用新鮮包穀葉經煮至晾乾，做凍糕包裝葉子。加白糖的凍糕雪白鬆泡，加黃糖的凍糕，則呈淺黃色；葉兒粑也依然採用新鮮柑橘葉，煮過晾乾後包裹葉兒粑，餡心多以新鮮五花肉調製，亦有鄉村風味的臘肉作餡心的。像段葉兒粑店，已是第五代傳人，堪為百年老店，其懷遠三絕、臘肉粽子、傳統川菜、家常鄉風濃醇，真的是價廉味美，女店主亦如其葉兒粑與凍糕，十分純樸厚道、熱情大方，頗受本地食客和遊客青睞。

在懷遠古鎮長大的孩子們，忘不了童年時代那聲聲「凍糕、葉兒粑、豆腐簾子」的吆喝，而這三種小吃也成了懷遠古鎮的代名詞。走進位於崇州、大邑、都江堰三地交界的古鎮懷遠，道路兩旁的飲食店幾乎家家都打著懷遠三絕的招牌，裹著鮮肉味和柚子葉的清香陣陣飄來。

每逢節假日，不管天氣熱還是冷，懷遠和街子古鎮每天都擠滿了遊客，走在古鎮街上、欣賞美景的同時，吃著熱乎乎的凍糕、葉兒粑。「老闆，來兩個甜的葉兒粑。」「給我拿箱凍糕，再來盒鮮肉葉兒粑。」「哇！這個豆腐簾子，好香、好辣、好麻啊！」

凍糕在懷遠已有兩百多年歷史。正宗凍糕為大米漿自然發酵，加上等豬油精製而成，入口化渣，滿口清香；「葉兒粑」的歷史則可追溯到西晉時代，前身是家喻戶曉的「菜扁子」；「豆腐簾子」更有五百多年歷史，可見其美味香風之源遠流長。

凍糕：原叫凍饃饃，是鄉鎮人家新春佳節祭祀先祖的節日食品。三十年代，崇州廚師蔣仲宇在原料和技術上加以改進，在色香味形上確定了它今日的獨特風格。蔣仲宇排行老三，且是個麻臉，於是人們就把他製作售賣的凍糕戲稱為「蔣三麻子凍糕」。起先，蔣三麻子他在場鎮上做賣醪糟湯圓的小生意，一家人起早摸黑，辛勤經營，省吃儉用做了兩年下來，手頭有了些積蓄。那年臘月，蔣仲宇帶著家製的凍糕到成都走親戚，親友們都誇他做得很好吃，很有風味特色，勸他乾脆做凍糕賣。他在紅糖凍糕的基礎上，創製了加白糖、豬油、芝麻油、花生油的豬油凍糕。使其成品色澤白亮、滋潤綿軟、富有彈性、鬆泡化渣、香甜微酸。

葉兒粑：雖說在川西壩子各地都有，但懷遠的葉兒粑，在製作與風味上卻獨具特色。是１９２０年代由懷遠一宗姓老人創製，時名「野棉花卷子」，俗稱艾饃饃。採用大米、糯米加適量鮮豌豆混合磨製吊漿，並用柑葉調製皮子顏色，不僅色帶嫩綠，成品光潔明亮，且鄉土風味醇濃，吃來是滋糯爽口，清香柔潤，加上不沾盤、不沾筷、不沾牙，故又叫「三不沾」葉兒粑。餡有兩種，一是帶四川香腸風味的鹹味，二是帶橘柑清香的甜味。成品因以柑子葉包裹，其形如耳，故名「葉耳粑」，日後人們叫順口了，便成了「葉兒粑」。

豆腐簾子：懷遠之土特產，始創於明朝成化年間，已有五百多年歷史。由於水土特質的緣故，須用「九龍池」山泉水，僅崇州懷遠方圓幾公里方能出此獨特腐皮。因其狀如門窗布簾，故名「豆腐簾子」。

豆腐簾子有「乾簾」和「水簾」兩種。乾簾是將拆匣取出的簾狀豆腐卷為圓筒，攤晾木匣中，讓其自然生黴發酵，四天左右即可上案，稱為黴簾子。豆腐簾子吃法甚多，鮮簾子、黴簾子都別具風味。黴簾子可油炸、烘、燒、燉、蒸、燜、燴，葷素皆宜。煎炸後烹成魚香簾子、五香簾子、麻辣簾子、果味簾子等，既是旅遊休閒美味，又是精美小吃和饋贈佳品。水簾是將拆匣取出的簾狀豆腐直接烹煮，可做成清燉簾子、鮮簾絲等，煎煮葷素皆宜，質地

細膩，風味獨具，有雞湯之鮮味，而無雞湯之油膩。近年來，懷遠豆腐簾子廠將簾子用食油炸酥，拌以芝麻、甜醬等香料，密封保存，半年後食用，色、香、味仍如鮮品，是川西壩子響噹噹的傳統名小吃。

汪師擔擔麵：懷遠老街上，我偶然發現一家古董級的擔擔麵，巴掌大的鋪面簡陋得不行，可擔擔上的袖珍餃子和手工麵條又美味得讓人口水暴湧。這家無招牌、無營業執照、無衛生許可證的小麵店，卻在當地百姓中享有盛譽。黑乎乎店堂只有兩張小矮桌，古樸溫馨，那副靠牆邊、完全稱得上是非物質文化遺產的挑擔，少說也有百多年經歷了。

所謂擔擔麵，是特指過去那種沿街走巷，挑擔叫賣的麵條擔子。擔擔麵的挑擔是很講究的，前頭是個一門關進分三格的木櫃子，漆成紅黑色，上面兩櫃是抽屜，一個裝麵條、抄手皮，一個裝碗筷；最下面一格稍寬大些，用來放各種調料、臊子缸缽。櫃頂則寬出一截，形成一個小方桌面。桌面上還豎起一框架，釘上幾顆大釘子，用作掛筷子籠、撈麵竹簍及油燈。另一頭形狀相同，只是桌面中央有個圓洞，下麵櫃子上格裡面是一個焦炭火爐，下格放著吹火的風箱和焦炭，桌面圓洞上則放有一隔成兩格的銅鍋兒，一格燉雞湯或豬蹄豆芽湯，一格燒著水煮麵條。

擔擔麵遊走四方，吆吆喝喝送麵上門，一有人要吃麵，立馬將擔擔放在街邊，擺開行頭，呼啦呼啦抽動風箱，火旺水開麵下鍋，片刻撈麵入碗，放上調料、臊子就搞定。待客人吃完，兩三下就收拾好，挑起擔擔吆喝一聲：「擔擔——麵咧！」又開走了。

那時，擔擔麵分別賣有雞絲豆花麵、紅油素麵、臊子麵、素椒雜醬、清湯雜醬麵及抄手。

清末民初，僅成都這種挑擔吆喝的擔擔麵就有數百個，清早夜晚，陋街深巷裡都能見到其身影，看到那忽悠忽悠的油燈。今日擔擔麵的風味源自自貢擔擔麵，在其製作基礎上添加了肉臊子，其麵條細薄、柔韌爽滑，臊子酥香、鹹辣酸甜，香鮮味濃，吃口舒爽而名聲大噪，也獨享美名。

這副原始級的擔擔麵挑子古樸滄桑，看似老舊，卻是功能齊備，店中操作的那五、六十歲的店主，精明強健，黑黝黝的面容透出一股無言的情感與執著。他說：「這是從祖上傳下來的挑子，靠它在風雨裡、烈日下，養活了兩三代人，現在雖然不再靠它為生，但我實在是割捨不下啊！要傳承下去是不可能了，如今我也年紀大了，反正無事可做，讓他繼續發揮餘熱吧。」

擔子桌面上放著袖珍餃子，一只只猶如蝴蝶的翅膀，雪白柔韌的甜水麵條非常勁道，架子上錯落有致的調料碗放著白糖、蒜水、紅油、醬油等，砂鍋裡骨頭湯香風熱氣騰騰。不時有年輕父母帶著年幼小孩來吃餃子，也有一些淑女來吃甜水麵，一些中老年人來吃擔擔麵和抄手或水餃。

端詳著這副古老的擔擔麵，嗅著它的鮮美香味，我默默想著，他還能生存多久呢？擔擔的主人因為年紀大了，已不可能挑著沉重的它穿大街走小巷，所以在這狹小老舊的屋裡繼續著他生命的餘熱和美味傳奇。

1 葉兒粑、凍糕，擺在街面上的熱氣騰騰，香風四溢，很誘惑食欲，是遊客去懷遠和街子古鎮必買的美食。前為葉兒粑，後方為凍糕。

2 麻辣風味的豆腐簾子最具賣相和吃口。

3 這樣老式的擔擔麵，也有幾十年未見到過了。堪稱古董的老擔擔已傳承了三代人。

03 元通小鎮，淡麗清新

崇州還有個小鎮元通，在東晉時期叫水渠鄉。到了明英宗正統年間，在水渠鄉建起了一座圓通寺，由於地居水陸要衝，僧侶商賈雲集很繁華。明嘉靖元年定名圓通鎮，意寓圓和通順。清代在此大建場鎮，民國以後人們為書寫方便，簡「圓」為「元」，始為「元通」。

歷史上，元通是一重要的水運碼頭，有「小成都」之稱。古鎮最為繁華、保存最完好的是麒麟街，逛遊其中，依稀能看到古鎮曾有的風華。

初識元通，不禁暗暗責怪自己，過去多次來到崇州、懷遠、街子，怎麼就沒聽說過這近在咫尺，既似大家閨秀，又如小家碧玉般的元通古鎮呢？用「古老」、「耐人尋味」來概括元通古鎮再合適不過了。這是當下川西壩子僅存的，最為古樸而大氣的鄉鎮了。

元通依水而築，擇水而棲，文井江、味江和泊河江在此交匯，成就一段水陸碼頭的興盛史。家家戶戶臨河而居，從後院石階進出。在這裡，你聽不到已開發古鎮中的喧囂聲。即使身著旅遊行裝，向老鄉打探問路時，他們會像對待離家多年的遊子，熱情為你指路，即使你拿著相機拍，他們也只是安然做自己的事，淡淡一笑。

歷經滄桑的牌坊，見證著古鎮的興衰。

深宅古院，訴說昔日風采

初夏的上午，河面上氤氳著淡淡的水霧，走在寂寥無人的石板路上。從小碼頭拾階而下，便能看見文井江與泊江交匯的情景。江邊上，一漿衣女子的身姿，連帶抖出的水花、波紋，勾畫出一幅溫馨的風情。

元通鎮是文井江上重要的水陸碼頭，從本地運出去的有煙葉、棉麻、糧油；五通橋的鹽、敘府的草席、鐵製品等則從下游運上來。入夜後，江上帆影林立，漁火點點炊煙嫋嫋。清代元通招引五省客商來此建館開業。今天，在東盛街、雙鳳街、麒麟街還能依稀看到昔日陝西館、廣東館、江西館、湖廣館的模樣。

走在元通街頭，處處都有歲月遺留下的華麗而滄桑的痕跡。像麒麟街上現存的黃氏和羅氏故居，集清末民初民居建築之大成。巷口民居的門樓竟是哥德式建築。同樣在麒麟街，一條窄巷裡，竟藏著一座華麗莊嚴的天主教堂，說明昔日古鎮曾大度地接受西方傳教。

陳家院子則是典型川西民居四合院，建於清代，有著高大的圍牆。在一些已經沒有人居住的平凡人家，也會發現古鎮獨有的韻致。

江河上，一座鐵杆橋將兩岸連在一起。最早鐵杆橋建於清光緒年間，長１３２公尺，據說很壯觀，１９７３年不幸被拆毀。１９８６年，出於對老橋的懷念，鎮上居民集資修建了今天這座鐵杆橋。

而要領略元通的古鎮風韻，鐵杆橋是不能不去的，在那裡，你能透過朦朧的水霧看見綿延十里的民居，看見連成一片的灰色木板屋和上面覆蓋的青黑細瓦，淩亂裡有精緻，似工筆

1 千百年來，匯江水默默滋養著古鎮人家。

2 天主教堂見證了古老圓通的繁榮和大度。

3 重建復原的鐵杆索橋，既是一道獨特景觀，又是連通江水兩岸的要道，也是古鎮人觀江戲水的遊樂之地。

4 儘管年輕人不屑一顧，但街邊的傳統剃頭師傅，依然每天忙乎不停。

描就。就像畫家黃永玉說的家鄉：「就應該那麼小，那麼精緻而嚴密，那麼結實。」鐵杆橋下寬闊的河床，是一年一度舉辦「清明會」的地方。

兩百多年來，繁華熱鬧的清明會享譽川西壩子，可與成都青羊宮的百花會媲美。每年清明節這天，古鎮大約會接待十多萬人。民間雜耍、小食、花卉雀鳥、春耕農具應有盡有，與橋上、岸邊熙熙攘攘的人流構成一幅典型的川西民俗圖。

黃昏時分，鎮裡變得很靜，只有水浪拍岸的聲音。在鎮上最古老的麒麟街上，街角一家門前的兩盞大紅燈籠忽地亮了，老街幽黑的木屋立即映在一片彤紅之中。

橋東頭是麒麟街與雙鳳街的連接處，雙鳳街是一條古老街道，隨著時光流逝，老街已失往日繁華，行人三三兩兩，偶有幾個店面敞開著。走在這裡，感覺腳是沉的，心是涼的，似乎歲月的塵埃也是那麼厚重。雙鳳街往北是順河邊的半邊街，直通石拱橋頭，街裡開著一些買香蠟紙錢及喪葬用品的鋪子，街上行人不多，但門前擺放了不少色彩紛呈的花圈。

麒麟街是古鎮最熱鬧的一條老街，街上的鋪子一家接一家，生意最好的茶鋪，不全是喝茶聊天之處，打牌、下棋成了主題。當年蜀道行路難，物資在此集散，從匯江往外運，一時間「江中軸轤，上下轉運無數」，湖廣、江西等省的商人也到此經商、建會館。民居有兩種，一種上面是吊腳樓，樓下是鋪面；一種前面是鋪面，後面則是天井和住宅。

商鋪中至今還完整保存幾個大戶人家的宅院。只不過大門開得很小、很隱蔽，主人把更多的空間留給大門兩邊寬敞的商鋪。如果不仔細觀察或打聽，很難發現朱紅色的大門裡別有洞天。然而當地人最為津津樂道的還是麒麟街上的黃家大院、羅家大院。

元通的特殊地理位置，造就諸多豪紳富賈。１９４９年解放後留下一座座氣派的院落。

黃家大院、黃光輝公館、羅家大院、陳家大院，以及被道光皇帝追封為「忠勇公」的抗英壯士王國英故居等。現今雖說一座座大院，有的破敗，有的僅供人們觀賞，有的則成為政府部門的工作場所。然而，這些公館大院卻是元通古鎮一代風雲人物的物質和精神傑作。

小食糕點，風味獨特

元通亦有特色獨具的地方名食。到元通一定要吃黃豆花，還有那街邊飯館裡的醃肉、臘肉，味道一進去便可聞到，香得很獨特，而且價格便宜，豆花一元錢一碗。元通人的三寶：豆花、臘肉、香腸。兩碗豆花，一份臘肉，一份香腸，一份米湯煮時蔬菜、一碗米飯，十三元錢，吃得是香飽嗝一串串的滾。

黃豆花：元通黃豆花，一到中午是人滿為患，吆喝聲、吃喝聲響成一片。我特意錯開嘈雜時段，早上十點多去，好清清靜靜品味。生意好不僅因為其價廉味美，葷素豐富，只是那豆花不僅量大，且是少見的細嫩有型，筷子挑起一塊，晃悠悠、白閃閃，不掉不垮，嘗一塊白豆花，入口即化、清香甘甜，豆花蘸碟十分道地，鄉味醉人，麻辣鮮香鹹鮮多滋。足見店家的傳統豆花製作工藝無與倫比。黃豆花在元通獨占花魁也就不足為奇了。這裡的各式葷素小菜，回鍋肉、涼拌豬頭肉、拌心舌等，非常家常、十分有味。那些炒的、拌的、醃的、泡的各種蔬菜，吃了不夠，自己隨意添加。

小書油花：元通還有款獨特小吃「小書油花」，始創於清代中期，於今已有兩百多年歷史。經幾代人的傳承，成為川西壩子獨一無二的特色民間小吃。所謂「油花」，是將傳統手法發酵的麵團，加菜油、香油、豬板油，反覆揉製，輔以淡淡的椒鹽味，層層疊壓成花卷摸樣，入籠蒸熟後，色如銀箔，用筷子輕輕一挑起來，變成如絲如黛的花狀，吃進口裡，綿軟柔韌、麥香濃郁，油潤滋香、不粘牙、不粘筷，成為圓通當地不少老百姓不可或缺的早餐美食。

位於元通麒麟街天主堂旁邊的小書油花，實為資格的家庭作坊，由女主人張小書一人親手操作。在元通，小書油花獨一無二，雖說是沒有店面，也沒擺攤，深藏在一條僅能容一人通過的小巷裡，若不是巷口當街擺了兩個油花包裝盒，掛了副藍布白字的招牌，不熟悉的人確實很難找，正所謂是「好酒不怕巷子深」。蒸熟的油花經冷藏裝於包裝盒中，帶回家吃時取出，置於開水鍋上的蒸籠中，大火蒸熱即可食。

白雪糕：元通還有款獨特小點「白雪糕」，為顏姓藥鋪「致乍堂」首創。先將糯米微火烘脆，磨細，晾在陰暗處使之回潤，拌以消食、滋補藥物，再加上蜂蜜、白糖，置模內打緊、切片，但不能切穿，最後在上面加上一層白色或紅色米粉包封。此糕芳香而微帶藥味，甜而滋潤，尤為病者、老年、幼兒所喜愛，所以人們常以它作贈禮。

1 豆花，是川鄉小鎮不可或缺的鄉村小吃。

2 「油花」，純粹的家庭小吃，聞得著、看不到，只擺在堂屋裡賣。

04 悠遠崇州，人文薈萃

崇州市（原崇慶縣），地處川西平原，位於天府之國腹心。崇州歷史悠久，漢代稱蜀川，唐代稱蜀州，建制歷史長達１７００年，西元３１６年設立縣制，１９９４年撤縣設市。崇州自古為天府繁榮富庶之地，有「蜀中之蜀」、「蜀門重鎮」之稱。

文化風采，豐富生動

崇州山、丘、壩、河兼有的地理環境，造就鳳棲山、九龍溝、雞冠山森林公園等生態美景。其悠久歷史孕育出濃郁的人文景觀，如崇州文廟、罨畫池、陸游祠、光嚴禪院等。崇州還形成了厚重的人文文脈，以「仙源故鄉」、「天數在蜀」與「易學在蜀」、「西蜀自古出文宗」、「才女在蜀」、「菩薩在蜀」、「儒源在蜀」而享譽古今。

仙源故鄉：從道教之源看，神仙之說最早起源於蜀，古蜀是仙源故鄉。傳說的古蜀三王蠶叢、柏灌、魚鳧皆得仙道，杜宇與開明二帝皆為魂魄化為飛仙的杜鵑與升天的開明獸。東漢張陵的天師正一道，就是在古蜀仙道的基礎上創立的，故此，西蜀是道教的誕生地。

天數在蜀、易學在蜀：春秋時資州人萇弘明天文，為孔子之師。漢有閬中落下閎，唐有李淳風、袁天罡等。曆法、卜算、陰陽之學，是蜀最早的學問。宋代理學家程頤說：易學在蜀，讚四川易學傳承有獨到特色，連販夫蔑叟都懂易經。漢代嚴君平、揚雄的「太玄學」和晉代范長生的「蜀才易」，唐代的李鼎祚的《周易集解》，明代來知德的象數易學等皆世傳於蜀。

西蜀自古出文宗：很多知名文人出生或曾生活在西蜀，先有西漢賦聖司馬相如，後有詩仙李白、詩聖杜甫、東坡居士蘇軾、劍南詩宗陸游等。宋・張翥的《謁文昌閣》也說道：「吾蜀擅宗匠，天地有大文」，印證蜀地山水與文化薰陶確實成就不少文壇宗主。

才女在蜀：淩蒙初在《二刻拍案驚奇》中專門寫了一回「女秀才移花接木」。他在其中盛讚「蜀中女子自古多才」，他還把王昭君稱為「成都姑娘」。從卓文君到武則天、楊貴妃、花蕊夫人等，都是蜀中佳人。

菩薩在蜀：菩薩在蜀是唐代的故事，用來說明禪宗在西蜀的發展。佛教向有「言禪者不可不知蜀，言蜀者尤不可不知禪」的說法。當六祖在嶺南創立禪宗南派的時候，六祖的師兄弟智詵則在資中創立了淨眾宗——保唐禪系，是兼融南宗惠能和北宗神秀的蜀中禪系。

1 唐代稱為蜀州的古蜀崇州。
2 蜀中唯一一個紀念陸游的祠堂。

儒源在蜀：大禹興於西羌，創作「洪範九疇」，根據他的治水經驗，提出五行以水為首，水被視為文明之母。大禹是儒學之祖，也興於西蜀。

崇州沒有古城風貌，卻有悠遠的歷史痕跡；沒有驚世文物，確有豐富的文化風采；沒有仿古景致，卻有大氣的山水田園。然而於我，崇州風味淳樸的地方美食方才映射出這個「蜀中之蜀」的美味雅韻。

麻辣酸鮮，美食飄香

崇州，是一座空氣裡充滿美食風味的小城。想著那臊子獨特、麵條綿實而香的渣渣麵，湯麻餅，麻辣鮮香的天主堂雞片，咬一口能吃出柏枝香味的石觀音板鴨。

渣渣麵：出成都西門，一路上就接二連三地湧現出各式各樣的渣渣麵、查渣麵招牌，「正宗」、「最正宗」、「最最正宗」，「老號」、「老老字號」的宣示揚眉可見。車到了崇州羊馬鎮，鋪天蓋地的各式店招招人眼目，簡直就是渣渣麵一條街。多少年來，崇州羊馬的這款知名麵食，究竟是渣渣麵還是查渣麵，一直讓許多人爭論不休。

１９７９年，知青王英從農村回到了鎮上老家，在「居民小食店」工作，賣湯圓、抄手、小麵等，查淑芳也是其中一名員工。

夏天食品難保存，未用完的抄手肉餡就只能用油炒乾，第二天改做麵臊用。這肉臊渣渣，細脆酥香，拌合麻辣麵條十分舒爽，很受食客喜歡，人們就稱之為「渣渣麵」。幾年後小食店分家，王、查二人分別開店。起初王英店名「羊馬麵」，查淑芳則取名「麥香園」，仍經營原品項。因顧客依然叫為「渣渣麵」，王英便改用其名，查淑芳為了有所區別，則順其姓氏，去掉三點水改為「查渣麵」。

渣渣麵之所以聞名川西壩子，不僅僅在於它獨一無二的名稱和色香味之獨特，還有免費配搭的自製泡菜，味道口感也很不錯。兩家麵店賣出名後，更進一步增添清燉蹄花與紅油雞片。於是大多食客慕名前來品嘗渣渣麵，都會點份蹄花湯和拌雞片，外加一碟泡菜。不僅吃來風味多樣，口感豐富，且價格便宜。於是，一碗渣渣麵、一碗蹄花湯、一盤紅油雞片、一碟泡菜，便成了「渣渣麵套餐」。

其貌不揚的渣渣麵一擺上桌，麻辣香氣直沖鼻眼，待到入口，更覺得一股香辣酥麻的味道滿嘴亂竄，麵條滑爽且勁道柔韌，麵臊酥香、爽美可口，小抿一口紅湯，更是風味醇濃、味感悠長，令人朵頤大快。紅油雞片亦是麻辣香鮮，滋味豐厚，雞肉細嫩，入口化渣。待口中的麻辣味彌漫得差不多了，便喝口海帶蹄花湯，吃一塊胖蹄花，清鮮淡雅而味醇，入口滋糯香軟，不肥不膩。麵條、雞片、蹄花都吃得差不多了，紅光滿面，油光水滑了，最後再嚼兩塊泡菜，頭天泡的，第二天出罈，不澀不生，恰到好處。那微辣酸甜、清爽脆嫩的味道與口感，頓時讓你味覺煥然一新。

天主堂雞片：在成溫路沿途兩旁，均可見渣渣麵和紅油雞片，其實這雞片都出自一個老祖宗——崇陽鎮的天主堂雞片。天主堂雞片始創於民國十七年前後。清末民初時，崇慶州的崇陽鎮街頭常有人將雞片裝土陶缽內，沿街叫賣。１９２６年本地人聶福軒首創「大張薄片、沿盤窩油」的涼拌雞片，在崇陽鎮正東街天主堂旁邊擺攤。１９３５年，聶福軒又在天主堂附近租了一間破舊小屋開店。由於他的雞片麻辣鮮香、片張薄大、入口化渣、口感悠長、

1 渣渣麵套餐，麵條、紅油雞片、海帶燉蹄花、外加鮮青椒蘸碟和洗澡泡菜，二、三十元錢，吃的是心滿意足，滿面春風。

2 天主堂迄今依然傳經佈道，只是門口那雞片已改換門庭，棄主而去。

3 壓蕎麵既需要技巧，還得有體力。

風味獨特，而被人們稱為「天主堂雞片」，逐漸名揚川西。

天主堂雞片以「天主堂」命名，自然要比一般的紅油、椒麻、怪味等名字更引人好奇。加之，天主堂雞片以麻為特色，辣為配角，聞其香，品其味，先是股股酥香悠麻，而後是一股香辣快意，然後便是香辣酥麻，令人周身通泰。

曾見天主堂雞片傳人馬龍圖師傅的現場操作，猶如表演一般，一把鋥亮閃光，鋒利無比的菜刀，一只黃亮油光的熟土雞隨刀起落，片成幾近透明的雞片，就連雞脖子、雞腦袋、雞爪上那丁點雞肉也片了下來，且不帶一點骨渣。刀工絕技出神入化。

雞肉片好後，整齊地碼在一青花瓷盤中，只見他手拿小勺，沿盤淋上窩油（特製醬油），散上花椒粉，澆上芝麻醬，再淋上紅油，最後撒點白糖、味精、芝麻即成。雞片上桌後自己邊拌邊品嘗，雞片薄大細嫩、入味麻辣、鹹甜醇厚。

但有一點你會發現，一般涼拌雞塊、雞絲、雞片都要用大蔥，天主堂雞片卻不用，這也是它獨特之處。如今馬先生除了烹製傳統的芝麻醬紅油雞片外，還開發出椒麻味、薑汁味、蒜泥味、鮮花椒味等天主堂雞片。天主堂雞片可說是最麻最有特色的雞片，初嘗就一個麻味，等到雞片安慰了饑餓的胃，才發現那陣麻已從嘴唇昇華到舌根，辣只是陪襯，卻又襯得那麼適當。

崇州周蕎麵：在川西壩子聲名遠揚，由其子周永安子承父業，在崇州北辰居路和人民醫院開店經營。周蕎麵色澤黃綠、滑潤清爽，有麻辣的、酸辣的、甘甜的，淡雅的，風味多樣，很受食眾喜愛。崇州蕎麵採用黑苦蕎麵粉揉成黃綠的麵團。其特色是大麻大辣、麵條黃綠、有筋道、蕎麵香味突出，招牌口味是牛肉和乾筍燒的香辣臊子。在桌上通常有小罐子裝著大蒜，吃的時候剝一瓣生蒜，左一口蒜，右一口麵，還可以單獨加一份臊子和素菜。崇州蕎麵的花椒特別麻，吃了會上癮。

崇州蕎麵分為紅油、清湯、鴛鴦、熱拌和涼拌五種口味。紅油蕎麵是麻辣的帶湯蕎麵，有臊子和切碎的芹菜；清湯蕎麵配料同紅油蕎麵，只是不加辣椒，主要是品吃蕎麵本身的獨特味道；鴛鴦蕎麵是一半蕎麵一半酸辣粉，帶湯，口感獨特，有辣和不辣兩種選擇。蕎麵的口感粗糙厚重，酸辣粉滑爽順溜，兩種口味合在一起非常搭；熱拌蕎麵是剛出鍋的熱蕎麵瀝去水份，加上臊子和白糖拌成的麻辣味乾麵。由於沒有湯汁，豐富的調料附著在麵條上，口味更加濃烈；涼拌蕎麵則是將熟蕎麵晾涼以後拌以香辣調料和臊子，加了醋的涼拌蕎麵酸酸辣辣，夏天吃來不只爽口開胃，更涼心爽身。

天府老罈子：在中華菜系繁雜的調輔料中，有兩樣獨特的調輔料堪為華夏一絕，成就了川菜之味魂，這就是泡菜與豆瓣。

四川泡菜，一年中因時應季，一應根、莖、葉、藤、瓜、果等物，只要是能吃的皆一泡了之。一般人家中有三、五個泡菜罈亦是平常。鄉里人家不少都有一排泡菜罈，儲藏著全家人一年的下飯菜。一年四季，無論是紅苕稀飯還是菜葉子飯、包穀飯，泡菜都是一家人的主菜，甚至是唯一的下飯菜。那些高大的老泡菜罈，罈身依舊淨亮如新。它們總是被主人置於較隱秘而陰涼的房間，倚牆而立，七滋八味滋潤著一家老小。

泡菜，堪稱化腐朽為神奇的傑作。正月間，翠綠的青菜在屋簷下晾，青菜曬到顏色由綠變黃，皺巴巴的，便塞進泡菜罈裡。經鹽水一泡，十天半個月變得鮮嫩、香脆，就可撈出來切碎，加乾辣椒、花椒熗炒；或撕成小條，用紅油拌和；特別是夏天，大多人家都會用泡青菜來燒酸菜鮮胡豆瓣粉絲湯，金黃清亮、酸香可口！每到深秋，紅、白蘿蔔，青菜頭上市，家家戶戶都又忙著洗、切、涼、曬再泡入罈。且深秋寒冬之際，川人總愛吃老泡蘿蔔燉鴨（酸蘿蔔老鴨湯），拿去年或前年泡的老泡蘿蔔風味最佳。

泡泡菜，川鹽、辣椒、花椒、黃薑、紅糖、白酒是不可少的基本調味料。正是這幾樣才賦予泡菜特有的風味。講究些的還要添加陳年泡菜鹽水。民間有句老話：「若要泡菜香，離不開陳年湯。」泡菜若要香美多滋，薑椒蒜芹也少不了。黃薑、蒜苔、辣椒、 頭、大蒜、芹菜都具有殺菌增香的功效，且各具芳香，為泡菜提鮮增香。

崇州文化東街的菜市場，有一家泡菜專賣店，叫「天府老罈子」。店面雖不大，泡菜和豆瓣卻是香飄千萬家！幾乎囊括了崇州、大邑、邛崍的大小餐館及成都部分酒樓的泡菜和豆瓣的供應。

這家泡菜一看就知道泡製者身手不凡，其泡菜色澤純正、鮮嫩脆香、風味道地。像泡青菜、泡豇豆，顏色金黃、質地飽滿、鮮香脆嫩、鹹酸適口、微甜微辣。泡紅辣椒、泡青辣椒尤為亮眼，特別是泡紅椒，鮮紅靚麗、形態豐滿，像極了風姿綽約的窈窕淑女。嘗一點那是鹹辣酸香，鮮美香脆，難怪受到那麼多川菜大廚的青睞。

這家店以李書霞、陳建強夫妻二人與兩家父母為主導的家庭作坊，在元通江源村鄉下，是一個周邊幾十里無仍何工業、製造業的川西田園，因其土質、水質佳好，故而被劃歸為生態蔬菜種植基地。到其作坊參觀，六月中旬，正是收豇豆的時節，地裡的豇豆、青椒、琵琶櫻蘿蔔、芹菜、嫩玉米、四季豆等，長得水靈靈的，煞是可愛，很逗人吃情。

在李書霞家的農家大院裡就更壯觀了，還沒走進就聞到泡菜獨特的香氣，口水也開始湧流。那院裡整潔地排滿了大大小小的罈子，大的恐怕近兩米高，小的也有近一公尺，數百個罈子裡分別泡著青菜、豇豆、紅辣椒、泡薑、藠頭、大蒜。這是川西壩子典型的家庭式作坊，從選料、清洗、晾曬、醃漬、鹽水調製勾兌、入罈泡製、自然發酵等，全以傳統工藝手工操作，從原料到選購、鹽水兌製和日常養護，均堅持綠色、生態、天然，以風味品質為品牌，故而使其泡菜遠近聞名、美味四方。

在李書霞家祖居的老屋，原先由其父親在這裡製作泡菜，雖說後來把泡菜和豆瓣的製作搬到了大作坊，但這家看似破舊的老房裡卻深藏著一樣「寶物」，那就是不知雪藏了多少年、滋養了多少年風味不變的「老鹽水」，專門用以勾兌新鹽水。鄉里人家所有泡菜罈裡的鹽水，都像家譜一樣有著清晰的來歷，滋生著來自祖輩的乳酸菌。做母親的總是打開老泡菜罈，拿洗淨的勺子探進去，舀出一些老鹽水倒進新的罈子裡，再兌入新鮮的水，就成為一罈新的鹽水。再把一些諸如泡紅椒、生薑、大蒜一類的調料泡菜，也從老罈子轉移一些到新罈子裡，泡菜的風味味道就這樣年復一年地傳承著。

因此，今日農村仍有個習慣，就是當某一家的鹽水壞掉了，就會找村子裡做泡菜最好的那家人，向她討要一點鹽水「重起鍋灶」。把家裡的鹽水完全搞壞極沒面子。而被討要老鹽水的人家，則會以賢慧聞名。如果有人提到哪一家的泡菜做得好，便會有人不無驕傲的說：「她的老鹽水，還是在我那裡討的……」話裡含著榮耀和自豪。

當子女成家立業，獨自生活，或是到外地讀書打工，做母親的也總會裝一瓶老鹽水，嘮叨著告訴你怎麼兌製新鹽水。老鹽水就這樣在溫馨中傳承著，成為一道家傳譜系。而神奇之處在於，儘管是新舊交替，但融匯後的「新」鹽水，卻能醞釀出記憶中的味道。老鹽水儼然融繫起代與代之間纏綿繞心的親情。

在傳統川菜中，泡菜、泡椒、泡薑多作為調味輔料運用，形成川菜獨特的泡椒泡菜風味，常有的像泡菜鮮貝、酸菜魷魚、泡菜魚、酸菜魚、泡菜白鱔、泡青菜燒魔芋，以及近十餘年出現的藿香泡菜鯽魚、泡蒜苔炒雞米、泡菜糖醋魚、泡藠頭爆羊肉、泡芹菜煸牛肉絲、泡菜燒牛蛙等。

這家的另一品牌即是泡椒醬和家常豆瓣，同樣是仔細選料、傳統製作、純正風味。泡椒醬鮮紅惹眼、鮮辣略酸、風味悠長，是烹調泡椒菜肴的絕佳調料；家常豆瓣鮮美香濃、香辣微酸，風味綿長，用以烹調回鍋肉、鹽煎肉、麻婆豆腐、水煮牛肉、豆瓣魚等，以及家常燒菜、拌菜、作蘸碟，那滋味真好。曾在崇州一家河鮮餐館，盡興品吃了用這家的泡菜和豆瓣烹製的幾款河鮮名菜：泡菜藿香鯽魚、酸菜魚片、鄉味黃臘丁，簡直就是吃得個「妹妹找哥淚花流，哥哥找妹口水流。」2014年，中央電視臺《綜合頻道》選定這裡，拍攝大型美食風情片《中國小館•川菜篇》，大幅介紹豆瓣、泡菜，揭示川菜川味風行天下的奧秘。

崇州「天府老罈子」泡菜專賣店，各種泡辣椒讓人垂延欲滴。

大大小小的罈子，泡著各種蔬菜，由陳建強的父母日夜養護，他們都是農家泡菜的高手。

05

洛帶，西蜀客家第一鎮

洛帶鎮近十多年因龍泉桃花節、枇杷節、水蜜桃節，以及傷心涼粉和油燙鵝而成為遊吃名鎮。過去成都人雖把這裡稱之為「土廣東」，但對洛帶的歷史淵源，移民風情卻是知之甚少。

洛帶，建於三國蜀漢時期，傳說因蜀漢後主劉禪的玉帶落入鎮旁的八角井中而得名；也有說是鎮旁有一「洛水」環繞，形如玉帶，故名「洛帶」；還有說因場鎮老街蜿延一公里，狀如玉帶飄落，故名「落帶」，後演變為「洛帶」。

客家鄉情，帶來勃勃生機

明清以來，這裡成為外省移民的主要移居地。特別是清初「湖廣填四川」，相繼遷入有廣東、福建、江西、陝西和山西等省的移民，使得這裡南北移民雜處，南腔北調共鳴。現今古鎮及周圍的鄉民多為廣東客家後裔，洛帶鎮上居民中客家人約占全鎮人數的九成，故有中國西部客家第一鎮之稱。

幾百年來，洛帶人一直傳承著客家語言，在家裡說客家話，對外則說四川話。客家話的方言裡依然保存著一些古漢語的音韻。洛帶人稱其為「土廣東話」，與客家廣東梅縣話一致，穿衣叫「著衫」、下雨為「落水」等。古鎮依然保存著較完整的客家文化和習俗，走入其間能感受到濃郁的客家風情。

與成都周邊古鎮相比，洛帶是人們最愛去、最常去的一個地方。一是因為交通方便；二是那裡的客家風味美食很有滋味，且價格不貴。鎮上有三條不寬的石板街道，正好將小鎮組成了一片樹葉狀。仿建的石牌坊、木牌樓、古戲臺鑲嵌其間，街道兩邊的木造老屋雕梁畫棟、古色古香，很有特色，街的二旁全是商鋪，茶樓、飯館、手作坊、小吃店、糕點房、茶莊等，一家挨著一家。

踏進古鎮，一條狹長清澈的水渠穿鎮而過，水渠兩邊有不少石鑿的水槽，水槽周圍大都雕刻著樸實生動的圖案。洛帶雖小，鎮內小路卻四通八達，找條小巷岔進去看看，別有洞天。小巷固然少了鉛華，卻多了溫馨。洛帶的原味生活就藏在這些不起眼小巷、小院裡，吆喝聲、麻將聲、討價還價聲此起彼伏，生活顯得那麼真實。想來客家人勤勞、質樸的性格與鄉音、鄉情帶給了這片土地勃勃生機。鎮上還有好多四合院，院子裡有假山、枯石、盆景、老樹，古樸的建築，斑駁的樹影，幾杯香茗，三五老友，或喝茶、或聊天、或打牌，很是悠閒。

街上還有在建的客家土樓博物館、嶺南街區、客家美食街區和博客小鎮。可以走進土樓，由年畫、泥塑、竹編、藤編、棕編、香包所組成的洛帶民間藝術保護發展中心，近距離接觸非物質遺產、觀看精彩的工藝表演。

令人大感意外的是，這裡還有一家幾乎瀕臨失傳的民間古老藝術：「手電筒影」表演藝術館，也就是「沈曉手電筒影館」。所謂手電筒影，即是運用手影技藝，集聚木偶、皮影、布袋戲、玩偶、剪紙、戲曲、音樂、美術等綜合表演藝術，結合現代聲、光、電的光影表現

1 鎮街由幾個古老會館為核心，呈現出濃厚的客家文化格調。

2 古建築與新建築融合在一起，倒也和諧有致。

3 湖廣會館尤顯優雅大氣。

效果，將巴蜀千百年文化風情鮮活生動再現。

沈曉，被譽為「中國手影藝術第一人」。2004年做客《小崔說事》，其代表作品《幸福皇城壩》被崔永元譽為中國首部手電筒影。在國外演出中，那一雙雙靈巧的手，演繹世間百態，將大千世界的鮮活生動，演譯得精彩絕倫，讓人歎為觀止，妙趣橫生。

洛帶古鎮有了像手電筒影這樣的民間絕技，更悠閒地顯示出豐富多彩的藝術氛圍。與保存完好的古街、會館、風情、風俗、民間藝術與工藝融為一體，也顯得優雅和諧而風情翩翩。

會館見證移民殤

洛帶過去也叫甄子場，是成都東山五場之一，東山是客家人聚居之地。場鎮老街以清代建築風格為主，廣東、江西、湖廣、川北四大客家會館、客家博物館和客家公園坐落其中，又被人們稱為「客家名鎮、會館之鄉」。

洛帶老街坊由「兩街七巷子」組成，即老街、八角井街和北巷子、鳳儀巷、槐樹巷、江西會館巷、柴市巷、馬槽堰巷、糠市巷。老街鋪以紅沙石板，商店林立，皆為深宅四合院落，平房與木樓參差交錯，房屋以坯土木質穿透結構，單簷硬山式，小青瓦屋式，屋脊飾以中花鼇尖，窗戶多為木雕花窗。早期老街上下場口立有柵子，每條小巷與大街連接處設有柵子，如遇上土匪盜賊襲擊，柵子關閉，各街互防，此種防禦性街坊規劃佈局具有典型的客家建築風格特徵。在江西會館巷和北巷子口，尚建有一個碉樓，使保護防禦能力大增。

洛帶鎮上有著幾座建築精美的古建築群落，其中的廣東會館，又名南華宮，清乾隆十一年由廣東籍客家人捐資興建。會館由山門、前中後三庭和左右廂房構成，由於保存完好，已被認定為大陸現存最完好、規模最宏大的會館之一。

館內石刻楹聯條幅保存良好，其中「雲水蒼茫，異地久棲巴子國；鄉關迢遞，歸舟欲上粵王臺」最能反映客家先民拓荒異鄉的創業艱辛和對故土的思念之情。會館中堂懸掛著一幅古香古色的對聯，上書「叭葉子煙品西蜀土味，擺客家話溫中原古音」，顯示出移民文化融合特質。

江西會館，位於洛帶鎮老街中街，由江西籍客家人於清乾隆十八年捐資興建，又名萬壽宮。主體建築由大戲臺、民居府、牌坊、前中後三殿及一個小戲臺構成，在中後殿之間天井裡的小戲臺，構思獨特，為四川客家會館中所未曾見。

湖廣會館，為湖廣籍移民於清乾隆八年捐資修建，又稱禹王宮。會館由牌坊、戲臺、耳樓、中後殿和左右廂房構成，全貼金裝飾。館內天井雖無下水道，但無論下多大雨，都不會淌水漫延，為一大奇跡，傳為大禹保佑之故。

行走在古鎮三峨街上，兩旁是翠綠的榕樹，樹下花開得爛漫，點綴出古鎮的妖嬈。道路旁是一條人工小河，對岸是新建的博客小鎮，由一座精緻的小橋連接，站在橋上，小河兩旁的美景盡收眼底。不遠處便是龍泉洛帶濕地公園。放眼望去，大小不一的湖塘連環相扣，湖上有小島，周圍是花果樹、綠草地，濕地四周栽種藕、荸薺、馬蹄蓮等水生植物。

這裡有成片的銀杏樹林，隨處可見各式亭子、水車、水上木臺等。一段架在池塘上的木棧道，延伸進一大片高高的蘆葦蕩中。穿過蘆葦蕩，一片荷塘又呈現眼前，站在木橋上望去，一大片蘆葦滿江紅，幾乎將池塘染成了紅色，碧綠的荷葉漂浮在水面上，朵朵睡蓮綻放，賞

心悅目。

塘與塘之間是翠竹成林，綠蔭環繞的人行步道。遠山近水，田園美景，湖面蕩漾的烏篷船，好一派水鄉韻味；在連綿起伏的翠竹綠道、觀鳥臺上，體驗「落霞與孤鶩齊飛，秋水共長天一色」的意境；遠看青山如黛，近觀花紅綠樹，美不勝收。

客家美味大食堂

龍泉得天獨厚的生態條件，風情萬種的客家習俗，形成了獨具特色的飲食風情。老洛帶人都還記得，在洛帶古鎮，真正算得上是古鎮特產和名小吃的，只有客家煙熏油燙鵝、雞樅片兒湯、李記天鵝蛋、張涼粉、遊氏客家羊肉湯等；青石路邊的油炸艾饃粑，亦是一道風情。那些個大媽大姐小妹子，在街邊放個小桌，擺個爐火，就煎炸起來。金黃色的艾蒿饃饃，表皮油炸脆香，裡面卻具軟韌性，嚼在嘴裡讓人回味無窮；一支竹簽穿四個，金黃油亮，香氣襲人。我每次去洛帶，都忍不住要吃上一串，酥脆可口，一股野草香沁人肺腑。還有名聲在外的天鵝蛋，也就是糖油果子，都是老洛帶人耳熟能詳，離不開的早餐或者零食。

現今鎮上沿街鋪面充滿琳琅滿目的各色大吃小吃：金絲餅、麵皮湯、缽缽雞、香辣兔頭、九斗碗、豆瓣抄手、酸辣豆花、傷心涼粉、千層酥麻花、官渡粑粑、碗碗香等。在老街甑子場口，洛帶新打造了一個「客家美食風情街」，集中了龍泉各鄉鎮的特色美食，有龍泉十大名菜、十大特色菜、十大農家樂特色菜，可謂是一菜一格百菜百味。在好吃客的眼裡，洛帶古鎮更像是客家美味大食堂。

像近十年間開始為川西壩子所熟知的龍泉十大名菜：安仁魚頭、茶豐泥鰍、雞汁香菇、筍筒燉豬腳、清燉石蛙、牛奶藤燉土雞、龍南高山田螺、龍泉溪魚、農夫鴨、炒老鼠爪（珊瑚菌）；十大特色菜：甌江彩鯉魚、紫蘇土豆餅、豆腐娘、香薺娘羹、木槿花羹、青椒炒山珍果、豆腐土豬肉、和菜、牛膜鴨腸火鍋、炒二冬（冬筍、冬菇）；農家樂十大特色菜：豆腐肉火鍋、土豬手燜苦益菜乾、水中人參、鵝香燙白果、茶坦箬肉、西街紅燒鴨、回香鮮菇、生粉粿、煙熏豬肺、紅燒溪魚。當然，洛帶美食最出名的還是傷心涼粉、油燙鵝、雞樅菌麵皮湯和豆花火鍋。

傷心涼粉：六七元錢一碗，各種口味都有。凡是到洛帶的人，都會排隊買好多碗，吃個痛快。原先傷心涼粉在廣東會館，經常是人頭鑽動，排著長長隊伍的人，買好票後，手裡拿著一個用細竹條編成的簸箕（四川農村常見的一種盛放物品的器具）去端傷心涼粉，那個陣勢，就如同在發放免費物品一樣，場面熱鬧歡樂。

川人喜辣，傷心涼粉裡就用一種紅紅的，個頭小小的，辣味特強、俗稱「小米辣」的辣椒做為主調料，讓人一見就頭皮冒汗。吃上一口，立馬辣得人鼻涕、眼淚奪眶而出。這種看似讓人傷心流淚、卻實實在在的美味帶來的猛烈衝擊，讓吃過的人讚不絕口。於是一傳十、十傳百，成都幾乎所有的「好吃嘴」都來過這裡，實實在在地「傷心」一番。

傷心涼粉的內涵不僅在味道，「傷心」一詞亦包涵四川移民的歷史、文化、風情與風味。客家人在背景離鄉，跋山涉水的艱辛行程中，將豌豆磨成粉，做成涼粉，就著鮮紅辣椒吃。漫漫長路上，一邊吃著涼粉，一邊流著淚，回望著日漸遠離的故鄉，因而將這種涼粉取名為傷心涼粉。

客家傷心涼粉有豌豆涼粉、花生涼粉、紅苕涼粉、米涼粉幾個品項，有麻辣、酸甜味。但調拌涼粉的調料就有十幾種，薑茸、蒜末、豆醬、醬油、香醋、白糖、味精、青花椒粉、辣椒紅油、香油、小米辣、香蔥花、酥花生等，調拌出一股奇特美妙的複合味，集辣麻鮮香鹹甜酸，細嫩爽滑柔韌彈為一體，聞一聞不能自己，嘗一嘗欲罷不能。尤其是那新鮮小米辣，一入口立馬辣得頭皮發熱，汗水直冒，嘴巴翹、舌頭跳；青花椒麻得人嘴唇木、牙齒鈍。當你吃得唏呼唏呼大呼過癮時，汗水、淚水全都攪合在一起，一把鼻涕一把淚，實在是「傷心透了」。甚而還有被小米椒辣哭的，辣暈的，好在還配有開心冰粉、阿婆涼糕，幾勺吃下去，那被辣得冒煙的口腔頓時就被甜蜜清涼浸潤，達到先傷心後開心的效果！

油燙鵝：到過洛帶古鎮的人，都要品嘗這道名菜。油燙鵝的起始店，當是原先為龍泉洛帶供銷社食堂。走進供銷社飯店的古樸小門，漫步一條古樸小道，頃刻間眼前是豁然開朗的開放式四合院中。整個餐廳分前後兩重，幾十張大桌人客滿滿。不少人在一旁排隊等餐，就想嘗嘗名揚川西的煙熏油燙鵝。雖說還是供銷社的牌子，依然帶有些國營店氣氛，但上菜快，不一會煙熏油燙鵝首先上桌。看看，這皮色、肉質，口水早就在嘴裡打滾了。

1 油炸艾蒿粑，酥脆香濃，有股濃濃的野菜味道。

2 傷心涼粉才叫辣，品嘗者無不痛哭流涕。

3 油燙鵝有股獨特的香味，一嘗就管不了嘴。

煙熏油燙鵝嚴格選用本地所產白鵝，配以八角、三奈、丁香等二十餘種香辛料，經醃製碼味，用柏椏、玉米芯煙熏及滷製、燙油等多種工序精製而成。由於其配方考究，選料上乘，做工精良，所製作客家煙熏油燙鵝，色澤棕紅，肉質鮮香味美，口感綿香醇厚，回味悠長而遠近聞名。一盤鵝肉肥瘦幾乎就是一半一半，看起來漂亮，聞著非常的香，吃起來更是口味適中不淡不鹹，咬一口齒頰留香！鵝的油脂跟瘦肉結合，口感有些脆脆的，很是爽口，難怪這家店可以生存六十多年且長勝不衰，每天的鵝可以賣出數十只之多，到了假日更是一百多只都不止。

這家飯店還有一樣絕佳美味，數十年火爆依舊的雞樅菌系列，從軟炸到煨湯、從小炒到素燒，花樣紛繁、味美爽口。尤其是雞樅菌片兒湯，也就是麵皮湯，湯濃白似乳，麵皮勁道柔韌，菌子鮮香柔滑，吃來格外爽心。只是鹽味稍重了一分，化豬油也多了些，但鮮美香醇無比，穿腸難忘！雞樅菌雖說是龍泉的特產，但也得分季節、鮮貨、乾貨；不是啥時候去都能吃得到的，且市價也不一樣，當真是可遇而不可求的珍稀美味。另鮮溜烏魚片也是供銷社飯店最傳統的名菜，憑著軟嫩滑爽、清香四溢的鹹鮮香醇贏得大小店家爭相模仿。

在洛帶閒逛，發現一位提籃賣漏蘆花的八十多歲老農，鮮豔燦黃，清香襲人。漏蘆花，又叫菜芙蓉，一年生草本植物，植物學上屬於錦葵科、秋葵屬。七〇年代後，這種野生植物不知不覺在川西壩子消失了。看著一朵朵鮮嫩美麗的漏蘆花，一下讓我想起小時候，也就是五、六〇年代，夏秋時節，總有農家婦女，大娘大爺，提著一籃漏蘆花上面蓋著一條濕毛巾，在小巷大院裡叫賣：「漏蘆花囉～漏蘆根。」清亮的聲音總讓人在炎熱季節感受到一絲清涼。每次母親都要買一些，用來煮漏蘆花稀飯，清幽淡黃、溫溫涼涼的漏蘆花稀飯很讓人食欲盛

旺，奇妙的是，入口後人們馬上就會有一種奇、鮮、爽、香、心曠神怡的感受，一切勞累、困頓很快煙消雲散。

菜芙蓉芳香撲鼻，味美可口，可直接入口鮮食、涼拌、熱炒、做湯或摻麵食食用，可用來烹製漏蘆花醬肉絲、軟炸漏蘆花、漏蘆花肉圓湯等，其根用來燉排骨或豬蹄，也可以花泡水代茶，還可與其他食品原料搭配製作各種美味菜肴、餡料、冷食、冷飲等。

如今，長在田野裡的野花，成為稀世佳肴。說起漏蘆花，老人是聲情並茂。

06

三道堰，古蜀水鄉風情畫

美食達人們常說：吃在成都，味在郫縣。在郫縣，有四樣堪為「原創」之物——郫縣豆瓣、郫筒美酒、中國・川菜文化體驗館及川菜博物館，再有便是農家樂。這四樣原創造就了「味道郫縣」吃喝遊樂的主題。有了郫縣豆瓣，川菜就有了「味魂」，為川菜亮色、增香、提味；郫筒酒則美醉了竹林七賢、杜甫、陸游、張大千、韓素英等古今名流雅士；而川菜之「兩館」，互動遊吃川菜之美妙體驗讓人印象深遠；作為大陸農家樂的發源地，如今已成為百姓鄉村休閒娛樂的新生活時尚。

遊郫縣，你盡可品佳肴，嘗小吃：羅鴨子、施鴨子、醪糟肉、砣砣魚、胖哥黃臘丁、豆瓣炒手、戴大肉等特色風味美肴，無一不讓你胃口歡娛。

農家樂裡就更安逸了，有一雞四吃、一魚四吃，還有泡椒苕尖、老南瓜、芋兒燒雞、羊角饃、鍋邊饃、長

川西水鄉三道堰與廊橋成為標誌性建築，也是人們休閒的風水寶地。

饅頭等上百種土菜、小吃，人均幾十塊錢吃喝玩耍一整天。尤其是郫縣犀浦鰱魚、豆瓣鮮魚、藿香泡菜鯽魚、水煮黃臘丁等佳肴。

雅致水鄉，秀色獨具

然而，川西水鄉古鎮三道堰又別是一番風韻，水靈水秀，以水為樂，形成獨特的人文氣場。如果說郫縣是成都的後花園，那獨具水鄉風韻的三道堰就是這後花園裡的水上濃情古鎮。

郫縣三道堰原名三導堰，其名源於用竹簍裝卵石截水，做成三道相距很近的堰頭，導水灌田而來。三道堰有徐堰河、柏條河穿流，水源豐富，素有古蜀水鄉之稱。只因有這千年好水的滋潤，才使得古鎮浸透了水之靈性，積澱出古蜀國厚重的歷史與人文。

兩條河的流域沃土百里，良田萬頃，鳥飛秧苗壯。三道堰之水清澈溫潤，伸手可觸，無論清波碧浪，還是涓涓細流，總是與人相親相合。這裡，有江南水鄉的精緻，又有古老碼頭文化之神韻。

三道堰古鎮臨水而築，灰樑白牆、青瓦屋頂、風火山牆的徽派建築與川西民居風格結合，展現出清秀優雅。小橋流水、垂楊白鷺，來往行人如安詳的徐堰河從容而淡定。柏條河兩岸的吟詩樓、書畫樓、棋牌樓、品茶樓、觀景樓，堆砌延伸，景致清新雅致。走在彎曲小道，撫過青磚白牆，千年古蜀文化就在指間悄然流淌。

一年四季，尤其每年夏天，大批的遊客湧入比中心市區低3至5℃的三道堰消夏

水鄉秀色風情萬種，讓人浮想聯翩。

避暑。或在柳蔭下喝茶下棋，或在河邊看書閱報，或漫步綠道；在田園風光、林盤風光和農家風光交融之中，找到心靈深處所渴求的碧水清涼與親水的愜意。

古鎮保有完好的川西民居建築。老街盡是具有川西特色的竹編工藝品，像老街上的竹椅、竹簸、竹籃、竹筐，透過虛掩的房門，看鎮上居民或編織竹蔞，或鉤著童鞋，或打理青菜、生火做飯，頓時嫋嫋青煙升起，好一幅田園風情畫。

夜宿古鎮的農家，煮一壺醇香的米酒，炒兩個剛從地裡採摘回來還帶著露水的小菜，在柴灶裡烘幾根青辣椒拌茄子，一盤煙熏得發黑的老臘肉，這麼簡單、樸實的夜飯，讓人滿懷留戀。

來到三道堰品百味河鮮，居濱水閣樓，臨河畔信步，聽漁歌挽唱；一杯茶、一枝煙、一份水煮黃臘丁、一盤泡菜，真個是不亦樂乎，不亦快哉。

走進濕地，隨著木棧道在蘆葦蕩裡穿行。白鷺飛，魚兒遊，濕地面積雖不大，卻是一個生態樂園。池塘裡傳來的蛙叫，而遠處一群紅冠水雞一字排開。雲橋濕地公園，讓水鄉三道堰又多了風姿卓韻。

河鮮味美，野蔬清香

身臨三道堰，最愜意的就是與從高原雪山奔流而下，經都江堰流淌而至的秀水清波隨心親昵。如果你有詩情畫意，可上望江樓、閱江樓、望陽閣，邊飲酒，品佳肴，還可以吟詩作賦，潑灑丹青；也可以劃拳飲酒，欣賞三道堰的絕菜：紅燒純天然黃臘丁，不僅味道鮮美，細嫩可口，還不必擔心毛刺鯁喉；這裡的油炸麻花魚，麻辣香脆是下酒好菜；至於家常菜，手磨豆花、粉蒸排骨、甜鹹燒白、紅燒什錦等都帶有濃濃鄉土味，會吃得你大快朵頤。

三道堰的本地小吃更是讓人大飽口福：戴大肉、周仔鵝、稻草鵝，鴨脖子、鴨腳板、鴨腦殼，青椒雞、水鄉涼粉，都江堰支流的河鮮系列，鮮香味美，尤為是水煮黃臘丁，口感宜人、色香味俱全，潘老大羊肉湯鍋、夢桐泉烤全羊等，保管你吃了還想兜著走。

在三道堰河中的野生魚品種中，最有名氣的是青鱔、黃臘丁和麻花兒魚。風味最道地的是豆瓣鯽魚、胖哥黃臘丁、炒大蝦、戴大肉和水鄉豆花。尤其是藿香泡菜鯽魚，真叫鄉味一絕。川西農村還有三樣寶貝級的野生蔬菜，就是長在田埂邊上雜草裡的折耳根、藿香、青蒿。鄉里人家多愛用這三種野蔬添加到食物中，以清熱退火、去毒消腫，可說是可食可藥、衣食同源的經典。像折耳根拌青筍絲、藿香泡菜鯽魚，一鍋燉肘子或燉蹄膀中，加入了青蒿之後，多了來自田野的清香，肥而不膩，滋糯柔軟，成了青蒿肘子最大的吃點。

胖哥黃臘丁：是三道堰第一家經營野生黃臘丁的餐館。胖哥黃臘丁選用的是來自岷江的野生黃臘丁，這種黃臘丁個頭比普通的小一點，表面呈現棕紅色，肉質細嫩，味道鮮美，獨刺易食。根據食客的口味可烹製成魚香味、酸辣清湯味、家常味、麻辣味等，都是川西壩子傳統風味，鄉風濃醇。單說那黃臘丁，拈一條放進嘴，輕輕一抿就沒了，細嫩得如豆花一般，口中留下的是麻辣酸香、鮮美多滋。還有香酥小河魚，香脆可口，是佐酒佳品，雙椒土鯰魚，泡椒豹紋魚，也是胖哥家的特色。真正的老吃貨，會把剩下的湯汁交給廚房再燒點豆腐、血旺，又是一番滋味，更有超級吃貨，用那湯汁拌麵條，或煮一碗抄手，稀哩嘩啦吞下肚，才知道川西壩子真的就是水美土肥河鮮俏。

戴大肉：涼拌豬頭肉專賣店。豬頭肉，包括豬耳、豬臉、豬拱嘴，在川西地區自來是一款風味獨具的美味，尤其是那麻辣豬拱嘴、紅油耳片，味道別具一格，紅亮誘人、麻辣香醇、軟糯脆嫩，吃口十分舒爽。戴大肉的豬頭肉不僅片張大、且是軟糯適度，那豬耳朵，軟糯中帶著脆響，嚼起來很有些快感；味道的關鍵是熟油辣子，紅亮香濃、辣勁十足，那可是老戴自家手工搗製的，那個辣、那個香，叫人印象深刻。然而最令人驚歎的是，那豬嘴、豬耳，片張超大，薄得透光，拈一片起來放在嘴前，就像吃連山回鍋肉那般豪爽。行道中人一看那陣仗，就知掌刀人必是名震一方的江湖刀客。一份麻辣豬耳朵或豬頭肉，再來碗紅豆湯，一碗米湯煮鮮蔬、一碟泡菜，那真是天下最佳美味絕配。不過東西好，自然生意好，一般早上十一點後去都吃不到了，只好第二天請早。

還有三道堰的炒大蝦，那做法和吃口都別具一格，特別是夏天在沱江河邊邊上吃蝦喝啤酒，之爽快！青椒雞也是鄉味濃厚，以新鮮青花椒、大巴山小青椒、精選薑蔥調味油等諸多調料烹製，雞肉細嫩，麻辣清香。以其調料炒田螺、炒鴨頭也是越吃越香味越濃。

三道堰的水鄉涼粉、周仔鵝、高大肉紅油肺片、粉蒸牛肉、牛骨蘿蔔湯也好吃，色香味俱全。

1 戴大肉麻辣鮮香，脆嫩可口，若不以美酒相佐，那真是委屈這盤佳肴了。

2 郫縣農家樂的美味佳肴及青蒿燉肘子，即便是夏天，吃來也是清鮮淡雅肥而不膩，祛熱解暑。

07 黃龍溪，古鎮魅影韻猶在

近二十年間，在川西壩子，最具名氣和人氣的莫過於雙流的黃龍溪古鎮。雖說商業化氣息很濃厚，但古鎮所完整保留下來的古寺廟、古建築、古街道、古風情及古民俗，與古牌坊、古民居、古榕樹、古崖墓渾然一體，簡直就是一幅古色古香的畫卷。

黃龍溪是一個風景優雅、歷史悠久並擁有濃厚文化底蘊的川西水上古鎮。《水經注》載：「武陽有赤水其下注江。建安二十四年，有黃龍見此水，九日方去。」又梁虞《荔鼎錄》記：「蜀章武二年，黃龍見武陽之水九日，鑄一鼎，象龍形沉水中。」千古一溪，因此得名「黃龍」。

因龍與水而得名的古鎮，處處洋溢著龍之韻、水之情。

魅力古城，老樹掩映

1983年盛夏，當時的黃龍溪古舊而淳樸，看上去有些破敗，卻是一幅原始的風貌。突然，不知從哪兒冒出一群俊男靚女，湧進黃龍溪，把古鎮唯一一家客棧塞得滿滿的。第二天，一些古妝男女花枝招展出現在古街古巷，攝影師忙前趕後累得滿頭大汗。「黃龍溪在拍電影……」消息向周邊迅速傳播，遠至彭山、仁壽、新津的鄉親們從四面八方趕來黃龍溪看稀奇、觀熱鬧。許多人在古鎮上「安營紮寨」，數十天裡伴著攝製組的水銀燈閃爍。這就是當年峨嵋電影製片廠首次選中黃龍溪古鎮為外景地，拍攝歷史故事片《卓文君與司馬相如》的情景。

而後《芙蓉鎮》電影的大部分場景都在這裡拍攝，黃龍溪因此聲名大噪，一夜之間成了魅力古鎮。其後更為影視界所矚目，電影《海燈法師》、《朱德》、《劉伯承血戰豐都》、《借妻》等都在這裡攝取場景。

18年來，以黃龍溪古鎮為拍攝基地誕生了200多部電影、電視劇。前些年IMAX影片《女人與熊貓》，還將黃龍溪古鎮推向了美國旅遊市場。

黃龍溪之所以受到影視界的垂青，是因其仍然保存明清時代風格的街肆建築。鎮內還有6棵樹齡在300年以上的黃桷樹（一種榕樹），枝繁葉茂。鎮內現還保存有鎮江寺、潮音寺和古龍寺三座古廟，每年農曆六月初九和九月初九的廟會，還能再現昔日陽古鎮的喧鬧場面。

黃龍溪自古就是成都平原重要的天然碼頭。從成都來的下水船和從重慶、樂山來的上水船多在此停泊過夜，加上本地運送特產出行的船隻，曾經呈現出船帆如林的景象。而今，鎮

東首的古碼頭仍在，但已成為遊人遊江賞景的登船之地。

步入古鎮，古色古香的味道撲面而來，沿錦江的黃龍正街是黃龍溪最古老的街道，留下舊時的鐵匠鋪、當鋪、賭館，餐館林立，街上還有三座寺廟，分別為鎮江寺、潮音寺和古龍寺。古龍寺內１７００歲的古榕樹，中間分叉處有一間小廟，供奉黃葛大仙，呈現出「廟騎樹，樹裹廟」的奇觀！

黃龍溪迄今保留著正月表演火龍燈、獅燈、牛兒燈、么妹兒燈、四月初八放生會、端午節賽龍舟，還有代代相傳的府河號子、民間兒歌、童謠、諺語，扯響簧、翻筋斗、踢毽子等。還有打更的習俗，按時辰鳴鑼報時從亥時起打更，每時辰打一更，直到卯時，共打五更，一更鳴鑼一聲，二更鳴鑼兩聲。夜深人靜時，清脆的打更聲會讓你睡得分外香甜。每年正月初二晚上至正月十五日元宵節的「燒火龍」是黃龍溪最馳名的文化活動，此習俗源於南宋，先民根據「龍見武陽赤水」和「龍生九子」等故事創造獨具特色的「火龍燈舞」，現在已成為

城門樓雖年歲深久，依然虎視著濤濤江水。

鎮江寺與古榕樹從來就是黃龍溪的風水寶物。

黃龍溪一年一度的新春節目。

古鎮最有特色的莫過於茶館，茉莉花、竹葉青、峨眉雪尖，一碗茶兩、三塊錢，便可以坐一天，尤其是老人們，大清早遛鳥喝茶，悠閒雅致。

香風美味，誘人食欲

黃龍溪集結了川西壩子的土特產，街道兩旁，路邊餐館一家挨一家，各種白底藍字的店招，濃烈的川菜香氣、河鮮美味在空中飄蕩，挑逗著遊人的胃口。

一根麵：黃龍溪當下最著名亦最張揚的是「一根麵」。這種最早源於宋代的特色小吃，一碗只有一根麵，一鍋也是一根麵。一根麵又叫長壽麵、長久麵，是宋元明清時期黃龍溪古鎮的著名傳統小吃。黃龍溪盛產小麥，每到逢年過節辦喜事時，黃龍溪人就會用麥心粉做一根麵，幾乎家家都會做！

過生日時吃一根麵加兩個雞蛋寓意長命百歲，一根麵加三個蛋表示千秋長壽，一根麵加

1 一根麵是以扯麵條表演為攬客噱頭。

2 這種豆豉用來炒鹽煎肉、炒青辣椒、蒸臘肉香得很。

四個蛋祝福萬壽無疆。婚嫁喜事時新郎新娘必須吃一根長麵，分別從一根長麵的兩端向中間吃，直到嘴對嘴合二為一，寓意長長久久、百年好合。兒女出遠門時，媽媽做一根長麵，祈禱兒女一路平安，正月裡到黃龍溪吃一根麵，祈願一年一順百順。且是夏天吃涼麵，冬天吃熱麵。

民間一直流傳著「不吃一根麵，枉到黃龍溪」的說法。一根麵滑爽、彈牙、耐嚼，吃的是麵條本身的味道而不是調料。吃法必須夾住一根長麵從頭吃到尾，不能大口往嘴裡塞，情侶一人吃一頭，姻緣一麵牽，故而又稱為親愛麵、親吻麵。

芝麻糕、龍眼酥：芝麻糕曾是進獻宮廷的地方名點，也是黃龍溪現存唯一的古典小吃。以黑白芝麻製作，佐果仁、核桃仁，口感香甜，細膩綿軟，搭配一杯苦蕎茶、普洱茶最經典。

龍眼酥，乒乓球大小，酥香可口，有椒鹽味、黑芝麻、玫瑰、冰橘四個傳統風味，十元一斤，做工道地，風味純粹。其他也還有核桃酥、桃酥、木槌糖、鮮花餅、牛皮糖等川西壩子傳統糕點。

煙熏豆豉：黃龍溪無處不見，乾包穀葉包裝的一小袋煙熏豆豉，當地人叫「土製豆豉」。這種豆豉絕大多數是家庭手工製作：黃豆蒸熟加進鹽、薑米、辣椒粉等調味品，用乾包穀葉包好一定分量後用麻繩紮口，十二只紮成一捆，掛在灶台上方讓煙熏烤，再掛到室外曬乾即成。可用來炒鹽煎肉、豆豉炒鮮青椒、豆豉炒蒜苗、豆豉炒泡蘿蔔、豆豉炒蕹菜杆，蒸排骨或鰱魚時，與蒜一起擂爛，拌進肉或魚蒸或燒。

古鎮豆花：古鎮石磨豆花因其色澤白潤、口感細膩而出名，幾乎家家會做，卻又各有特色。黃龍溪有家很有名氣的豆花庄，叫珍珠豆花，店門有一對聯：「石磨磨豆豆生花，鐵杵杵椒椒麻辣」。因豆花美名，不少飯館亦開發了系列豆花名菜：豆花肥腸、豆花魚、豆花牛肉、豆腐腦、豆花麵等，款款美味、道道爽口，麻辣味濃、鄉味十足。大多飯館門前都當街擺放著大石磨，川西鄉姑當眾推磨，任憑那雪白的豆漿汁兒細細流淌，既當表演又作廣告。

黃龍溪沿街餐館的傳統川菜十分道地，鄉土川菜也很夠格。像東坡肘子，不是用雪豆清燉，而是先蒸後燒再澆汁，也叫焦皮肘子，色澤紅亮，口味甜鮮，炬軟而不爛、肥而不膩；黃龍溪粉蒸肉特別的鄉味，色澤紅亮、鹹鮮微辣、軟糯適口，味道悠長；回鍋肉非常夠格，油亮香濃、醬香濃郁，豬肉應是當地家養，肉味很香、柔韌且富彈性，很有嚼頭；乾煸鱔魚也是黃龍溪餐館的拿手好菜，在傳統的基礎上輔以鄉村風味、鱔魚乾香細嫩，鹹鮮香辣，略帶泡椒泡薑味道，佐酒助餐堪為絕妙佳肴。

河鮮：在黃龍溪一定要品河鮮，首先是黃臘丁，其次是錦江、鹿溪河中的野生河鮮，肉質肥美細膩，無泥腥味。通常有兩種吃法，一是以當地產的山椒、紅辣椒提味，佐以香菜，湯色紅亮、麻辣鮮香；二是用豬油、水、鹽煮，不用太多作料，保持原汁原味，一直煮到湯色濃白為止，起鍋時加入蔥花，湯美魚鮮，口味清淡。臨江邊的老街幾乎全是河鮮餐館，從浸在江水裡的網兜中挑選河鮮，清理後再放到臨街的鍋灶裡烹燒，一切公開透明，一目了然。

還有用該地江河野生的一種永遠長不大的小魚、小蝦（俗名麻杆子、蝦咪）油酥仔魚、仔蝦，麻、辣、香、酥、脆，是佐酒的上乘美味。

08

臨邛，天府南來第一州

「舟船爭路、車馬塞道、商旅斂財」，歷史上的邛峽是南方絲綢之路、是茶馬古道第一站，是天府南來第一州。秦惠文王滅蜀後，在土地肥沃、地當要衝的臨邛、成都、郫邑修築城池。臨邛有鐵礦、天然氣井，交通便利，因有邛民（邛族）聚居，故取名臨邛。

臨邛古城，是各族人民與蜀人交易彙集之地。到漢代，已是富商巨賈雲集的重地。工商大家族卓王孫、程鄭等，不僅在此設有工礦作坊，還在這裡販賣苦力，其財聚斂之多富可敵國，至民國二年改名邛崍縣。

保存完好的臨邛古城樓依然氣勢磅礡，雄風凜然。古城樓內的臨邛老街，商貿氛圍和生活氣息濃厚，不少歷史遺物和痕跡清晰可見。

鳳求凰，傳世佳話

地處成都平原西南的邛崍，與成都（益州）、重慶（巴郡）、郫縣（鵑城）並稱為巴蜀四大古城。邛崍是西漢才女卓文君的故鄉，卓文君與司馬相如的經典愛情故事「鳳求凰」就誕生在此，「文君當爐，相如滌器」的千古佳話，吸引著遊人去頂禮膜拜。

四川出美女，邛崍數第一。邛崍最著名的「白富美」，就是這個卓文君了。司馬相如是西漢著名辭賦家，以《子虛賦》聞名。司馬相如二十出頭之時，以其詩詞歌賦、琴棋書畫聞名四方，加之風流倜儻，頗受上流社會青睞。一日，其好友邛崍知府王吉盛邀赴臨邛聚會，首富卓王孫得知有貴客，便設宴請客結交。卓王孫有女名文君。因久仰相如風貌才情，遂從屏風外窺視相如，司馬相如受邀撫琴時，便彈一曲《鳳求凰》以傳愛慕之情，彈者有心，聽者有情。宴畢，相如經由文君的侍婢向她表明心意，卓文君對相如一往情深，於是不顧一切深夜溜出家門，與相如私奔成都閃婚。卓王孫大怒，聲稱女兒違反禮教，有辱門庭，於是分文不給，與其斷絕關係。

然而，相如家徒四壁，窮困不堪。在成都住了一些時日，卓文君對司馬相如說：「這樣下去難以為繼，還是跟我回臨邛，向兄弟姐妹借些錢，做點小生意來維持生活。」司馬相如自然是言聽計從。回到臨邛，把車馬賣掉做本錢，又向親朋好友籌資開了家小酒館。卓文君當爐賣酒，掌管店務；司馬相如則著圍裙，洗滌杯盤瓦器。

卓王孫無可奈何，只得分給文君奴僕百人，銅錢百萬，又把她出嫁時候的衣被財物一併送去。於是，卓文君和司馬相如又回到成都，購買田地住宅，過著衣食無憂的生活。

相如後來進京謀求發展，以一篇《子虛賦》和《天子遊獵賦》得到朝野讚賞而功成名就，被漢帝劉徹封為郎。成為華夏「賦聖」和「辭宗」。卻在京城有了二心，卓文君知曉後作《白頭吟》：「聞君有兩意，故來相決絕。願得一心人，白頭不相離。」使相如羞愧不已。

在長安時，司馬相如又被封為中郎將，覺得自己身分不凡，加之成天混跡上流社會又認識了一位長安才女，便有休妻念頭。一天，他派人送給卓文君一封信，信上寫著「一二三四五六七八九十百千萬」十三個大字，要卓文君迅疾回信。卓文君看了信，知道丈夫有意為難，十分傷心，便提筆回道：

「一別之後，二地懸念，只說是三四月，又誰知五六年，七弦琴無心彈，八行書無可傳，九連環從中折斷，十里長亭望眼欲穿；百思想，千繫念，萬般無奈把郎怨，萬言千語說不盡；百無聊賴十依欄，重九登高看孤雁，八月中秋月不圓，七月半燒香秉燭問蒼天，六月伏天人人搖扇我心寒，五月石榴如火偏遇陣陣冷雨澆花端，四月枇杷未黃我欲對鏡心意亂，急匆匆三月桃花隨水轉，飄零零二月風箏線幾斷，郎呀郎巴不得下一世你為女來我做男。」

司馬相如收信驚歎不已，夫人的才思敏捷和對自己情深似海，便斷了休妻的念頭，兌現當年離別時的誓言，立即乘駟馬高車衣錦還鄉，這也是成都北門駟馬橋地名之來由。

如今，在邛崍所能見到的唯一的見證物，便是卓王府文君故居裡的那口水井。相傳為當年文君汲水釀酒之井，後人取名「文君井」，修繕後擴為園林，杜甫作有「酒肆人間市，琴台日暮雲」的詩句，郭沫若題有「文君當爐時，相如滌器處」詞來讚嘆文君井。

邛崍有一條名聲在外的街——臨邛古城大北街。曾經，穿梭往來的客商使這裡熱鬧非凡。山貨、茶葉、絲綢，琳琅滿目，里坊林立。現今大北街仍遺存明清時期的主體建築，多為兩層，上宅下店，也留存臨邛古玩、民俗館、古戲院、古祠堂、老茶館、五顯廟、蕭馬店、古城樓等特色古院落。

市井美食，湯鮮雞嫩

邛崍不僅是一個遊玩、覽勝、避暑的清涼優雅之地，也是美食樂土。臨邛古街上各種豆製品香辣可口，糖果飄香酥脆，茶葉清香細膩；油炸魚蝦蟹色香味誘人，還有南瓜烤饃，玉米饃、米糕、叫化雞，手撕鴨，甜皮鴨等吃食。中午：血旺肥腸粉、碗碗香羊肉、涼粉、涼麵、湯圓、葉兒粑等。晚上閒逛，啃點鴨腳鵝翅，香香辣辣的，讓人欲罷不能。早起品嘗出名的奶湯麵和缽缽雞。

奶湯麵：奶湯麵是邛崍美食美味中名聲最響的小吃，邛崍周邊只有羊馬渣渣麵能與邛崍奶湯麵相提並論。奶湯麵因湯如奶、味似乳而得名。店家在頭天晚上將新鮮豬骨、豬蹄、香肘、雞骨反覆清洗乾淨、入沸水鍋中稍煮片刻，再進行漂洗；然後將骨搗斷，用大火熬燉開，打盡浮沫，改用微火熬煮。一直熬到清晨，湯由清變白，成為香味濃郁的奶湯。此時，一掀鍋蓋，那縷縷的香氣就會撲鼻而來。用這種奶湯拌麵，加上雞絲、酸菜肉絲等臊子，吃來非常鮮美、香濃可口。

奶湯麵關鍵在湯頭，白如牛奶，香濃醇厚，一根根水葉子麵整齊地徜徉其間，而青翠鮮香的小葱切花點綴於面上，吃時伴以醬油和切碎的鮮青辣椒或泡辣椒即可。由於奶湯麵不加紅油辣椒，看上去清醇素雅，故當地人稱之為「清湯麵」。

尤為是燉雞奶湯麵，湯汁香而不膩，麵質有嚼勁，與別的奶湯麵不同，燉雞奶湯麵所用的湯汁除了採用鮮豬肉、豬骨、豬蹄、香肘等材料外，還添加了老母雞入料熬製，也是燉雞奶湯麵與眾不同的原因之一。令人驚異的是，這種奶湯麵是能「長」的，起初看來是麵細湯多的一碗，吃了一會兒竟又呈現滿滿的一碗。

當地還有一特色吃法，一大碗奶湯麵，配上店家自製，煸炒過的鮮青椒，清香鮮辣；或油炒的泡野山椒，酸辣爽口。兩樣吃食，一清二白，奶湯麵之乳香油潤與青椒的清香鮮辣，一陰一陽，相映成趣。你可根據自己的喜好隨意添加，一口麵，一口脆辣椒。民間有句老話：「一邛二雅三成都」。說的是邛崍的少婦特有韻味；雅安的少女挺漂亮，成都的女子最水靈。這讓人不禁聯想，邛崍當地的女子唇紅面白，水靈嬌嫩，莫非是這奶湯浸潤出的粉面姣容？

缽缽雞：邛崍缽缽雞從清代流傳至今已有上百年的歷史。是以土陶缽（當地稱之為缽缽）盛放配以麻辣為主的佐料，加上多種調料拌合的去骨雞片，有皮脆肉嫩，麻辣鮮香，甜鹹適中的特色。在邛崍，奶湯麵最妙的吃法是配缽缽雞，吃一夾鮮美香醇，柔滑勁道的麵條，夾一片紅亮麻辣的缽缽雞肉，吃得你熱辣辣、麻酥酥的，胃口大開。冬天更會吃得周身發熱，通體舒服。

1 文君井是臨邛文君故里惟一存留的真實古蹟。

2 從邛崍到平樂古鎮，奶湯麵無處不溢香。

缽缽雞源於邛崍鄉村，清末民初就已流行於市井，帶有自然、純真、質樸的鄉土氣息，具有麻辣多滋，細嫩香美、吃口舒爽，以片計價，食用方便。

然而真正傳統的缽缽雞，並不是現今竹簽串起，盛裝在有各式湯料的土缽盆裡。道地的邛崍缽缽雞，是用一個約三十多公分的土瓦缽，蓋有土碗，碗旁有一小孔，將拌製好的雞片盛在碗內，調料汁水便順孔流入土缽，吃使用筷子夾起雞片，伸進缽內蘸裹調料吃。

在東街漁橋十字路口往右，原老文君酒廠斜對門的「秋缽缽」就很有名氣，不論何時都是顧客盈門。據老闆介紹，「我們選用的全是邛崍本地的土雞，吃起來不油不膩，很爽口，再配上祖傳的調味秘方，價格很實惠，保證吃過一回就絕對會有第二回。」

如今，邛崍當地的缽缽雞受樂山和成都串串缽缽雞的影響，不少店家也把雞肉、雞翅、雞肝、雞珺、雞腳、雞心等分別用竹簽串起，浸泡在麻辣、酸辣、鹹鮮、五香等調味湯汁的土陶缽中，以串計價，吃來更為方便隨意，故而備受年輕人喜愛。

邛崍街頭巷口都有定點售賣缽缽雞的，不少還是老字號。以前的缽缽雞是帶骨的，用背篼背起賣，後來被一個叫周福秀的改變了。她賣的缽缽雞把雞骨全部去掉，這樣食者挑選和吃起來更方便。她還把缽缽雞擺在奶湯麵館賣，這樣，奶湯麵的鮮香淡雅配上缽缽雞的紅亮麻辣，色香味形，紅白相襯，令人視覺愉悅。加之缽缽雞以片計價，吃多少，豐儉由己，逐漸形成了奶湯麵與缽缽雞套吃之美味絕配。

09

恬靜平樂，古風蔚然

「一平二固三夾關」，平指的是迄今已有兩千多年歷史的平樂古鎮，古稱「平落」，四面環山的綠色小盆地，因修水利、興農桑而人居、商貿聚落而得名。穿鎮而過的白沫江被飛沙堰分為內江、外江，形成一江分三水的獨特格局。

發源於天臺山玉宵峰的白沫江，自西向北流經古鎮，秀水縈繞，鷗鳥出沒，四季風景翻卷。江水兩岸古木參天，樹齡上千年的榕樹，遠遠望去如雲蓋地。

茶馬古道第一鎮

古鎮規模不小，沿河十三棵千年古榕樹接連生長，帶給河邊老街蔭涼和溫馨。古街道、古民居、千年古榕樹、古石拱橋、古文化構成了古鎮的古風與古

一座古樸滄桑的石橋，見證了歷史的昨天和今朝。橋頭邊的千年古榕更成為平樂古鎮永恆的標誌。

色。平樂自古便為「茶馬古道第一鎮、南絲綢之路的第一驛站」。

古鎮明清建築鱗次櫛比，古風蔚然。素以「秦漢文化•川西水鄉」風情著稱。古鎮的老街，那份優雅古韻、清幽恬靜卻是華夏大地所少有。條條小街七彎八拐，清爽潔淨，民風淳樸；隨處可見古桑榆、古銀杏、千年古榕樹，圈圈年輪鐫刻著古鎮的滄桑歲月，記述著古鎮的風流年華。

作為茶馬古道第一鎮，平樂曾是熱鬧非凡。古鎮沿襲千年的民俗藝術、屹立百年的民居建築，浸染成具有濃郁地方特色的水光山色，成為川西水鄉古鎮的縮影和象徵。

樂善街是平樂古鎮的主要出入口，由這裡往古鎮裡走，有一條水景街。兩邊青石鋪就的小街古樸而雅致，一條潺潺小溪從街中央緩緩流過，小溪裡安放著水車、水磨，走在街上，使人頓時沉浸在古老的韻味中。

穿過樂善街的盡頭就是一座古老的石橋——樂善橋，這座橋有「邛南第一橋」的美稱，始建於清同治

元年，從採石到竣工花了整整十年，也是川內現存最大的古代石拱橋。

在川西，於橋頭、碼頭、路口栽樹是古代的風水文化，既是路標也是環保，而高大的榕樹也能為路人遮風擋雨。而今的人們依然在享受著先祖們的福蔭。高大的榕樹下大都有茶園，往竹椅上一坐，在如蓋的綠蔭下，一壺清茶，二、三知己，喝茶、打牌、聊天，一邊享受習習微風，一邊品香茗，四周是石橋流水、古樹老屋，何等愜意！在興樂橋的橋頭，那株高大葳蕤的古榕樹，據說樹齡已有１５００餘年。據說此樹很有靈性，能消災祛病，避禍賜福，難怪有人在樹下燒香祈福。這裡還新修起了「許願廊」，樹上面掛滿了許願的紅飄帶，樹下立了八根許願柱，分別代表富貴、愛情等。

到街上四處轉悠，可以看到人群熙熙攘攘，衣著樸素，挑擔的，背竹背篼的，手提竹藍的，江水邊捶洗衣物的大娘，洗菜淘米的阿婆，街邊修補鐵鍋、農具的大爺，背著背簍懷抱嬰兒餵奶的婦女，一絲不掛玩水的小胖兒，一派恬然寧和的市井氣息。

古鎮的鄉親們隨遇而安，「知足常樂」成為父老鄉親世代相襲的追求。一灣濯洗人性的江水，一座時光倒流的古鎮，走進平樂，你便走進了川西水鄉的幽雅意境；穿越古鎮，你便穿越了２０００多年的秦漢歷史！

在古鎮的感受，不是飛簷翹角，而是角落裡濕冷的青苔，小街上溢滿芝麻油的香氣，門前乾淨的筥籮，栽滿花的木陽臺，一地的薔薇落紅。夜晚，住在平落堂的客房裡，伴著「家」的溫馨和遠離城市喧囂的寧靜，慢慢入睡。

江水與人們世代相依，伴隨著百姓人家的衣食住行，一日三餐。

居民百姓間的日常交流，透出一絲平和相處，和善相容的氣息。

街坊吃食，道地好味

古鎮得山之護佑，水之潤澤，故而物產豐腴。在古鎮，品魚鮮是第一大口福。當然話又說回來，每家餐廳都說是本地野生河鮮，你也別信以為真。想想看現在哪還有那麼多野生魚兒上鉤進網！

古鎮還有遠近聞名的美食：甜皮鴨、老臘肉、燒肥腸、湯白肉、燒血旺、燴豆腐、嫩豆花、奶湯麵、鉢鉢雞、碗碗羊肉等。到川鄉古鎮遊，回鍋肉少不了都要品嘗一番，俗話說「入蜀不吃回鍋肉，等於沒入川」，各地皆有風味特色，像連山回鍋肉、香辣回鍋肉、乾豇豆回鍋肉、鹽菜回鍋肉、紅苕豆豉回鍋肉、蒜薹回鍋肉、蕨菜回鍋肉、苕皮回鍋肉等。

平樂古鎮餐飲一條街集中了景區主要的餐館，其間「古鎮第一魚」位於特色餐飲街的黃金地段，與「古榕飯店」相鄰共營，雖說是鄉鎮路邊餐館，店子倒也大氣，優雅舒適，尤其在店外開放的空間，在綠蔭掩映之下就餐，別有情致。

古鎮第一魚：在魚鮮烹調上體現了川菜傳統風味和家常風味的特色。從街邊上水盆裡的魚品選擇到烹燒調味，既熟練又精道，聞著那香氣便可感覺到風味的醇濃。尤其是紅燒黃臘丁，江裡打撈出來的野生黃臘丁，非常新鮮，用辣椒、泡椒等作料烹製，魚肉口感細嫩，舒滑爽口，古鎮內大中飯店皆有此特色菜。藿香江黃魚，家常味道。由於江黃屬於深水魚，所以肉質特別細嫩鮮美，無小刺，加之輔以農家自製的泡菜、泡椒、泡仔薑和當地野生藿香，故而味道獨具地方特色，特別是魚肉吃完了，用當地的包穀饃、米糕蘸剩下的湯汁，又是另一番滋味。

肥腸血旺：頭刀菜館特色肥腸血旺，是不可錯過的美味。其用料考究，二十四小時溫火煨煮，配以老闆自己煉製的新鮮花椒油，麻辣嫩燙，鮮香美口。

乾媽肘子：色澤焦黃，軟糯滋潤；皮香脆化渣、肉油而不膩，輔以大紅椒、大青椒、洋蔥塊、豆瓣醬、老乾媽豆豉勾汁、淋汁，味道就顯特別，倒也有老媽風味特色。其肘子系列也較獨到，有用野山椒燉的，泡椒泡菜燒的，風味各異、款款香濃。

奶湯麵：平樂奶湯麵與邛崍城裡的又有所不同，關鍵是熬湯所用的老雞、豬骨等十分新鮮道地，故而湯味更為鮮香可口，就連麵裡的蔬菜也很鮮嫩清爽。

缽缽雞：王氏老麵館的缽缽雞，用熟雞去骨切片，輔以多種調料，皮脆肉嫩，微帶甜鹹，麻辣鮮香、味道也還道地。

石磨豆花：平樂古鎮水好豆好，手工推磨的豆花自然非比尋常，口感細嫩，回味微甜。「范豆花」，蘸水很鄉土，麻辣霸道，澆蘸清香甘甜的豆花，吃來很有味。

碗碗羊肉：據說用祖傳秘方配製的滷料將全羊在鍋中蒸煮，煮熟軟的羊肉切碎後，用各式料湯調味，溫熱後放入碗內，碗內盛有芹菜末、泡酥黃豆、辣椒、湯料等，便是一碗碗麻辣香美，香鮮濃厚的碗碗羊肉。聞起來很香，吃的時候肉質脆嫩、柔軟化渣。鮮美滑嫩。說到碗碗羊肉，當地人首推「張羊肉」，做得道地好味，人氣十足。

炸小魚蝦：四川話裡叫「貓貓魚」，就是河溝裡那小小的，只有一根小指大小的魚。吃的時候炸得金黃香酥，連骨頭一起吃。還有更小的「蝦貓魚」，就是真正的炸小魚了。最受吃的是炸小蝦，最適合下啤酒。

油炸筍子蟲：平樂除了酥炸蠶蛹，還有一種油炸蟲子，估計很少人認識。因為古鎮周園多竹，這種蟲就是依靠竹子生存的，叫筍子蟲。小的時候，鄉裡的孩子就愛捉來燒著吃。古鎮上很多地方都在賣這種油炸筍子蟲，炸好放上辣椒粉、花椒粉、鹽。吃的時候，去頭，再去掉肚子，只吃中間那一段，很酥很香，風味獨特。在橋頭的一條小巷裡，非常簡陋，但經常在外面吃飯的人都知道，越是這種地方，越容易吃到好東西。館子門口擺著一大堆蟲子，便是油炸筍子蟲。

豆豉、腐乳製品：用本地產的豆子加工製作的豆豉與豆腐乳製品，有好幾種味道：豆瓣味、麻辣味、五香味、家常味等。有家「陳記太婆豆豉店」，遠遠就能聞到豆豉、豆腐乳這些川菜調料散發出的特有味道。攤位門口懸掛的「最平樂老店」的牌匾，店主陳阿婆說：「這是政府給我的榮譽，證明我從小就會做。請隨便嘗，這個是麻辣味的，炒青椒、拌涼粉、拌兔丁；這個是甜醬炒的，不吃辣椒的人下飯夾饅頭都是可以的。」

1 傳統鐵匠鋪成了遊客們眼中的稀奇之物。

2 這些佐餐小菜，稱得上是祖傳，尤令中老年人感懷心動。

10 醉人西來，清風雅韻

小時候知道蒲江，是因為有幸吃過蒲江特產米花糖和蛋苕酥，香甜酥脆，入口化渣，對我們這些貧民家的孩子，那當算是很難得的美味享樂了，於是蒲江便隨那美滋美味留在了心底。

綠色蒲江，成都花園

蒲江「三山」夾「兩水」，三山指長秋山、大五面山、小五面山，兩水指蒲江河、臨溪河。自然的鬼斧神工，雕琢出一處處瑰麗秀美的自然風光，形成了以朝陽湖、石象湖、長灘湖、飛仙閣「三湖一閣」為龍頭的絢麗風光。森林覆蓋面積居四川省各縣之首，有「成都花園，天然氧吧，綠色蒲江」之稱。

朝陽湖迂回幽深，有人盛讚：「景色勝灕江，幽

蒲江秀麗無比的山水。

深似三峽」，享有「水上青城」的美譽，十餘年間成為成都地區最熱門的旅遊景觀之一。

石象湖生態風景風景區有二龍戲珠、福從天降、古琴臺、碧園賞春、古象山書院等十六景集中描繪了石象湖的自然、人文景觀。長灘湖濕地則是一望無際的茵茵綠草。

近年來，蒲江最為吸引人的則是西來古鎮、茶文化觀光、櫻桃節等鄉村風情風俗。像初春時節，便是採茶的繁忙熱鬧之際，採摘的茶葉被稱為「明前茶」，味道清醇回甘。種類繁多的各季水果，從每年四月「櫻桃節」拉開序幕。而後，枇杷、桃子、西瓜、梨子、李子、葡萄、板栗、獼猴桃、各類柑桔相繼成熟。

春天的蒲江，除了滿坡遍野的油菜花、胡豆花、還有櫻桃花、蘿蔔花等。三月是櫻桃花爛漫的時候，五月份，紅豔水靈、香甜美口的櫻桃就可以暢啖了。

西來古鎮，穿越時空

西來古鎮是川西壩子並不多見，清風雅韻的天然古鎮，有很多原生態的氣息。平樂古鎮、上里古鎮、黃龍溪古鎮都已很商業化了，這邊還算半遮半隱的狀態。

西來古鎮，原先叫臨溪場，自然清新中散發著歷史韻味和民俗風情，距今已有１７００多年的歷史。

康熙三十四年蒲江縣縣令李紳文到臨溪場巡視，覺得臨溪場的名字不止一個，容易混淆，因傳說中關帝爺自西來此，帶來了富饒和繁榮，借用佛義中「佛法西來」的典故，即唐玄奘把大藏三乘經從西取來之意，遂改臨溪場為西來場。這就是「先有關帝廟，後有西來場」的

來歷。

一踏入古鎮，空氣裡有一種濕潤、清新的古樸氣息。最先映入眼簾的是長長的青石板路和兩旁鱗次櫛比的青瓦、泥牆、木面結構的典型川西民居。西來的街道較平直寬闊，其間穿叉著幽深的小巷子：簸箕街、煙巷子、水巷子、花龍門子、亭子巷等。

老街上最引人興致的是文峰塔，矗立在中心街口上。這座清代建造的文峰塔高約20公尺，塔身成六棱狀，每一層都是飛簷走角。塔身四周是古典戲曲雕塑，並配有用九曲篆文書寫的詩文。塔上的報功堂，有一官神端坐其間，凡是做了好事，有了功德，只需去報一聲，祂就會記下。西來還崇尚讀書，這裡曾出過不少貢生、舉人和秀才。為教育學子不能亂丟有字的紙片，故乾隆中期修「惜字宮」（焚紙爐）以正文風。

西來古鎮以錢、劉二姓居多，兩大家族在老街各建一座戲臺，逢年過節大擺對臺戲，彼此門富，倒是川西少見，至今，平日裡無戲可演，卻有不少人在這兒喝茶。戲臺前是燈檯，每逢春節、九月初九，就要掛上長的紅燈籠串，每家每戶門前也要掛上大紅燈籠，成了西來古鎮一道特別景致。

古鎮街肆清爽，小巷悠靜，「瀘洲老酒坊」、「祥泰老號布店」、「徐待詔」等老式店鋪招牌清晰可見，置身於此，彷彿回到商賈雲集的遠古集市。

遇上趕場的日子，熙熙攘攘很熱鬧，賣家養雞鴨的、賣野菜的、賣山珍野菌的，賣自家醃製的鹽菜、乾豇豆的，賣花生水果的，一應雜物用品，什麼都有，還有不少鄉村小吃，涼粉涼麵自不待言，這個糕、那個饃，這樣粑、那樣餅，以及炸土豆、油煎餅、糖餅糖畫等。街上的老年人拉手言歡、嘻哈打笑，一派壩上風情，很鄉村、很四川、很川西。

1 石橋綠水、秀竹翠林，使西來古鎮清風雅韻流溢，古鎮街上也是生機勃勃。

2 臨溪河畔是最佳的喝茶避暑之處，也是西來人真實生活不變場景。

臨溪河邊，排列著12棵千年樹齡的古榕樹。其中最奇的當數「夫妻樹」，傳說南宋孝宗時有恩愛夫妻草居於此，死後緊抱而化為樹。引人感歎的還有觀音樹，民間傳說為天上的一棵枯萎神樹，降到臨溪河邊，因樹幹中空，又叫通天樹。

臨溪河是古鎮的母親河，正是她的存在，才造就了古鎮昔日的文明，清澈明透的流水經年不息，滋潤著古鎮。古鎮開發後，沿臨溪而興修的河畔壩子成了古鎮人的聚會場所。大人小孩在此忘情戲水，品茶，棋牌，避暑，安閒自在。

正值收穫的季節，空場上攤滿了晾曬著的包穀，豌豆、胡豆。小鎮人的生活依舊，居民和藹可親，對遊人的到來都是笑臉相迎。「徐待詔」（待詔為明清時期的剃頭匠理髮師）老剃頭鋪子裡的師傅一邊給客人刮著臉一邊談笑風生。家門口、商鋪前、茶房裡、街沿邊，男女老少似乎都沉浸在天人合一當中，自得其樂。

曬太陽、擺龍門陣，是老人們的最中意的休閒樂趣。

小吃道地，佳肴獨到

蒲江是一個飲食風情與文化很出色的地方，尤其在雞、魚烹飪方面功夫獨到。像蒲江朝陽湖、石象湖的農家餐館，大多用野生藿香、青花椒、豆瓣等來燒魚鮮，如藿香燒黃臘丁，堪為美食一絕，鮮美細嫩、麻辣多滋。雞絲豆花的烹製也頗有創意，將煮熟的土雞胸肉、雞腿肉撕成細絲，撒入豆漿汁中攪勻，經熬煮點漿成雞絲豆花，舀入雞湯碗中，清香甘甜，鮮美爽口。

蒲江文廟街還有一家頗有意思的小店——囉嗦血旺。說是店主烹燒血旺時，人再多、再忙，也是不慌不急，加肥腸雜碎、酥黃豆，澆上滾燙的油，撒上蔥花，方才上桌，對於急性子的人來說，就很嫌囉嗦。但其血旺鹹鮮香濃、麻辣多滋，細嫩爽滑，肥腸柔韌滋潤，黃豆酥脆，吃口超好。

至於西來，則有極富包容性和地方性的美食。西來地方小吃傳統老道，種類繁多，單單是川西壩子最為鄉土的「粑粑」就有，發粑、豬兒粑、網絲粑、窩窩粑、葉兒粑，此外還有涼粉、涼麵、凍粑等。有些淺藏深巷，雖不當道，卻是名聲在外。臨街而坐，小桌子、矮板凳、竹筷子，特有的西來的風味。

古鎮上的街邊飯館、街口餐館，有的裝飾一新，溫馨典雅，菜肴不凡新穎；有的卻是一成不變，陳舊老套，但卻有著讓人驚喜和感動道地老菜式。像瀘州老酒館的乾豇豆回鍋肉、香熏老臘肉、藿香河魚、麻辣雞肉、涼拌豬頭肉、煮血旺、燒豬蹄，煮豆花、𤆵豌豆；品香園的魚肴、肥腸血旺等；新興街杜家菜館的燒豬蹄、豆花、血旺；十字口李家飯館的燒肥腸；

楊正君的滷鴨店，滷品的味道堪稱上品。

巧姑傳小吃：「巧姑傳」名小吃是代氏祖上三代創始於二〇年代，都由女性當家，因其嫻熟能幹、小吃精緻，食客譽之為「巧姑」。其芝麻甜水麵、紅糖豆沙粽子、涼粉涼麵、饊子油茶堪為珍品，尤以芝麻甜水麵享譽四面八方，成為蒲江名小吃。傳承至今故名「巧姑傳」。如今掌杓的是七十多歲的代舜華婆婆，對美食美味情有獨鍾，十分執著，製作小吃十分講究，調合味道相當精細。

代婆婆做起甜水麵來，從和麵揉麵、拉麵扯麵到煮麵，以及各種調味料的調配，心靈手巧非常講究，她參照川北涼粉的風味對甜水麵的味道進行了改進，調製出獨特的風味口感，以滑爽綿韌、麻辣鮮香、滋味濃厚、口感悠長為特色。

巧姑傳的小吃色香味款款精美，和腸娛胃。

豆沙甜粽，這裡豆沙指的是黃豆粉，豆沙以優質地方產黃豆為原料，重在炒製，磨成細粉後撒於粽子表面，純香味濃；精製細熬的紅糖汁淋在粽子上，像是穿上了一件薄薄的絳紅色睡衣，滋糯的粽子和著甜甜的糖汁，細膩豆沙，曾創下有遊客連吃16個而行走艱難的故事。

「巧姑傳」小吃達十多種，其中芝麻甜水麵、紅糖豆沙粽子、饊子油茶最為獨特。芝麻甜水麵採用優質麵粉為主原料，傳統家傳技藝，獨特配方，特製甜醬，滑爽綿韌，香辣並重，鹹鮮略甜，風味獨特。代婆婆看見一個個遠道慕名而來的食客，在自家的店裡吃得很開心，感到十分滿足。現在婆婆一家三口共同打理著「巧姑傳」蒲江店和西來古鎮店。依然是小店面，大名氣，食客絡繹不絕。

品香園：位於西來古鎮文風街（老街）上段臺子壩，是西來古鎮最為有名氣和人氣的老字號川菜館餐。品香園是廚師世家，代有承傳，廚藝精湛，尤其是野生河魚的烹調，更是獨顯其特長。其野生魚系列有霍香河魚、鯰魚、黃臘丁、野生鱔魚等。野生鱔魚是可遇不可求的美肴，肉質滑嫩，略脆。除魚類美食外，井水石磨豆花也是店內佳肴，豆花雖是大江南北的普通菜，但用井水石磨人工推製的豆花，卻原汁原味地保留了黃豆的天然風味，嫩滑純香。肥腸血旺、燙皮肘子、夾沙黃糖糯米飯等，也是店內的特色菜。

鴨肉排骨火鍋：以煙熏鴨火鍋為主打，選料講究，製作精細，廚藝獨特，成為蒲江美食代表作，色澤紅亮、不肥不瘦、肉嫩味鮮、香氣誘人。陳氏店採用農家散養土鴨，以求肉質鮮美；拔毛到清理，採用純手工操作，以確保肉質健康；採用天然稻草，火候適當，熏烤有度，以求鴨肉的獨特口感。陳氏主廚傳承了數百年蒲江煙熏鴨的純正品味，並不斷創新，與肥腸結合，推出了「鴨肉肥腸火鍋」，將鴨的煙香與肥腸的香潤美妙結合，口感獨特；與排骨共同熬製，推出了「鴨肉排骨火鍋」，醇厚的排骨肉香與鴨的熏香一道，成為口中最為愜意的享受。鴨肉嚼在嘴裡，味香濃郁，從第一口開始，無論是肥腸、排骨還是各類地方小菜，都溢散著醉人的鄉風美味。

瀘州老酒坊：「瀘州老酒坊」原本是電視劇中的一塊招牌，結果電視劇拍完了，變成了老百姓和食客口碑中的店招，飯館的原名「錢發粑飯店」反倒被大家淡忘了。這家西來古鎮上口碑最佳的飯館由夫妻倆親自打理，女當家主廚，真還有一身民間烹飪絕活，原料新鮮、

1 東方衛視紀實頻道在西來古鎮記錄下了代婆婆的小吃傳奇。

2 這家名聲在外的老飯館，女主廚看似不苟言笑，回鍋肉、熱拌血旺、清燒豌豆等菜品的味道卻是好極了。

烹調傳統、風味純正，成為當地家喻戶曉的大眾食肆，特色菜有；乾豇豆回鍋肉、香熏老臘肉、藿香河魚、麻辣雞肉、涼拌豬頭肉、煮血旺、燒豬蹄，煮豆花、炟豌豆等，分量大價格也很便宜，我一個人要了一份涼拌血旺、乾豇豆回鍋肉、炟豌豆、清炒時蔬，這足夠兩人吃的菜居然不到三十元錢，米飯自己在鍋裡舀不算錢。

涼拌血旺事實上是熱拌，血旺新鮮，凝而不固、比豆花還細嫩，不垮不爛，入口即化；那香辣湯汁的紅油辣子太絕了，不僅辣椒用得好，煉製的也很妙，店家說是用上月新收的菜籽，經當地小廠壓榨的菜油煉的紅油辣子，難怪那麼香。就連血旺面上撒的酥黃豆，也非同尋常，不僅黃豆顆顆圓滾，且酥脆化渣，和著血旺的麻辣鮮嫩，口感舒爽。

乾豇豆回鍋肉，乾豇豆柔軟香美，五花豬肉肥而不膩，片張大小厚薄很是標準，加上豆瓣、豆豉和蒜苗，正是鄉味十足，香美爽口。炟豌豆看似平常，貌不驚人，色不奪目，但舀一勺入口，湯鮮味美，豌豆炟軟宜口，豆香濃郁，典型的鄉風鄉味，這頓飯我是慢嘗細品，盡情感悟傳統民間美味之風情魅力

11

安仁，博物館文化之城

大邑縣，以古籍載，因「其邑廣大，遂以為名」。我到過幾次大邑，印象還不錯，山水靈秀、人文薈萃。大邑的空氣品質好，風光也很美。西嶺雪山，被稱為成都第一峰，杜甫寓居成都草堂時曾眺望此景，寫下「窗含西嶺千秋雪」的名句。西嶺雪山四季皆美，是成都人賞雪、玩雪、滑雪的勝地。

然而近十幾年來，大邑吸引遊人前往的是安仁鎮，有獨具川西明清風格的古典園林建築——劉氏地主莊園，以及以抗戰文物著稱的全國最大的民間博物館——建川博物館、中國電影博物館，以及各種微博物館、家庭博物館、旗袍博物館、楠木傢俱館等。據說，這裡最終將擁有100座異彩紛呈的博物館，成為世界級中國博物館小鎮。

百年公館建築風情

建於唐代的安仁，以「仁者安仁」得名。康熙年間，外鄉人劉朝懷入贅，成為大邑劉氏家族的第一世先祖，後代中還出了兩代「四川王」。民國時期，劉氏家族在此修建了各式華麗庭院，形成了川西平原獨一無二的「公館文化」。如今，有27座公館完整保存下來，建築融合了西方和中國建築美學，每座公館都有各自的風格，有助於人們一窺清末民初到新中國成立之間這一非同尋常時期的歷史。

安仁古鎮現存的舊式街坊建築，莊重、典雅。1958年，劉氏莊園被闢為「階級鬥爭教育館」，展示了半封建半殖民地時期中國農村的階級狀況，六〇年代末在此處展出了大型泥塑群「收租院」。中國各地的行政單位、機關學校被組織來安仁參觀學習，接受「階級鬥爭再教育」，「牢記階級苦，不忘血淚仇」成為文革初期一日三呼的革命口號。

劉氏老公館：從「劉文彩地主莊園」改名為「大邑劉氏莊園博物館」，其佈局錯綜複雜。高牆深院封閉式院落，山牆壓頂，迂回曲折，展現川西富豪之家的奢侈和排場。

川西民俗館：又叫新公館，其配置對稱，主次分明，是當年劉文彩修建送給劉文輝的。新公館由兩座一樣的大院所組成，展覽川西婚俗儀式、川西人的生產用品及工具、民風民俗及土特產品等。

收租院雕塑：1965年，四川雕塑家結合中

1 劉氏公館的氣派與豪華確是川西壩子獨一無二的，假如沒有劉氏莊園這樣的豪門貴宅，今天安仁又會是怎樣？

西方雕塑技法，在原莊園主劉文彩的收租現場，塑造出１１４個真人大小的泥塑群像。雕塑《收租院》的創作，反映出１９５０年前封建地主殘酷剝削農民的真實情景，是中國農村的寫照和藝術縮影。

劉湘公館：採三進式佈局，有號稱「川西第一」的四合院。四合院一樓一底，紅柱抱壁，氣勢恢宏，辦公樓青瓦、磚柱、廊簷上嵌配精細的雕刻；公館內還有至今仍清新雅致的小姐樓等頗具特色的建築。劉湘公館的建築風格除具有劉氏莊園典型的川西民居風格外，還巧妙融入歐式建築風格。

1 劉文彩和劉文輝的公館，氣宇軒昂、富貴堂皇。2 建川博物館可貴之處，在於真實反應了中國抗戰史。

劉元瑄公館：占地36畝，共有房間２２８間，全是純木結構，灰瓦、暗紅色的房柱及青色的牆壁，盡顯氣勢，不少歷史片都在這裡取景，如《進軍大西南》、《家、春、秋》、《解放西藏》等，現今已是電影博物館。

建川博物館：占地５００畝，有抗戰、民俗、文革三大系列，25個分館，２００萬件藏品，不少藏品甚至是國有博物館稀缺品。其中，包含書寫著毛澤東《論持久戰》數十公尺高的銅柱、站在巨大中國地圖上２０２位抗戰英雄的雕塑、「老兵力量」廣場上近２０００位抗戰老兵鮮紅的掌印等。

安仁中學：原名文彩中學，已有60多年歷史，１９５０年代後改名，是劉文彩召集地方豪紳捐建的，聘請國外專家設計，親自監理，建成全國軟硬體一流的校園，貧戶農家孩子均可入學讀書。現在的安仁中學已是一所聞名川西的國際學校。

中國電影傳奇館：建在劉文輝公館裡，設有中國老電影館、現代電影館、國外電影館、戰爭館、卡通館、藝術品收藏館、影視道具館、電影衍生品展示館、放映廳、休閒區等，讓遊客既能觀看電影，又能親身體驗電影場景，瞭解電影拍攝過程。

該館結合四川安仁厚重的人文背景，收藏１０８０件藏品，涵蓋電影海報、放映機、攝影機、道具、劇本臺本、電影衍生品等；從黑白默片時期《電影的誕生》到中國電影鼎盛時期的《好戲連台》、《末代皇帝》、《白毛女》等，包含12個不同主題；此外，該館還藏有年代久遠的電影票、原始手稿和電影膠，還有《太陽照常升起》中的道具拖拉機、張藝謀電影《三槍》的麵碗、《南京！南京！》中的日軍坦克，也成了展品。

每一座飽含歷史滄桑的老公館就是活的建築教科書，精品繁多的風情老街就是現成的電影場景，還有中西合璧的同慶茶樓、古代小姐看風景的劉體仁小獨院也都很值得一看。有了這些老公館、博物館、文物、藏品，在我走過的許多古鎮中，安仁古鎮說得上是獨一無二。

一路走走看看，古鎮老街很生活化。復古的路燈映襯著一家緊挨一家的商鋪，依稀可聞民國年代那小販的吆喝聲、黃包車鈴的叮叮聲、軍隊的喝喊聲和有力的步伐聲，貴婦人高跟鞋的蹬蹬聲，老式轎車發動聲，縈繞不斷又悠長遙遠。讓我沒想到的，安仁這種鄉下小鎮竟然還有軌道電車。滾圓的木質車身、晃悠悠的節奏、以及「鐺鐺鐺」的悠揚車鈴，似乎是老上海電影裡的場景，或是上上一代人的記憶，當它出現在我面前的時候，感到的只有新鮮和好奇。電車的起點站就設在安仁中學旁邊，電車的車箱上貼滿了民國時期招貼畫，一下能讓人穿越到民國那個年代。

騎街的袍哥樓，城堡式的建築，還有樓角的單行道。袍哥樓經受過時間的洗禮仍然站在當今的舞臺上，儘管已經被塵埃所遮掩了。踏上看似岌岌可危的木梯，聽著它發出嘎吱嘎吱的響聲，心不禁漏掉了一拍。環顧偌大的房間，那麼多三教九流的人物曾聚集在此，仿佛又看到了袍哥人家的豪邁，聽到了一個個五大三粗漢子耿直的叫囂。不由人長長的舒了口氣，時代文化的詮釋在此被體現的淋漓盡致。

如今，倘佯在安仁，到處都是一種源自靈魂深處的文藝和小資情調，公館、商鋪、咖啡館、老茶鋪，都透出絲絲「文藝範」。街邊巷裡的老電影海報、老式照相機、留聲機、手搖電話、老座鐘，街面上成千上萬的各式藏品，以獨特的主題聚集，無論哪個年齡段的人，都可以找到屬於自己的纏綿回憶。

也有不少中老年人、白領小資，在公館門前、在老樹下、躺在老茶館的「馬甲子」躺椅上，

1 安仁猶如蓋碗，積澱著令人纏綿心醉的香茗。

2 劉氏當年融合中西文化的風格，依然在默默地傳承著，誰也不想去改變它。

讀書、品茗、喝咖啡、發呆、聽蒼老樹上的鳥兒輕吟四季戀歌，看水中魚兒自在悠游，厚重的人文積澱使時間在這裡停滯下來，小鎮的故事也在心裡悄然展開。

多樣小吃，鄉風美味

自嘲為江湖饕客，安仁讓我難以忘懷的還是它的吃，遠勝成都周邊縣市，且價錢相對便宜得多，品項風味也多樣，鄉土味道濃醇。傍晚七點了，在一處叫綠豆粥的小飯館宵夜，真正吃得到綠豆漿特有的清香甘美的滋味，小菜也做得清爽家常。安仁賣早餐的也不少，多是豆漿稀飯、葉兒粑、麵條、小籠包子等，我吃過幾家都不錯，東西做的很道地很樸實，用料烹製都很傳統。

在安仁鎮老街，一邊追思尋古，一邊品嘗街邊餐飲、路邊小吃，可以從街頭吃到街尾。

黃記綠豆花：店主兼大廚黃師傅，二十來歲才不經意踏入餐飲行業，三十來歲拜在蜀中川菜怪傑，紅白兩案大師舒國重名下，其後潛心悟道，身懷川菜烹調絕技，立身鄉土，以綠豆花、罈子肉、大蒜燒土鱔魚、地主排骨、泡菜燒鯽魚、肥腸血旺等道地鄉味川菜揚名川西壩子。

黃記綠豆花的菜式重傳統，連裝盤造型也比較規矩，少了些鄉間的隨意和粗狂。像罈子肉、綠豆花、地主排骨、大蒜燒土鱔魚、紅油雞片、九大碗等用料配料、烹製工藝、製湯調味、滋味口感都很講究。罈子肉，豐富多滋，豬肘、肉丸、虎皮雞蛋、熟雞塊、菌菇等均嚴格按照傳統名菜的規矩加工配製，廚師先定碗調味，入籠蒸熟軟，上桌時翻扣在大瓷盤裡，再用原湯汁下鍋調味勾芡汁，淋在罈子肉上就OK。吃來是主輔料軟糯滋潤、鹹鮮美口、香濃悠長。

黃記最有特色的綠豆花，是選用綠色乾黃豆，因為此種豆子十分稀少，故而綠豆花尤為少見。黃記堅持按鄉村傳統方法磨製，就是為了守候那份獨特的青豆香甘甜味和鄉野風味。

綠豆花淡雅清香，配上香辣味碟，那就秀色可餐了。黃記豆花也曾被多家媒體報導。

一眼看去，大鐵鍋中熱氣徐徐，淡綠顯白的豆花，在水中微微顫悠，一股獨特的清香格外逗人食欲。豆花的蘸碟是以自家的豆瓣調製，加上複合豆豉醬和紅油調味，有股濃郁的豆瓣鮮美和醬香，新鮮花椒粉、小蔥花，那滋味格外調戲胃腸。挑起一坨豆花，在味碟中打個滾，入口立馬感覺豆花細嫩綿紮、清香絲絲、回口甘甜、麻辣鮮美、醬香醇濃，很是舒爽。

黃記的紅油雞片，尤讓我吃的感動，不僅是其拌法很鄉土，紅油特別香辣，麻味也很新鮮，鹹鮮中略帶微甜，調料使用得很簡單，就那麼幾樣，但很道地，故而七滋八味，麻辣味濃，關鍵是那土雞，煮製恰到好處，片的厚薄均勻，使雞片細嫩鮮美、入口化渣、越嚼越香。

藿香鯽魚也讓我大為讚賞，其關鍵調味料，泡辣椒、泡薑都是牆角那大泡菜罈裡自家精心泡製的，其用料的量較大，再輔以小米辣椒，燒製的手法十分嫺熟，湯汁用量也很到位，起鍋撒上一把藿香碎葉，讓這款道地的鄉村風味佳肴特色鮮明。我邊看廚師兼老闆黃琪操作一邊聊，中年人，厚道且很執著，果然是行道中人。

劉血旺：位於公館正對面，店裡熙熙攘攘，看上去這是一家典型的蒼蠅館子，桌子凳子都是那種低矮的、東拼西湊不成套，像成都晚上的鬼飲食一般，但是店招上卻寫的是百年老店。再看價錢，素血旺1元，小菜1元，豆花1元，真是廉價啊。我看不少人的中飯就是一份血旺，一份豆花。老闆說要點菜的話自己進廚房點，簡直是太實在了。我竄進去，看見桌上擺著滷肉、臘肉、香腸、涼拌折耳根、涼拌豆腐乾，一大鍋裡是血旺，另一大鍋裡是豆花，還有一口鍋裡是粑粑菜，很惹人食欲。我點了幾個菜，還點了一個炒腰花，本想再點個湯，老闆娘聲音宏亮地說：「湯就用不著點了，豆花、粑粑菜都有湯，鍋頭還有米湯噻」，真誠得讓我感動。吃完結帳，也就十幾元錢。成都那些很有名氣的川菜館的菜跟這裡沒法比，更

不要說價格了。

邑春豆花：別以為這是家豆花飯館，這是安仁鎮最有滋有味的小吃店。這家店主是川西壩子典型秀姑，大多顧客都是年輕人，都說是衝著小店正宗味道和姑娘的可人親和來的。

小店所賣的小吃品項不多，豆花、蛋烘糕、涼粉、涼麵等，每一樣都很精緻。從現場觀看她製蛋烘糕，從在小平底鍋上烘焙，到根據客人需要加入餡心，有條不紊、步步精心，一嘗果然軟和柔綿、新鮮香美、爽口舒心。蛋烘糕還有草莓醬、桑葚醬、花生醬、蘋果醬、肉鬆等，難怪那麼受美女帥哥們喜愛。品嘗了一小碗豆花，亦是有些與眾不同，豆花吃在嘴裡十分細膩嫩滑，就像剛蒸出來的水蛋一般，伴著醬油、油辣子、酥黃豆、大頭菜顆顆等，感覺很是給力，味甘綿長。

楊醪糟：也是一家小吃店，這家店很顯家庭化、鄉野性。小吃品項多樣，醪糟、涼麵、糍粑、酸辣粉、五香油茶、傷心涼粉、抄手、麵條等，款款鄉風濃郁、道道野味十足，有香甜的、鹹鮮的、香辣的、酸辣的、甜辣等，尤為是那傷心涼粉，酸得牙齒打顫、辣得舌頭收縮，但其招牌「老劉家涼粉」卻是酸辣適度，多滋多味。

我特意要了一碗思戀已久的紅糖粉子醪糟，大妹子把傳統的銅鍋加上清水燒，捏了一團雪白的粉子，輕巧地用手指掐成指拇大小塊落進鍋裡，另一手拿著勺在鍋裡攪動以免巴鍋，兩、三分鐘後，她從一罐子裡舀出一勺雪白晶瑩的醪糟，事先熬化好的紅糖水拌入鍋中，隨即盛在碗裡，送到我面前。放眼一看，棕紅靚麗、熱氣騰騰、香味撲鼻，儘管酷熱難當，我還是迫不及待地舀起一勺吹吹氣送入口中。

這碗紅糖醪糟確實非同小可，不僅湯色紅亮奪目，湯麵上的醪糟米粒，顆顆晶亮飽滿，

1 這碗肥腸血旺真還把我給吃歡了，那個麻辣那個香，至今仍還餘味繞喉。

2 嫩豆花涼涼的，將酸香麻辣的調料拌和，可以一口喝下去，暑熱天吃來特別地爽身。

3 美女老闆煮起醪糟粉子，味道非同尋常，吃出了童年在鄉下的記憶！

湯中的粉子亦也雪白亮麗、柔軟細嫩，甜香、酒香順流而下、浸潤得五臟六腑好不舒服愜意。

說實話，我品得十分地感動，不僅醪糟做的道地、紅糖熬得美妙，粉子推磨得精細，更誘發了童年時在鄉下家婆煮的紅糖醪糟的七滋八味。當然，若是再加個土雞荷包蛋，那滋味就更是讓人動情了。

12 新場，最川西的古鎮

19世紀末，一群加拿大志願者來到成都，辦學校、建醫院，留下傳世佳話。在新場古鎮川西壩子記憶館，仍陳列著500多張這些加拿大人拍攝的照片。2010年，這些加拿大人的子孫後代，來到新場川西壩子記憶館，聚在一處老宅門前，留下一張難得的合影，一段定格在黑白相片中的歷史，在新場古鎮有了全新的延續。

新場鎮原名清源市，自古大邑縣有「一新二唐三灌口」之說。其中「新」，指的新場鎮，「唐」是指唐場鎮，「灌口」即今悅來鎮。新場鎮興起於明朝嘉慶年間，發源於西嶺雪山的出江河穿境而過，具有水鄉特色。明清之時，商賈雲集，外省會館林立，是四川現存規模最大、保存最為完好的「船」型水鄉古鎮。鎮內保存完好的川西民居建築尚有600多戶，大都為清代、民國時期建築。

石橋、老房、淳樸的鄉親，構成新場清純的生活氣息。

天府水鄉，悠然靜謐

古鎮有古街道七條，為下正街、上正街、太平正街、太平街、太平橫街、香市街、河壩街；還有六條巷子，分別為水巷子、張翼廟巷、謝家巷、貓市巷、桶市巷、上字形檔巷，佈局二縱二橫井字型，現存古建築面積達數十萬平方公尺。有李氏舊宅、福臨社、集股客棧、黃鶴樓、廣東會館、天主教堂、福音堂等，還有著名川軍將領劉成勳故居及璧山寺。故新場亦被稱為「最後的川西壩子」。

漫步在古街、古道、古橋、古樹之間，有一種穿越時光的感覺。河壩街沿著出江河平行而建，街道兩邊店鋪林立，南來北往的客人們或悠閒地喝著茶、聊著天，站在古橋上，眼前「小橋流水人家」的美景有些令人驚訝。極具明清風格的古建築讓我感受到古鎮厚重的積澱，更感受到一種寧靜和安詳。

劉成勳將軍故居：劉成勳是原川軍第三軍軍長兼四川省省長，國民黨陸軍中將，大邑縣新場鎮人。１９２３年被孫中山委任為四川省省長兼川軍總司令。１９２７年遭到劉文輝攻擊，防區盡失，部隊被收編。至此不問政事，１９４４年12月在大邑病逝。

璧山寺：一座專為祭祀一個外地人而建的「家廟」，被新場人稱為「感恩寺」。相傳，明朝末年，重慶璧山縣令李萬春為官清廉，新場人畢朋成在此經商，多受其惠，因以致富，回鄉後乃建廟奉祀。

李氏古宅：建於１９２１年，磚木結構，在古宅眾多的精雕細刻裡，最受人關注的是門楹上的兩幅圖案，左邊是東方園林景色，亭臺樓閣、古樸典雅；右邊是西方教堂式建築，

高樓尖頂、華麗莊嚴。這兩種建築風格，在講求對稱的中國建築美學中居然顯得如此和諧。

自古以來，這裡就是兵家必爭的關口要地和客商雲集的商貿重鎮，有人稱新場是「南方絲綢之路上千年不散的集市」。在古鎮的第二天，恰逢趕場。街上，人來人往、熙熙攘攘。喜歡肩背竹簍的鄉民們，或買或賣，神態平和，古樸民風可見一斑。清光緒年間，雲南學政張錫榮拜謁當地名士、光緒皇帝的老師伍崧生，夜宿頭堰客棧，被新場古鎮的風光人情所動，留詩曰：「花外斜陽晚，雲峰暗幾層。人聲三里市，春夜一街燈。竹屋容高枕，桃源夢武陵。床頭三尺劍，氣欲作龍騰。」

河風輕拂，豔陽普照，出江河依鎮而伴，二堰河貫穿古鎮。西嶺的雪水給古鎮帶來了生機，滋潤著古鎮歷久彌新。沿河而行，一路水岸、花田濕地，田園的自然風光與川西的歷史文化相映成趣。新場鎮的主要街道全部引入了活水，走在新場古鎮的任何地方，都可以聽到潒潒的流水聲，這就是新場古鎮被稱為「天府水鄉」的原因。

除了歷史遺存，古街上最吸引我的則是那些傳統手工作坊。穿著圍腰、戴著口罩、手持酷似弓箭一樣的工具正彈著棉花的老藝人，那代代相傳的老藝人編織的篾貨，鍋蓋、菜籃、晾曬工具及各類手工藝品件件令人愛不釋手。

獨步街邊，可見老人坐在竹椅上曬太陽、系著圍腰的鄉民在彈綿花、搓麻繩，一位大爺在門前愜意地抽著葉子煙，一只花貓趴在老房屋頂上懶懶地酣睡，80多歲的老裁縫認真仔細地裁剪中式上衣，一個個生活場景，讓人感懷不已。古鎮的居民平和良善，他們活得如此真實、自在，言談舉止都那麼從容安然。緩慢的生活節奏容易讓人找到心靈的平衡，而快節奏的生活除了給人以疲於奔命的倦怠外，還會讓人錯失很多美好的生活體驗。這裡沒有人為的

葉子煙，即旱煙，
是鄉裡大爺最休閒的樂趣。
這自然讓我想起了父親，
我兒子生下來學會的第一個動作，
就是學爺爺吧嗒葉子煙。

喧囂，沒有汽車發動機的轟鳴與烏煙瘴氣，只有一片純粹的天籟：水聲、風聲、鳥聲和柔和的話語聲。就連農貿市場也沒有那些大呼高叫、亂七八糟的景象。

令人多少有些意外的是，新場古鎮除了打造的一些景點和特色街道，還保留了不少的老房子。多年來，受資金、交通、區位等因素制約，新場古鎮的優質旅遊文化資源「藏在深閨人未知」，但這恰恰就是它的價值所在，城裡人所尋求的古樸、真淳、靜謐與幽靜。新場古鎮所保存的大量民間文化與民風，讓人感歎。在這裡，一切都是不加修飾的，如同被時光遺忘的小鎮。

簡約質樸味道真

古鎮風味小吃不少，周血旺、汪豆花、麻油鴨子、甜燒白、葉兒粑、李黃糕、新場寬麵乃至新場泡菜等，都是讓人留得下美味記憶的。肥腸血旺吃起麻辣鮮香，血旺特別的細嫩爽口。麻油鴨吃得你

嘴巴又麻又香酥。街旁弄裡不起眼的老舊餐館，往往都是歷史悠久的百年老店。我特意地看過幾家館子，環境不錯，清爽乾淨。老街上還有賣煙薰臘肉、賣九大碗的，至於葉兒粑，聽當地的老年人說要在街上叫賣的才是最好吃的，可能下雨沒有遇見。

在新場上正街拐彎處有條小吃街，有油凍粑、葉兒粑、油條、包子、豆漿、稀飯、酸辣粉等，很便宜。米豆腐，加了乾槐花，吃來有一絲清香味。謝油糕，也就是窩子油糕，色澤金黃，酥脆綿軟。米豆腐旁邊有家鄭牛肉，店門前那直徑有一公尺的黑鐵鍋飄出股股濃郁的香氣，這便是當地人很喜好的牛雜湯。新場萬源街還有家邛崍李氏燉雞麵，奶湯的味道醇濃鮮美。

周血旺：老街上周血旺名氣最大。他家隨時都是打擁堂（擁擠），把小店擠得要垮掉一樣。店裡只有兩張古舊的長條桌，幾張長凳，許多人在店外等著，店內顧客們吆喝著吃得熱火朝天。

血旺的做法由祖上一路傳下來。店門口大土灶上架著大鍋，遊客可在大鍋旁全程目擊新鮮血旺的整個製作過程。

第三代「掌勺人」是六十多歲，和藹可親的婆婆，左手撈起一塊巴掌大、方形的生血旺，右手持一柄特製的「扁葉刀」，「嗖嗖嗖」幾下，平整切開的血旺順著手指輕輕滑進鍋裡。周血旺如此美味有三大原因：一、用米湯熬製；二、用文火慢煨；三、用當天血旺。

在農家土柴灶的大鍋裡，是熬到濃膩的肥腸湯，湯面上鋪滿油，層層迭迭，看到就知道是老湯。血旺是混合肥腸做的，在煮熟的血旺裡加煮好切碎的肥腸，最後加肥腸湯、加辣椒粉、花椒、鹽、蔥花就行。靠的是肥腸湯的厚重鮮美和血旺的鮮嫩吸引人。

血旺肥腸分有特辣、中辣、微辣、清湯四種口味，血旺很燙很嫩，入口即化，熱氣被厚厚的油封在內裡，不小心咬開會被燙傷舌頭，加上辣椒很火爆，眾人都被辣得唏嘘不已。周血旺旁邊的麻油鴨子麻酥酥的，吃血旺配這鴨子口感爽美得很，隔壁的糍粑又糯又香，吃一塊立馬消辣去火。

1 老街上的九大碗，香味四溢，相當誘人。2 老媽子端著血旺，笑眯眯地問我再加點辣椒花椒不。

13 白鹿，法式浪漫風情

彭州，以前叫彭縣，自古就有「天府金盆」、「蜀中膏腴」的美譽，是古蜀文化發源地之一。以「牡丹故鄉、避暑勝地、宗教文化、地質奇觀」為四大旅遊特色。其中的白鹿鎮，隱藏在深山老林裡，處處山青水秀，她神奇的歷史，奇特的地貌，紛呈的宗教，散發獨有的魅力。

據史書《華陽國志》載：周慎王五年（前316年）秋，秦伐蜀，蜀王潰敗，為秦軍所害，其傅相及太子退至逄鄉，死於白鹿山，古蜀開明王朝遂亡，就留下了「白鹿」之名。

小鎮新貌，從廢墟中重生

2008年，舉世震驚的「5．12大地震」

白鹿鎮的悠久歷史可從殘垣斷橋中一窺一二

使白鹿鎮遭受重創的同時，也給白鹿留下了被網友稱為史上最牛教學樓，古今地震大探槽等遺址、遺跡。現今的白鹿鎮從廢墟上崛起，以法式風情街和明清古街重生，傳承著中法傳統文化的風情小鎮。

白鹿上書院地震遺址，羅馬式與哥德式交融的建築風格，滲透出精緻與華美，其優雅酷似巴黎聖母院，現僅存地下室、聖母堂鐘樓及牌坊。國家文物局於２００９年底開始原址重建，全新的上書院將重生，還將規劃為西南地區最大的婚紗拍攝聖地。

１８６０年，一位名叫洪廣化的法國傳教士帶著聖經來到白鹿，從此改變這個小鎮的歷史。他與和另一名傳教士谷布蘭歷經40餘年的時間，建造兩座專門

地震後刻意打造的法式風情小鎮對當地居民而言，恐怕難解其間之風情。不知老外們來到這裡，可否有「回家」的感覺。

培養四川地區高級天主教神職人員的神哲學院——下書院和上書院，修道院和聖母堂。爾後，英、法、德等國友人在白鹿頂建起別墅，名曰「中法橋」，其原址已建白鹿鎮中心學校。

這座猶如歐美童話城堡的小鎮，有一幢以灰色為主色調的盧瓦爾城堡，彌漫濃濃的法國古典風情，鐘樓和拱頂是哥德式建築風格，組成錯落有致的法式建築群，每一棟建築的外牆色彩都不一樣。難怪彭州人流傳著：「中國人到了白鹿就像出國，法國人到了白鹿就像回家，外國人到了白鹿就像到了法國。」

白鹿以嶄新的面貌呈現在大家面前。堅強的小鎮人民用自己的雙手和智慧打造出一個更加美麗的歷史文化古鎮、休閒避暑勝地、浪漫風情小鎮。情由景升，不禁想起詩人流沙河心中的白鹿小鎮：「白鹿渺渺隨仙，惟古鎮鵑啼依稀蜀韻。丹花盈

大地震後重建的天主教堂和修復的書院，如今尚未對外開放。

盈語客，有教堂詩唱仿佛歐風。」

彭州乃道教聖地，道教創始人張道陵在白鹿鎮的塘壩子建立了道教二十四治中的漓沅治，不久又在此修建了鴻都觀。白鹿山頭，雲霧繚繞，隱約現出的霧峰，蒼柏朦朧。青石板的巷路上，偶爾冒出幾蔟小草，兩側民居多為仿古店鋪，陳列著自製的民間玩意，土特產品。建築皆仿木構架，通透扇窗，門飾掛落；樓閣懸柱，配以垂花；天花藻井，支以斗拱。很有一番傳統風格的神韻。走在這古風市井的清淨中，遠離了現代城市的喧囂，讓人產生一種平和。

若沒有當地人的介紹，很難找到白鹿老街，它因大地震而破敗不堪，作為地震的紀念而保存下來。橋旁的小石壩，幾乎被一株大榕樹遮蓋了全部。根須自樹幹而落，記載著小鎮的風雨春秋。

２０１３年，成都迎來了第四屆國際非物質文化遺產節，作為分會場之一的彭州白鹿鎮，也迎來了來自馬來西亞、非洲、印度、俄羅斯、法國的民間表演團和遊客。對這些異國他鄉的人而言，現今的白鹿鎮美得讓人驚訝；已成為大地震廢墟的老街，或許又讓這些外國人對大自然的火爆脾氣目瞪口呆。

白鹿鎮給人的感覺，特別像個借大地震恢復重建的暴發「土豪」，但就建築和村民的住宅而言，白鹿鎮無疑跨越了幾十年。老鎮老街雖說已成為大地震的見證，但在那些斷壁殘垣、青瓦白牆、破敗院落裡，仍能讓人感受到它的生命活力、文化底蘊、鮮活歷史，凝重的環境中仿佛還能聽見昔日鄉親們的歡聲笑語，雞鳴狗吠的生動。

地震中被毀壞的老街，
依然透出股股生命活力，
但也只有這樣的風情
才讓人覺得真實、親切。

鴨嫩鵝鮮牛肉香

無論在彭州還是白鹿鎮，你都不可能錯過當地多彩多滋的美食。老字號軍屯鍋魁、美味田鴨腸、清爽可口的彭州冷鍋魚、麻辣鮮香的九尺鮮鵝腸火鍋、紅亮酥脆的羅萬燙油鵝、獨具川西風味的大傘蒸牛肉、麻辣可口的髫子兔、紅糖糍粑、豆腐乳等。然而最享盛譽的當是九尺板鴨，只要那油亮鮮香的鴨頸伸得長長的，仰脖向天歌，整個川西平原都要流口水。

九尺板鴨：川西壩子歷來盛養鴨子，因天然習性自然生長而肉質細美，自來就是川人口中美食、桌上佳肴。百多年前流行於成都市井坊間的各式鴨肴就有：甜皮鴨、板鴨、燒鴨、烤鴨、滷鴨、油燙鴨、醬鴨、桶鴨、糟鴨、鹽水鴨等數十個品項。而餐館酒樓的菜譜中，各式鴨菜亦達50餘款，現今更是超逾百款。然而超有名氣的當算是彭州九尺板鴨。

九尺土壤肥沃，空氣新鮮，自然條件優越，其水資源更是得天獨厚。泉水甘甜清洌，富含豐富的礦物質，使鴨子肉質瘦嫩香美。

從明代開始，九尺板鴨便享譽江湖。現今在九尺鎮，家家戶戶都在院子裡、馬路邊掛滿了鴨子晾曬。九尺板鴨分為滷鴨和風吹鴨兩種系列，其中滷鴨為熟食，風吹鴨為生食。九尺板鴨的製作，各家各店大同小異，均按傳統加工烹製，只是在醃滷中香料及輔料的運用和配自有各家特點，形成風味口感上的差別。

通常活鴨宰殺去毛後，用當地清澈泉水反覆漂洗，加精鹽、香料粉將鴨身裡外抹勻，依次碼放在大瓦缸醃漬，每隔一天還得翻缸，使其入味深入均勻。待鴨醃製入味後，一只只取出，用竹竿撐開鴨身呈板扁形態，鴨的幾處關節板斷，將鴨翅反背起來，如此不僅使其形態美觀，更為了讓翅窩處能透風乾爽。然後將撐開後的鴨子再一只只掛起來吹晾。

鴨子晾至半乾時，將其取下用刀修掉鴨身邊沿的碎皮肉，使其呈橢圓形狀。然後掛起來用優質鋸末陰火煙熏，再放進用八角、茴香、花椒、老薑、陳皮、醬油、白糖、胡椒、冰糖等多種香料的滷水鍋滷製，熟透了即成熟板鴨。

剛出鍋的熟板鴨特別誘人，棕紅油亮，煙熏臘香撲鼻，油亮鮮潤、鴨肉細嫩、香美可口。九尺板鴨在風味上還分為醬香與五香兩種，有的還在滷料中加入香蕉、蘋果等，變成了果味板鴨，別有一番風味。

九尺鮮鵝腸火鍋：九〇年代末，從彭州九尺鎮鵝鴨之鄉挺進成都的鮮鵝腸火鍋遍地生香，繼而風靡巴蜀，也就成為四川火鍋的一大特色。九尺鮮鵝腸火鍋一舉成為四川火鍋的新寵，至今仍是火鍋一族的最愛。尤其是九尺鎮趙家兄弟，也就是趙老四、趙老三、老五等鮮鵝腸火鍋，不僅在九尺，在成都等地也是絕對霸主。然而，現今在九尺鎮，僅存留了趙老四一家鵝腸火鍋店孤軍獨守。

九尺盛養鴨鵝，鴨腸鵝腸火鍋也就成為一絕。鮮鵝腸火鍋，鵝腸自當主菜，輔以鵝鴨的腎、舌、爪、翅、心，時令新鮮蔬菜，那是麻辣鮮香嫩脆爽，口感非比尋常。通常一根鵝腸即一份菜，肥厚脆嫩，鮮美爽口。由於九尺的鵝宰殺後，其腸用當地泉水洗滌，用冰水浸泡，故而鵝腸色澤粉白，形態豐腴，光亮剔透，腸上清晰可見血絲。夾一根放進翻滾沸騰的火鍋湯滷，涮一涮，口中數數，１３下，僅3、5秒鐘，但見提起的鮮鵝腸頓時翻卷、起泡、發脆，如此送入嘴裡細嚼品嘗，那味道真是美脆異常。

目前九尺的鵝腸對火鍋店是供不應求，尤其是仔鵝腸，有的火鍋店也曾試圖用其他地方產的鵝腸來替代，不過怎麼也弄不出九尺鵝腸獨特的鮮、嫩、脆，那種爽口化渣的感覺來。

軍屯鍋魁：軍屯鍋魁可以說是巴蜀「第一魁首」。別看鍋魁個兒頭不大，其來頭不小，出身不凡。其老家是彭州市軍樂鎮，許多人都誤以為是源自新都區的軍屯鎮。相傳三國時期，諸葛亮在此屯兵，為了解決軍中乾糧，發明了便於攜帶、保存的鍋魁。後傳入民間，經過一千多年的演變，成為今天的軍屯鍋魁。其名「軍屯」並非地名，而是古時軍隊駐紮屯糧之地。

軍樂鎮坐落於彭州什邡公路上，走進鎮上，老遠便聞到了一陣油酥鍋魁的香味。

軍屯鍋魁至今已有１７００年的歷史，彭州「軍屯鍋魁」又名「酥油千層餅」，做工考究，獨具風格，以色澤金黃、酥脆鬆軟、鮮香味長、鹹淡相宜、細嫩化渣而名揚川西。「軍屯鍋魁」攤點現已遍佈全國，形成口味各異、內容豐富的鍋魁系列。如今「酥鍋魁」又發展了鮮肉鍋魁、椒鹽鍋魁、化絲鹽鍋魁、怪味鍋魁等十多個品項。

在川西壩子，只要有水的地方，就少不了有麻鴨。

1 九尺板鴨與軍屯油酥鍋魁無疑是彭州的美味亮點。

2 四川鍋魁時代表演性的小吃，常引人駐足圍觀，加上剛出爐的鍋魁特別酥脆香美，人人都想一品為快。

其中最有名的「酥鍋魁」，選用優質麵粉，拌和適量溫水反覆搓揉，使之軟硬適度，張拉柔韌。其配料方法亦別具一格，起麵（酵麵）與子麵（生麵）隨打隨配，起麵的多少，根據子麵拌和後時間長短而定。子麵時間長，起麵則多配，反之少配。再用撕去表膜的豬生板油、拌上八角、茴香、三萘、花椒、生薑、精鹽、味精等香料，切碎剁茸成泥，抹在拉長的麵皮上，經卷壓擀製成形，上煎鍋煎烤後再放進爐膛烘脆。

後因吃的人多了，按照傳統工藝製作根本忙不過來，遂改為直接油酥，縮短製作時間，提高效率。煎鍋魁得用菜籽油，清亮醇厚，煎出來的鍋魁色亮鮮美，香氣撲鼻，令人垂涎。

大傘蒸牛肉：大傘蒸牛肉是獨具川西風味的名小吃，由原彭縣天彭鎮回族廚師穆文忠首創。從１９３１年起，穆師傅在天彭鎮太平街西口設攤賣蒸牛肉，在攤前撐起一把10平方公尺的油布大傘遮日擋雨，「大傘蒸牛肉」由此而得其名。

大傘蒸牛肉是川西壩子穿籠蒸牛肉的代表。所謂「穿籠蒸法」就是在大蒸籠中不加裝具，讓料品直接放在蒸格上，蒸氣直接穿過加熱至熟。此法獨到的地方是使蒸氣能充分利用，集中熱力使原料由熟變軟。蒸出的牛肉柔軟滋香，入口化渣，香氣能穿透牛肉，味鮮美而濃醇。

選料上要用膘肥體壯的黃牛肋條肉，且要有一定的肥度，方使成品滋潤化渣。由於它蒸製的熱力和時間，不僅使筋條變為軟糯的膠質，肥肉也被溶化為牛油滋潤了牛肉，故而成為一種風格獨具的牛肉蒸製小吃。蒸牛肉蒸熟後，色澤亮麗，香氣濃郁，肉質鮮美，細嫩化渣，麻辣爽口，回味悠長。還可加紅油、蒜泥、香菜食用。食者可自行選擇，故而深受顧客歡迎，以致於吸引市區顧客專門驅車品嘗。

現在的大傘蒸牛肉在彭州團結街一條特別不起眼的小巷裡。別看店小名氣確實很大的，這家叫「喇記回族飯店」便是大傘蒸牛肉的正宗傳人喇雲倫師傅創建。店面門口便是特別招眼的竹製大蒸籠，喇記大傘蒸牛肉每天只有三籠，想品嘗得跑快點，遲了就沒份了。大傘蒸牛肉80年風味不變，風情依然，這在川西壩子眾多名小吃中是並不多見的。

牛肉蒸籠旁邊還擺著四個大不銹鋼桶，分別有番茄燉牛尾、蘿蔔牛肉湯、土豆燒牛雜和清燉牛雜湯。店裡的各式牛肉牛雜炒菜和拌菜也相當不錯，臊子燒牛脊髓、神仙牛掌等，讓人出乎意外的這家牛肉館子居然有道「椒麻魚」硬是把我吃得心服口服。獨到之處是這「椒麻」不是傳統川菜裡的椒麻味，是帶有豆瓣魚風味的椒麻味道，口感十分爽，佐酒助餐妙不可言。

走在街上，老遠就聞到蒸牛肉的香味。

貳 三川江南

川南涵蓋五個市，
包括宜賓、內江、自貢、瀘州及樂山，
自古以「江山」文化聞名天下，
即山川與江河融為一體，形成獨特風采。
悠久的移民歷史，豐富絢麗的移民文化，
特殊的風物名產，造就川南在川味中的獨樹一幟。
三江河鮮、自貢井鹽、長寧竹蓀、宜賓芽菜等，
為川菜一菜一格、百菜百味增香，
而河鮮文化、竹肴文化、井鹽文化
無疑是三江川南不可替代的根與魂。

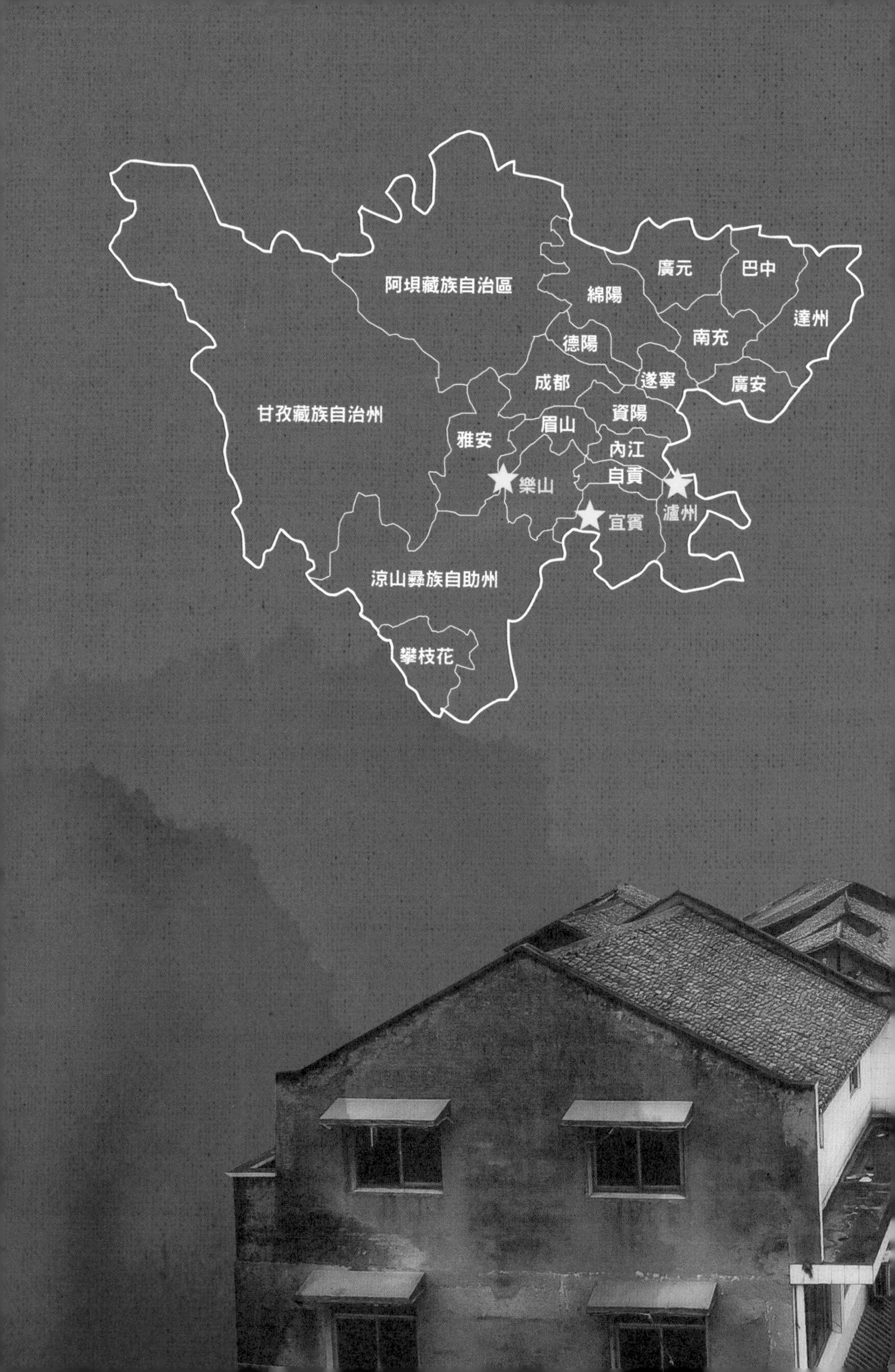
阿壩藏族自治區
廣元
巴中
綿陽
達州
南充
德陽
遂寧
廣安
成都
資陽
甘孜藏族自治州
眉山
雅安
內江
自貢
樂山
瀘州
宜賓
涼山彝族自助州
攀枝花

14 樂山，大佛底下美味出

樂山，古稱嘉州，位在岷江、青衣江、大渡河三江交匯處。發源於雪山的岷江來到樂山成為水面開闊的大江，與大渡河、青衣江匯合在樂山大佛腳下，構成壯觀景象。史書稱「天下風光在蜀，蜀之勝曰嘉州」，這片土地還上出了蘇東坡、郭沫若這樣的大文豪，當真是地靈人傑！

佛教文化聖地

似乎是受到佛文化的薰陶，樂山人的處世哲學淡定而泰然。樂山人好吃，街頭巷尾，放眼看去隨處可見精緻可口的小吃。樂山人也好玩耍，峨嵋山風景秀美旖旎，樂山大佛莊嚴肅穆，沙灣美女峰鬱鬱蔥蔥，還有五通橋「小西湖」更是柳蔭長堤，美不勝收。

樂山大佛：又名淩雲大佛，矗立三江匯流處岩壁上，依峭壁鑿造出彌勒佛坐像，是唐代摩岩造像中的藝術品之一，也是世界上最大的石刻彌勒佛坐像，被譽為「山是一尊佛，佛是一座山」，自古有「上朝峨嵋、下朝淩雲」之說。

大佛頭與山齊，臨江安坐，體態勻稱，神情肅穆。整座石像依山鑿成，腳面可圍坐百人

以上。大佛兩側斷崖和登山道上，有許多石龕造像，多是盛唐作品。樂山大佛以平穩安定的坐姿震懾三江，帶給行船人不少勇氣和力量。

大佛自建成之日起，就成為樂山城的守護神，更是川西壩子老百姓心中的神靈。神奇的是，自從建了大佛之後，至今未發生過沉船事故。民間更流傳許多大佛顯靈的傳說。

奇異睡佛：樂山大佛所在的烏尤山和淩雲山體，本身就是一尊碩大無比的奇妙睡佛。可見烏尤山為佛首，淩雲山為佛身，樂山大佛則端坐在巨佛的心胸部位。佛的整個體態十分逼真、自然、和諧，一睡佛、一坐佛，形成佛中有佛之奇妙景觀。

大佛寺：位於大佛頭部右後方的是淩雲寺廟，建於唐代，俗稱大佛寺。寺門正中匾上為蘇東坡書「淩雲禪院」四字。兩旁聯文是「大江東去，佛法西來」。寺廟主體建築由天王殿、大雄寶殿、藏經樓等組成，各為一重四合院。大雄寶殿內有三尊大佛，為三身（法身、報身、應身）大佛。佛家講輪回，又叫三生佛（前世、今世、來世）。左殿的方丈室改建為楠樓賓館，天王殿外有參天楠森，還有靈寶塔、東坡樓和佛國天堂等著名古蹟。

烏尤寺：始建於唐朝（原名正覺寺），北宋年間始改今名，是佛教禪宗寺廟。寺內建築依山取勢，山門兩側集杜甫和蘇軾的詩句而撰成一副對聯：「寺門高開洞庭野；蒼崖半入去濤堆。」寺內有天王殿、彌陀殿、彌勒殿、觀音殿、大雄殿、羅漢堂等殿宇。其中大雄殿內釋迦牟尼、文殊、普賢三尊佛像由香樟木雕成，全身塗金。羅漢堂塑有五百羅漢，形神各異。

大佛，成為樂山城的守護神，
更是川西壩子老百姓心中
威震三江、消災避難的神靈。

凌雲寺得天獨厚，氣勢恢宏，
成為川西南最著名的佛教聖地。

三江匯流，
托起一座千古絕唱之樂山城。

美食之城，滿街飄香

樂山是美食達人們讚譽的「四川美味之都」。自來樂山美食尤其是小吃，堪稱甲西蜀，甚而影響著成都美食食尚。像近二十年間的棒棒雞、缽缽雞、麻辣燙、串串香、甜皮鴨、燒烤、蹺腳牛肉等，無一不是起於樂山、興於成都，風靡全川。還有許多成都名小吃均源於樂山，白宰雞、來鳳魚、跳水兔、玻璃燒賣、蒸籠牛肉夾鍋魁等，味美價廉。

自古而享譽天下的樂山「美味三絕」，便是嘉腐（西壩豆腐），雅魚（江團）和漢陽雞（棒棒雞）。筆者兒時便聽說過江團，當時還誤為是團魚（鱉），十餘年前到樂山拍攝川菜，才第一次品味到野生江團的妙味神韻。

幾十年前，在樂山沿江一帶都能吃到江團。店家多用清蒸或清燒以保江團鮮美細嫩、原味原汁。其做法通常在洗淨除盡魚體表面粘液的魚肚中放入薑片、香蔥、抹上精鹽、料酒、撒上胡椒粉，再用豬網油把魚包裹起來，放入籠裡蒸熟。

烹製清蒸江團，則要求形整、肉嫩、汁鮮。此菜典雅大氣、滋味怡然，為傳統川菜高檔筵宴大菜。除了清蒸江團，亦有百花江團、紙包江團和旱蒸腦花江團等。

樂山獨特的美食美味。獨特山水，孕育了

樂山的河鮮佳肴堪稱一絕，像王浩兒漁港的幾條船餐廳，是品河鮮火鍋，觀賞山水風景的勝地，還有傳說中的美味魚肴「馬村魚頭」。

然而，散落在河濱、小街裡的那些不起眼的吃食更是味美多滋。像精美小吃牛華豆腐腦、犍為薄餅、豆腐泡夾絲絲、蹺腳牛肉、牛華麻辣燙、甜皮鴨、缽缽雞、樂山燒烤、黃燜雞、排骨麵、臘肉粽子、砂鍋麵、涼粉、甜水麵、玻璃燒麥等。樂山小吃既豐富多彩、味美多滋、又散發出濃郁的鄉土氣息。

像被當地市民稱為「好吃街」的張公橋，算的上是樂山大眾飲食的吃場。從席桌到火鍋，小吃到水果點心，從米麵食品到燉雞、蹄花，大凡成都有的這裡都有，成都沒有的這裡也有。

還有一些餐飲小店，像深藏在通江老街裡的「陳豆花」，店面雖小而舊，名氣卻很大。說是豆花，其主打菜品卻是白砍雞、火爆肉、涼拌白肉以及醃臘排骨、臘肉香腸、醃滷豬尾巴、豬耳朵、豬肚等，從烹製到色香味，可說是傳統川菜和鄉土風味巧妙結合的典範。

缽缽雞：樂山缽缽雞，起源於清代末年，流傳於邛崍，洪雅，樂山一帶，之前是把煮熟切片的雞肉盛放在竹筲箕裡，旁邊放一個土陶調料缽缽，每一片雞肉，雞雜都用一個竹片串好，選好後放入缽中浸泡入味，是當時非常流行的市井小吃。現在則是把各種葷素串串加工至熟後、主要是雞雜、兔子內臟等，浸泡在各種風味的大瓷盆裡，當地人叫串串雞，在成都叫冷串串，吃多吃少各自挑選，配有辣椒粉、花椒蘸碟。在樂山吃缽缽雞，通常還要配犍為薄餅。缽缽雞的奇香妙味，還有一個重要的秘方就是藤椒油的運用，洪雅最有名的休閒小吃就是么麻子藤椒缽缽雞。

豆腐腦：味美鮮香，口感細滑，滋味豐富，尤其以麻辣味為主。豆腐腦配上大頭菜、

飲食街上煙雲繚繞、香氣彌漫，一到晚上，人滿為患。

酥花生、饊子、雞絲等輔料，就成了這道吃口豐富、名揚天下的樂山豆腐腦。

豆腐腦按配料又分為三種：牛肉豆腐腦，以紅燒牛肉湯滷為主，湯頭濃厚，麻辣鮮香；雞絲豆腐腦，配以新鮮雞絲，鮮香可口，口感清爽；酥肉豆腐腦，以麵粉包小塊五花肉油炸成金黃，放在豆腐腦上，香酥可口，滋潤化渣。這三種豆腐腦可配以小籠粉蒸牛肉或粉蒸肥腸夾小鍋魁佐食。寒冬吃上一碗全身發熱；酷暑天則開胃散熱，周身通泰。

麻辣燙：鍋底就是火鍋湯料，麻辣鮮香，但與火鍋不同的是，這湯料可以直接喝，味道很宜口；油碟拌的特別香，放了油酥豆瓣醬。樂山的餐飲一條街張公橋的譚三孃麻辣燙、熊家婆麻辣燙，當地人稱其味道超讚。

麻辣燙可謂是簡易版火鍋，吃的時候將一大把穿好食料的竹簽放進翻滾的紅湯滷汁中涮、燙、煮熟。通常的吃法不是一串一串的吃，而是抓一大把，用筷子輕輕一捋，竹簽上的菜就紛紛掉落蒜泥香油碟中，然後裹著那混合有辣椒粉、花椒粉、酥黃豆粉、酥花生碎末的乾蘸碟開懷大吃。

樂山燒烤：樂山燒烤曾稱霸成都，其特色是原料事先醃製，烤製火候應用很講究。木炭多選用果木木炭，這樣烤出來的食物便帶有一股自然芳香。像五花烤肉串、燒烤全兔、烤羊排、烤魚等，無不鮮香酥脆、吃口舒爽。

樂山燒烤大多晚上才營業，像油榨街的「湯燒烤」，吃烤魚，一條魚大概2斤多，把魚抹上油夾在鐵架裡，然後放在燒烤爐上來回翻轉著，邊烤再邊刷油，大概半個小時才能烤好，裝盤、澆上配料，配料多是大把的芹菜、香菜加乾辣椒、胡椒、孜然、花椒等煸炒香而成，最後把那滾滾的熱油給澆上去，滋滋作響，瞬間那香辣味兒便撲鼻而來！湯燒烤的烤五花肉味道也很好。張公橋的「徐燒烤」、「橋頭燒烤」也都不錯。上河街「劉燒烤」的羊肉，脆腸，鴨腸都烤製得很好吃。

樂山玻璃燒麥：燒麥流行於全國，樂山人叫其為「刷把頭」，即指像家中廚房用來洗刷鍋的竹刷把。樂山燒麥皮薄餡豐、鹹鮮香濃，因其皮薄、熟製後皮料浸油呈半透明狀，透過皮亦可見其餡故名。趁熱吃最為香美，一口咬下去，熱燙油亮、皮糯餡嫩，潤滑香美的滋汁將薄薄的燒麥皮浸透的滋潤光滑、肉香和著麵香立馬在口舌間蕩漾。吃燒麥還可根據個人口感配紅油辣蘸碟或香醋味碟，再要一碗海帶燉雞湯。除了燒麥，還有紅油水餃、蒸餃、燉雞銀絲麵也很有名氣。最具代表性的是樂山港東大街的老字號海匯源燒麥和鄰近老燒麥兩家店。

豆腐泡夾絲絲：這種豆腐乾串串通常都是挑起擔擔沿街叫賣。豆腐乾的造型除了四方型，最流行的是三角型。別小看這些路邊小攤，那自家製作的豆腐乾不求華麗，而求經濟美味，雖然選材是很尋常的豆腐塊和蘿蔔絲，卻是清純樸實得讓人感動，美滋美味，常常要排隊等候才能吃到。

金黃色的油炸豆腐乾，每個比拇指稍大，攤主把油炸豆腐乾劃開一條口子，然後將白蘿蔔絲、鹽等調料放進一小碗，拌和均勻後再夾入豆腐乾中，並用竹簽子穿起。

除豆腐乾夾絲絲外，有的攤主還把白麵烙成如紙般薄的圓餅，包入調拌好的蘿蔔絲子卷起吃，又是一番風味，如春捲的吃法。在大頭菜上市的季節，夾的有是涼拌的新鮮大頭菜絲，再澆點糖醋汁，味道好。

犍為薄餅：這餅亦堪稱一絕，出自四川犍為縣，卻成為樂山名小吃。「葉婆婆犍為薄

餅店」一張巴掌大，在平底鍋上煎炕得薄而透明的麵皮，夾進辣椒粉、芥末等調味料拌合的蘿蔔絲子，撒上白糖、芝麻粉、花生碎末包裹起來，有些像春捲，6個薄餅裝一盤，擺放入盤，配上一個酸甜味碟上桌。夾起蘿蔔絲薄餅，往糖醋味碟浸泡一下，送進嘴裡，柔韌的麵皮中，脆脆的蘿蔔絲子，那酸甜熗辣直沖鼻喉，酸甜味道四溢。

1 缽缽雞尤數樂山和洪雅的最道地，紅湯為麻辣，白湯為鮮辣加藤椒的爽麻。

2 排骨、香腸、雞、兔等，現場烤製，香氣彌漫，誘人吃情。

3 大多樂山人的早餐除了吃豆腐腦，就是吃燒麥了。

4 豆腐腦、豆腐泡夾絲絲和犍為薄餅，出了樂山就吃不到了。

15

五通橋，旖旎春色似杭州

樂山城南有一座波光瀲灩，風景秀麗的小城，是素有「小西湖」之稱的五通橋。五通橋由竹根灘、四望關、青龍嘴三部分組成，各種風格的木橋、石橋、鐵橋，把這三片陸地連結起來，幾百株黃桷樹蒼勁雄偉，枝繁葉茂，形成了五通橋獨特的風光。

清代詩人李嗣源稱讚「煙火萬家人上下，風光應不讓西湖」。著名畫家豐子愷曾讚曰：「且喜蜀中風景好，橋灘春色似杭州。」詩人李准在五通橋旅遊後，更是留下詩篇讚歎「榕樹參天五通橋，淩雲煙雨岷江潮。濃裝淡抹勝西子，祖國山河第一嬌。」

牛華小吃冠樂山

五通飲食文化底蘊豐厚，名食小吃很多，且都是獨一無二，甚而民間有小吃幾大怪之說。第一怪：西壩豆腐，名聲在外；第二怪：麻辣燙葷素一角穿起賣；第三怪：簿餅夾起蘿蔔絲絲賣；第四怪：黃雞肉提起篼篼賣；第五怪：饃饃敲起梆梆賣。其中尤以西壩豆腐、牛華麻辣燙、豆腐腦、豆腐泡夾絲絲最為有名。四川人都知道樂山小吃富甲一方，而樂山人心裡卻很清楚，牛華小吃冠樂山，包括樂山有名的麻辣燙、豆腐腦、豆腐泡夾絲絲都以五通橋牛華

鎮最有名。

牛華鎮自古因鹽業而興盛，如今已失去了往日風采。新鎮套著老鎮，新街夾著老街，一些民間小吃就散落其間，牛肉夾餅、犍為薄餅、豆腐泡夾絲子、麻辣燙、黃雞肉，蛋烘糕，甜皮鴨等，香氣美味籠罩著的老鎮，閒適生活的氣息飄散開來。

牛華豆腐腦：牛華當地人大多是吃著豆腐腦長大的。小時候有個感冒發熱，媽媽就會給5毛錢（現在3塊5一碗了）去吃碗豆腐腦，因其麻辣鮮燙，能發汗散熱，所以一吃完大汗一出，感冒也就好了。

牛華豆腐腦是典型的川西風味，鮮香味美，口感細滑，滋味豐富，尤以麻辣鮮香為主。牛華豆腐腦配上大頭菜、酥花生、酥黃豆、雞絲、牛肉、肥腸等輔料，就成了豐富多滋、色香味誘惑力大的地方特色小吃。

樂山豆腐腦一般分兩種：一是牛華豆腐腦，細嫩爽滑之豆花與粉條合二為一，用芡粉勾汁，澆上燒牛肉湯滷，油酥花生、酥黃豆，吃時若再配上小鍋魁夾小籠粉蒸肥腸或牛肉，那更是家常美味之經典。二是峨嵋豆腐腦，做法和牛華豆腐腦類似，唯一不同的是加入酥肉臊子，豆腐腦中不帶粉條，是純粹的豆腐腦，風味口感當與牛華豆腐腦媲美。

樂山豆腐腦和傳統意義上的北方豆腐腦完全是兩碼事。樂山豆腐腦不是以豆花為主，而是以美味的豬骨湯汁勾芡而成的湯頭為主。用大頭菜顆粒、醬油、酥黃豆作底，舀上大半碗濃汁，再用平勺削幾片雪白的細嫩豆花放在濃汁之上讓其漂浮，舀進熟油辣椒，散上花生、黃豆和香菜、蔥花，香美可口。

豆腐腦的製作程序是點豆花，將豆漿濾好點入適量的石膏或鹵水，凝聚後再燜數小時，

湖水風光，透出詩詞書畫之風韻。

1 麻辣鮮香的牛肉豆腐腦，配上小鍋魁夾牛肉或肥腸，讓人回味、留戀。

2 白的是豆腐腦，紅的是牛肉湯頭，角落裡是小籠蒸牛肉和肥腸，這即是豆腐腦之三大件。

用微火煨起，使豆腐腦不糊不苦不澀。接著用一把又薄又圓的鍋鏟，一鏟一鏟地將豆花鏟入用芡粉勾兌好的沸水中，再劃切成小片，讓它們點綴在半透明較濃稠的湯汁中。

樂山人對豆腐腦的要求一點都不含糊，不但要用料實在、麻辣過癮，更重要的是這個味道要「正宗」。儘管樂山城內打著「正宗豆腐腦店」的招牌為數不少，但其中真正值得稱道的好味道也算不上多。老食客不管從熬的底湯到燒的嫩牛肉，還是從湯之濃稠與溫度，還是佐料的精緻，都能吃出來自牛華的味道——那就是牛肉湯的濃香和豆腐腦的滾燙。

牛華祝氏豆腐腦：在小鎮經營的歷史大概有２０多年，以雞絲豆腐腦、牛肉豆腐腦為主。這家店的豆腐腦是經典的老味道：在豆腐腦上澆上一勺老湯老料熬製的紅亮噴香的牛肉汁水，有點類似牛肉麵的湯頭，但這湯與牛肉的關係相當融洽，牛肉酥爛但很有嚼頭，湯汁油豐卻不膩人，豆腐腦調和均勻，與牛肉湯汁融為一體，又層次分明。當它端出來時，面

牛華鎮街上小吃店特別多，多是專賣饊子豆腐腦，小鍋魁夾粉蒸肥腸，可以盡興品嘗各家豆腐腦的獨家滋味。

上一堆綠綠的香菜、黃黃的酥黃豆、紅紅的油酥花生和褐色的大頭菜，和諧相間；那黃豆的脆、花生的酥、豆腐腦的嫩滑和著香濃的牛肉汁水，再嚼著鹹甜香脆的大頭菜，味道真正是美妙極了。

何四孃豆腐腦：不少人記憶中美味豆腐腦的代表。這家豆腐腦的特點是：鮮美滾燙，香辣麻爽，風味獨特，份量充足。通常有牛肉、雞絲、饊子、鴛鴦四種，分為麻辣味和鹹鮮味；肉夾餅，即小鍋魁夾粉蒸牛肉或肥腸，也可兩樣都夾點，叫「鴛鴦餅」。夏天，店裡還配有涼粉、涼麵；以及紅糖涼糕、冰粉和甜豆花。

何四孃給我端來一碗紅糖冰粉，說是大熱天吃完麻辣鮮燙的豆腐腦，再來碗紅糖冰粉化解麻辣、燥熱，涼爽身心，感覺會很舒服。果然，一碗冰粉入口進肚，那份愜意與幽涼，吃得爽口舒心。

九九豆腐腦：女老闆叫王學均，「九九」是小名，她在眾姐妹中排行老九，因此１９８７年初入市便以「九九」為店名。依她的話說，牛華豆腐腦是由澱粉湯汁、紅燒牛肉湯汁、豆花片、粉絲、大頭菜丁、芹菜末、香菜末、醬油、醋、油辣椒、紅油、花椒、味精等調和而成。一碗豆腐腦，粉條細柔、豆腐腦滑嫩，花生米酥香，麻辣鮮香、七滋八味，加之粉蒸牛肉軟糯，小鍋魁綿軟，難怪「九九豆腐腦」口碑四傳。喜好酸甜的樂山人吃豆腐腦還要加點醋，那又多了一層味道。

黃孃豆腐腦：老字號店，開了３０多年，已從黃孃孃變成了「黃婆婆」。但要想在這裡吃碗豆腐腦，得有極好的耐心。黃婆婆說，３０年前豆腐腦才幾分錢一碗，加蒸籠牛肉才角把錢，而今豆腐腦每碗2.5元，加籠蒸牛肉就4.5元了，但在很多喜歡追根溯源的食客心裡，

牛華豆腐腦總是歷史最長，味道最濃的方才算是最正宗的。

牛華麻辣燙：「到了樂山不吃麻辣燙，等於沒有去過樂山。」而麻辣燙的發源地則是牛華鎮。小鎮孕育出了麻辣燙和豆腐腦兩大樂山招牌小吃。即便是現今麻辣燙亦是遍及四川各地，但仍有不少外地，尤其是成都的資深麻辣燙粉絲跑到牛華吃正宗。

據說牛華麻辣燙源於抗戰時期，但當時的配方較為簡單，１９９８年牛華人張永貴對麻辣燙進行了改進，以牛肉、羊肉、脆肚為原料，具有鮮香嫩脆的特點。說到麻辣燙的主料那可真是五花八門，從天上飛的、地上跑的、水裡游的到枝頭掛的、土裡生的，應有盡有，這些主料大部分都切片或剁成塊，穿在細細的竹簽上，讓食客自由挑選。

「一根竹簽半頭尖，披紅掛綠支撐天。五彩盤裡遊三遍，笑談聲中醉八仙。」最富盛名的是牛華「綠緣麻辣燙」，不僅把麻辣燙生意做得紅紅火火，老闆還兼職寫詩。從麻辣燙味道到用具，店主都精心改良：鍋具不是盆子，而是不銹鋼罈子；湯料不是辣椒香料牛油，而是滾熱骨頭湯；油碟不是香油蒜泥，而是青椒紅油。針對人們吃麻辣燙容易上火，該店還採用多味中草藥料入湯以減少上火機率，其店內配製的味碟久蘸味不變、清香誘人，據說已自成體系。在牛華，最知名的是「八婆麻辣燙」、「綠緣麻辣燙」、「老舅麻辣燙」，一到傍晚，遊客和本地人擁擠一堂，生意非常好。

豆腐泡夾絲絲：「西壩豆腐甲天下」是五通橋十多代人創造的驕傲。西壩豆腐的製作被道教老祖陳摶總結為三種：一曰石膏豆腐；二曰泹水豆腐；三曰酸菜汁豆腐。而在「小西湖」畔人們的生活中，豆腐的吃法多樣，豆腐泡夾絲絲（油炸豆腐塊）就是其中一種。

豆腐泡夾絲絲，選用的是泹水豆腐，切塊後放入油鍋炸泡至金黃撈起備用；再用小刀將其剖開一個小口，然後將拌製好的蘿蔔絲子夾在其間，加入調料、淋上甜酸的汁水，黃紅白相間串在一起即可。那麻辣酸甜，綿軟脆爽的滋味，深為吃客尤其是小孩和女士的喜愛。

在五通，無論男女老少吃豆腐乾，都一律站立而食，或邊走邊吃。用五通人自己的話說：那油炸的泡豆腐唓蘿蔔絲子、大頭菜絲子，加上白糖和辣椒，或者芥末，放到賣家調配好的糖醋汁裡一裹，吃到肚子頭，那才叫一個舒服！脆脆的蘿蔔絲、香香的豆腐乾，加上特製的調料，點上芥末、放上黑芝麻、白糖、淋上甜醋，上面還有花生黃豆粉末，更增添了一種香美。

一到傍晚，小街上擁擠不通，麻辣燙桌子就占了半邊街，三五好友坐在街邊吃，才有滋有味。

在樂山和五通橋，大凡街邊、休閒景點，都能見到豆腐泡夾絲絲的小攤攤，這種獨特的吃法，出了樂山就再也品味不到了。

16 峨嵋山，山珍小吃風味足

峨嵋山（原名「峨眉山」，宣傳與地名已統一改用「山」字邊的嵋），與山西五臺山、浙江普陀山、安徽九華山並稱為中國佛教四大名山，是舉世聞名的普賢菩薩道場。峨嵋主峰3099公尺，山勢雄偉，有「峨嵋天下秀」之稱。清代詩人譚鐘嶽寫峨嵋山十大佳景：金頂祥光、象池月夜、九老仙府、洪椿曉雨、白水秋風、雙橋清音、大坪霽雪、靈岩疊翠、羅峰晴雲、聖積晚鐘。而峨嵋新十景則為：金頂金佛、萬佛朝宗、小平情緣、清音平湖、幽谷靈猴、第一山亭、摩崖石刻、秀甲瀑布、迎賓灘、名山起點。

從春秋戰國時期，峨嵋山就以雄、秀、神、奇、幽聞名於世。因其大殿金壁輝煌，藍天之下金光閃爍，人稱金頂。登臨金頂可觀金殿銀殿、48公尺世界最高之金佛、四面十方之普賢菩薩金象；賞日出、雲海、佛光、聖燈之「峨嵋金頂四奇」。

佛山金頂藏仙肴

峨嵋山頂地勢高、氣候冷，不適宜於糧食、蔬菜生長。然而，峨嵋山土地濕潤肥沃而長有大量魔芋（蒟蒻），僧廚便將魔芋塊莖切片曬乾、磨成粉，加以米粉、石灰水熬製成黑豆腐。

尤其是每年大雪降臨前僧廚們都要多做些黑豆腐，以備香客春節期間朝山拜佛之飲食需求。

一年臨冬，僧廚們將魔芋豆腐裝滿木匣子藏在地窖裡，被山猴挖出幾塊向寺外雪地跑去。三天後方丈無意間雪坡上有幾塊被大雪凍成冰塊的黑豆腐，以為是沙彌粗心掉落，便拾起來交給隨行的小和尚送到伙房，責令將其烹做好送到大殿上。

伙房沙彌將冰凍的黑豆腐用熱水化開後，發現原先細嫩光滑的黑豆腐變成蜂窩狀，便試著烹製，竟發現這黑豆腐，不僅易烹、易煮、易入味，且是香美細嫩、綿軟化渣。沙彌隨即將這冰凍魔芋豆腐烹製成色香味形各異的三盤美肴：「魔芋夾沙肉」、「魔芋鹹燒白」、「魔芋紅燒肉」。僧眾們品後讚不絕口，方丈便為其取了個雅致而暗藏玄妙的名字——雪魔芋，且即興賦詩一句：「瓊花冰針琢千孔，峨嵋瑞雪孕仙食」。雪魔芋就此應運而生。

於是，每年秋冬時節峨嵋山之眾僧們便要熬製大量黑豆腐，雪藏冰凍成雪魔芋，且經風吹日曬乾燥後更易於儲存。同時，僧廚們不僅精烹巧做雪魔芋美饌招待香

峨嵋入山第一寺——報國寺。

客遊人，且把雪魔芋作為禮品贈送異地他鄉，遠道而來的佛友僧朋，雪魔芋一下便名揚四方，成為佛山金頂之名特產。

就雪魔芋而言，雪魔芋燒雞翅、雪魔芋燒鴨便是川菜地方風味濃郁，特色獨具的筵宴大菜之一。1983年，四川廚師在人民大會堂向川籍中央領導彙報表演中，一款雪魔芋燒雞翅受到鄧小平及中央其他領導的好評。小平還問其菜名，聽後便笑著說：「啊！想起來了，峨嵋山的雪魔芋，好吃好吃。」

峨嵋群山，林海蒼莽，物產豐富，珍饈佳肴足可秀色。在山腳下，有峨嵋山大酒店的山珍、早茶、燒烤、藥膳、素齋等特色美食。還有醫食同源的野菜火鍋，以茼蒿菜、枸地芽、竹葉菜、水芥菜、血皮菜、鵝腳板、馬齒莧、蕨菜等山野菜為主料，鍋底採用峨嵋山放養土雞及秘製臘蹄熬製而成，湯色如奶，濃郁清香。

峨嵋山腰，有農家樂特色宴、峨嵋山珍宴等。以神木山莊為代表，有天麻燉土雞火鍋、針筍燉土雞火鍋、雪蘑芋燒鴨、清炒鮮筍、苦筍湯等系列。此外，千年古剎萬年寺的素齋、仿葷菜系，以麵粉、米粉配以雪魔芋、筍類、豆類、蔬菜、果品等，美形美味。峨嵋山頂，則有金頂大酒店的「金頂開光吉祥養生宴」，以藥膳養生為主，達到溫陽、潤燥等功效。

鄉野吃食，令人垂涎

在峨嵋山進山的道路一側，便是著名的峨嵋好吃街。餐館飯館連成一排、小吃攤點擠成一堆，所有的吃食都當街擺放，有野菜瓜果、野菌竹蓀、山鄉臘肉、農家香腸、泥鰍黃鱔、

1 軟炸雪魔芋

2 魔芋燒鴨掌

3 景區內的「好吃街」散發著色香味各種誘惑，肆無忌憚地挑逗著飲食男女。

河鮮蝦蟹、粗糧食物、各種粑粑、各式涼菜等。從早到晚，在峨嵋山腳下都會傳來此起彼伏的叫賣聲：「葉——兒粑囉！」「粽粑粑！」「肉包穀粑——咧！」「涼糍粑！」地方小吃鄉土風味濃，葉兒粑、三合泥、酥肉豆腐腦、包穀粑，任何一種都是獨特的美味，令人垂涎欲滴。

在峨嵋城西、還有條老街書院街，街面不寬也不長，幾分鐘就從頭至尾，老式破舊的瓦面木結構房屋裡，卻飄逸出一種悠遠而古舊的味道。最令人心醉神迷的是，一家挨一家的純民間風味。從高記麻辣鮮香的酥肉豆腐腦配牛肉夾餅，到隔壁味道豐厚，滋味悠長的謝記甜水麵；雞湯小包子的薏仁雞肉湯配幾個精美包子，味道鮮美，街對面紅辣香麻的宋蕫串串又誘的人口水滴答；走到街盡頭，張師傅的手工金絲麵和抄手讓人讚歎不已，這讓我猛然記起街口還有家雞湯手擀麵，店主是陝西人，那麵才是個筋道，泡椒臊子麵、牛肉麵、雞湯抄手等，道地川味。

肉包穀粑：峨嵋山的肉包穀粑是其道地鄉土小吃之經典，是由農民創造出來的樸實鄉野小吃。因為峨嵋山地勢險峻，少有水稻，包穀成為主食。當地有一首民謠：「太陽出來照山崗，滿坡莊稼行對行。包穀麵糊喝不夠，紅苕洋芋吃不傷（厭）。」

肉包穀粑是將包穀粉拌上香料豬肉粒，捏成團，放在拗子（平鍋）上烙熟，然後放入爐內烘烤而成。剛烤出來的肉包穀粑油吱吱作響，香氣撲鼻，咬上一口，油滋滋的，一股濃濃的椒鹽味，香、脆、酥、麻、辣，伴著蔥香和烤五花肉的香味，令人大快朵頤。

倘若你走到峨嵋山腳下，那又是別樣風情。寒冬臘月裡的山鄉人家，山坡、屋頂青煙繚繞，都在做熏臘肉，做肉包穀粑。熏著的柏枝、樟葉、橘皮，蒸著的粑葉，都揮發出陣陣芳香。

小吃街上的酥肉豆腐腦、肥腸粉、涼粉、甜水麵、雞湯小包、紅辣香麻串串、煙熏鴨、燒烤等，都是峨嵋出了名的小吃。值得一品的有曹鴨子、曹涼粉，這可是峨嵋很有名的「二曹」小吃店，還有高記豆腐腦、甘記酥肉豆腐腦、謝記甜水麵等。

煙熏油燙鴨：峨嵋山的煙熏油燙鴨色澤紅亮、不肥不瘦、肉嫩味鮮、香氣誘人。製作上首先要選用當地農家餵養的鴨子，配製特別的鹵水，一般都少不了胡椒、白蔻、肉桂、砂仁、丁香、桂丁、廣薑、八角等十多種中藥香料熬製；再用柏枝或玉米芯作燃料，熏到適度；最後還要將鴨翻煮，使鹵水滲透入味，撈起晾乾。其中曹氏煙熏鴨是先用燃燒的玉米棒子熏製生鴨，最後再放進加有２０餘種野生香料鹵水鍋，然後再經滾油淋燙以使鴨皮油亮酥香、吃口更爽。

大凡吃過峨眉煙熏鴨的人，相信都會懷念那獨特的滋味，鴨肉嚼在嘴裡皮脆肉嫩，香鮮竄口，滋潤化渣，味道綿長，有一種濃郁的鄉土風味，介於老臘肉和滷肉之間。

除了曹鴨子，在峨嵋山市北門橋附近有一家口味相當不錯的煙熏鴨，這家店叫「王土鴨」，十分具有本土特色，皮香肉嫩且不油膩，在峨嵋當地很有名。空閒時約上好友杯中小酌，再啃兩塊煙熏鴨，真的是太痛快了！

豆腐腦：對豆腐腦十分喜愛的我，終於在峨嵋找到了民間傳說的「甘記豆腐腦」。這家的豆腐腦確與我在別處品吃過的有所不同，居然還要在碗裡打入土雞蛋，再舀進在湯鍋裡燙熱了的豆腐腦。烹調豆腐腦，那湯可是關鍵，高記的湯濃稠適度、鮮香味美，酥肉也炸得金紅酥香、油而不悶，那小籠牛肉亦是柔軟粉糯、麻辣香濃。

壯實爽朗的中年漢子甘昌洪說：峨嵋人愛吃酥肉豆腐腦，應該說是一種傳統。在自己老家，每年正月初二，家家戶戶早上起來就是吃豆腐腦，熱熱乎乎吃下肚，既開胃飽肚又暖身提神。甘昌洪的豆腐腦製作手藝還是 從祖上傳下來的，早在他爺爺一輩就在峨嵋山羅目古鎮賣豆腐腦了。

峨嵋豆腐腦的風味特色確與樂山牛華派有很大差別，最明顯的是沒有粉條，輔料以酥肉為重，吃來別有一番風味口感。峨嵋除了酥肉豆腐腦，當然也要還有牛肉、肥腸、雞絲、素豆腐腦；還有一樣很特別的是蛋沖豆腐腦，即不論你要那款豆腐腦，都可以在裡面另加個土雞蛋沖在裡面，攪成蛋花，如此口感非同尋常且更營養健康。

我品嘗了一碗酥肉豆腐腦，潔白的豆腐腦裡夾裹著金紅油潤的酥肉，紅亮的油酥黃豆、花生米，碧綠的小蔥花，還浮著一層紅油。用湯勺舀一小口送進嘴裡，熱燙香鮮，麻辣香濃，豆腐腦似膏如脂，酥肉香酥化渣，花生、黃豆一嚼成粉，摻合著湯鮮味美的豆腐腦，讓口舌胃腸如癡如醉；接著趁熱咬了一口夾著小籠蒸牛肉的精緻鍋魁，餅皮酥脆、餅麵柔軟、牛肉

1 醃漬、煙熏、滷製、油燙，四道工序下來，鴨子之好吃就不用說了。

2 峨嵋酥肉豆腐腦麻辣多滋，豆腐腦細嫩，酥肉香脆化渣，風味口感超爽。

滋糯，餅香、肉香、辣香、麻香，一股腦兒戲弄著口舌，朵頤大快！

甜水麵：峨嵋這家叫「謝記甜水麵」，在峨嵋有１５年的經營史。麵條是手工擀製，調味要加小磨芝麻醬、蒜泥、紅油辣子、甜紅複合醬油和香油，撒上熟芝麻，與眾不同的是自製的小磨芝麻醬再調和是要加紅糖汁。店主謝愛平女士告訴我，這樣做出來的甜水麵吃起來才味道悠長，而加白糖就完全沒有這種效果了。眼前這碗甜水麵，麵條粗細均勻、姿色油亮、結實有力、柔韌勁道，費點勁拌勻了，咬上一節、細嚼慢品，麻辣香甜，醬香濃醇，絲絲蒜香，悠悠入口，吃得人愛不釋口。

周魚鰍：這家的「豆腐燒泥鰍」，也就是川菜中名聲悠久，最為傳統、也最難做好的家常名肴「泥鰍鑽豆腐」，還有款「熟絲鱔魚」。點好菜，我滿懷興致地進到廚房，想看看出是如何操作。火苗呼啦啦串得老高的灶台前，兩個揮勺的大廚，一位的鍋裡已燒著泥鰍和豆腐了，兩、三分鐘便起鍋入盆，一旁候著的大姐趕緊往盆裡舀入大勺辣椒粉，大師傅便將熱油麻利的淋上去，只聽得「滋滋」聲串響，油在盆裡翻滾，香氣四溢，大姐又撒把香菜便端出堂。此時，那邊的熟絲鱔魚也做好了。

桌上兩瓦缽魚肴，顏色格外紅亮，香菜蔥花散落肴面，塊塊豆腐形整不爛，條條泥鰍隱藏其間，香辣鮮美之氣肆意撲鼻，引得人口舌生津。那泥鰍火候恰到好處，不是廚藝老道的師傅是把握不好的。如此，泥鰍便是細嫩鮮美，入口輕抿，即可離骨；豆腐入味，魚香濃郁。再嘗熟絲鱔魚，因為加了泡酸菜、泡紅辣椒、泡仔薑，則尤顯道地農家風味，吃來是鱔絲鮮美，麻辣酸香，很是開胃。我吃得十分開心，十分滿足，真道是好菜鄉間，好味農家，米飯泡菜還都是免費的，厚道實在地款待著來往路客。

17 洪雅，登仙山品幽麻酥香

洪雅，位於四川盆地西南邊緣，地處成都、樂山、雅安三角中心地帶。被盛譽是「綠海明珠」、「雅自天成」，境內的瓦屋山國家森林公園原始、深邃，是古代蜀地著名的道教仙山（蜀山），也是四川境內最大的國家森林公園。

以「雅」為符號的洪雅，自詡有十雅：雅女、雅魚、雅蓮、雅筍、雅茶、雅杉、雅石、雅紙，甚而還有雅牛、雅豬。其中之特色美食「雅妹子」、「雅嫂」老臘肉、么麻子藤椒油、缽缽雞、道泉茶葉、高廟白酒、陽坪生態奶等馳名巴蜀。

山水風光，美食美味

洪雅美食豐富，有兩樣特產非品不可，么麻子藤椒油和缽缽雞，後者必得親口海吃，前者必定大袋買走。

藤椒，是川菜近十多年的特異麻味，有股「野味」、「邪性」般的清香幽麻，口味綿長，十分奇妙。藤椒，古稱蔓椒、山椒，但地人叫竹葉椒、野花椒。一個「野」字，道出了藤椒生長秘密和特性。北宋文學家田錫在《咸平唱和集》中就有「秋風蕭瑟北山椒，賴有琴樽慰寂聊」的詩句來讚頌藤椒；清嘉慶《洪雅縣誌》也有對藤椒的歷史記載。

藤椒，生得快長得慢，故而產量少而彌足珍貴，只在洪雅瓦屋山區、峨嵋山區、青衣江、大渡河流域才見其芳蹤倩影，其中又以洪雅藤椒為上品。

藤椒是四川花椒中的特異品種，香氣奇妙、風味奇異。其性味與漢源、茂汶紅花椒迥然不同，和西昌涼山一帶的青花椒亦香味各異。漢源清溪紅花椒，如大家閨秀，性情豪爽、香味濃烈；金陽青花椒，似小家碧玉，含而不露，香味清淡；而洪雅藤椒，則如山野鄉姑，純真溫柔香味悠遠，清香幽麻。

藤椒果，顆粒大、油脂重，摘下後其麻香味很容易散失，風乾後顏色也會變黑，不易保存。聰明的洪雅人將鮮藤椒摘下後，放在缸缽、瓦罐裡，按1：1的比例倒進燒熱的菜籽油，然後蓋上南瓜葉或荷葉、芋葉密閉，以防香麻之味散失。這個程序叫「悶藤椒油」，這樣就加工成了四季都可食用的「藤椒油」。

清順治元年，一位綽號「么麻子」的廚師趙子固，潛心研究藤椒油悶製技藝，最終研製出色澤金黃透明、

青衣江把洪雅城一分為二。

清香撲鼻、悠麻爽口的「么麻子藤椒油」，成為當時民間宴席必不可少的調味料。

１９４８年張大千在峨嵋寫生，下榻接引殿，主持寬明法師之父葉紹安從洪雅買回雅魚，並用藤椒油烹燒款待大千，先生品嘗後讚美有加，當場題詩：「峨山喜嘗嘉魚美，不虛此行謝葉翁。」後來，大千先生對洪雅藤椒油美味念念不忘。

１９９２年，趙氏第１８代傳人趙躍軍懷著「美味共用」的願望，在洪高公路邊的柑子場開了家「么么飯店」，並於２００２年建成么麻子藤椒油作坊。

藤椒文化博物館：「中國藤椒文化博物館」占地３０００平方公尺。由「天下第一缽」觀光林苑區、主展館、老榨房、藤椒油家庭作坊、洪雅歷史文化展館和現代生產廠房及洪雅特產展示購物中心組成。

中國藤椒文化博物館展示藤椒溯源、栽培、應用，古法榨油、石磨、雞公車、腳犁等民間生產實物，讓參觀者瞭解了榨油歷史，對藤椒文化及產業的發展有全新認識。

一顆「藤椒樹王」，２００多年的樹齡，椒果累

1 藤椒必須在八成熟、未轉紅前採摘，變紅後風味就不再爽香。

2 用藤椒油調製的蘸料，賦予了豆花一種別樣風味。

3 以巨大之缽缽雞瓦缽為標誌的藤椒博物館。

累，幽香四溢，真是令人驚歎不已，肅然起敬。觀光林苑區小巧精緻、花草果木、亭臺回廊，宛如私家花園。

主展館裡面，展示藤椒歷史、藤椒文化。沙盤展區、古代皇室椒房，洗浴房，接著是民間的老榨坊、藤椒農家作坊，老灶房等實物實景，無不讓人感受到洪雅人藤椒情的千滋百味。

參觀遊覽後，你不僅可以選購各種藤椒油、木薑子油、藤椒火鍋料，還可盡情體驗和享樂風靡華夏的藤椒缽缽雞、鄉村九大碗，既飽眼福又享口福，這就是「么麻子」企業文化又一美妙之處——德元樓洪雅會館。

四川的歷史就是一部移民文化史，為保持原籍地的民風民俗，移民中的名流、商賈及官宦承頭修建了各種會館。在洪雅較有名的亦有城東的「三秦會館」和高廟的「江西會館」。大多會館不僅具有原籍地的建築格調，祖籍地的歷史文物介紹，並有戲樓、茶舍、議事廳、餐館等設施。

洪雅會館以趙躍軍父親名字命名的「德元樓」，

榨製「菜籽油」的傳統器具，菜籽油是煉製藤椒油的主要基礎油。

是一座極富洪雅歷史文化和飲食文化特色的古典四合庭院大觀園。以鄉村九大碗、藤椒風味全席、幺麻子鉢鉢雞等為主打，古典川戲樓臺、民間「衣食住行用」食具陳列、鄉村生勞作用品陳列、紅色年代文物、農耕文化陳列、曆朝各代文物、錢幣、玉器、瓷器等，以及各年代票證、期刊、音像、乃至軍事物品等5萬餘件藏品，五花八門、琳琅滿目，讓人歎為觀止。

鮮香嫩爽：藤椒油＋鉢鉢雞

近十餘年來，幺麻子藤椒油以其獨特的酥麻幽香，為川菜的麻辣文化添香。像味醉華夏的藤椒鉢鉢雞、風行巴蜀的藤椒鳳爪、雞皮涼粉、麻油血旺、麻油拌豇豆、藤椒擔擔麵、藤椒大肉嗟嗟麵、藤椒肥腸粉等。

奇風妙味鉢鉢雞：四川有三個鉢鉢雞，一是邛崍鉢鉢雞，歷史久遠，另一個是樂山鉢鉢雞，風靡巴蜀。但鮮為人知的是，前者無論在做法、風味上與洪雅鉢鉢雞迥然相異。而樂山鉢鉢雞，卻是源於洪雅。藤椒鉢鉢雞是洪雅人原創，因為有了藤椒油方才出現了鉢鉢雞，藤椒油仿佛是為鉢鉢雞而誕生的。相傳清代四川學政何紹基遊瓦屋山後宿縣衙，隨從風寒感冒，悶油厭食，精神萎頓。學政焦慮，遂使縣廚做開胃菜一道，要「麻辣不見椒，肉鮮不見膘」。縣廚絞盡腦汁，急中生智，取藤椒煉油，調汁涼拌。學政嘗後讚曰「巴適」。隨後聞麻香而起，竟口味大開，連服三餐，神清氣爽，歎之「鮮香嫩爽，神仙美食。」

洪雅人也就靠藤椒創造了風靡巴蜀的「鉢鉢雞」，一種遍佈街頭巷尾的「冷串串」。它以山野仔公雞為原料，煮熟後連同雞雞切成片和小塊，穿在竹簽上，浸泡在用多種調輔料秘

製的汁水中，使其浸透入味。調味汁水亦可調製鹹鮮適宜，清香幽麻的藤椒風味，也可調製成紅亮可人，麻辣味濃的紅油風味。近十年來，洪雅缽缽雞遍及全川，風行於都市鄉鎮，成為川味小吃中的經典。

在洪雅會館的德元樓，雞肉、雞雜、雞爪和各種蔬菜，一串串地浸在濃香四溢的湯汁裡。你儘管吃，完了照桌上的竹簽子結帳。

么麻子缽缽雞是洪雅縣極具地方特色、凝聚民間飲食文化的美食之一。清香幽麻的藤椒雞、香辣濃烈的紅油雞、香味獨特的木香雞，以及臘味濃郁的煙熏雞等，均按傳統民間工藝精製，無任何添加劑，一款純粹的鄉村風味美食。

在川菜中，像傳統名菜棒棒雞、椒麻雞、缽缽雞、麻辣雞片等，用藤椒油拌製，那味道、那風味就更加獨特。像柳江古鎮吧，則對藤椒的運用獨具匠心。如柳河的野生小魚，經煎炸，再用乾辣椒、藤椒爆炒，小魚兒金黃酥脆、香辣幽麻，很具吃口，更具柳江水土野味；藤椒雞則採用山區土雞，清香淡麻又鮮美。沿著老街一路走來發現水磨豆花，天然野生魚，肥腸豇豆粉、麵條抄手等，都不難嗅到藤椒油的芳香。

1 現今洪雅的兩大美味品牌——藤椒油和缽缽雞。

2 兩大瓦盆缽缽雞，五花八門啥都有，吃完了數籤子買單。

18 柳江，詩意煙雨醉煞人

柳江，這個鮮為人知的小村鎮，古名「明月鎮」，如今叫作「柳江鎮」。是洪雅山區與平壩的過渡地帶，也是南遊瓦屋山國家級森林公園的必經之地，玉屏山森林度假村就在古鎮西山，可環遊峨嵋仙山、樂山大佛、三蘇祠，成為大成都西南最邊遠的小鎮。

柳江古鎮建於南宋，被稱作「煙雨柳江」。清晨和傍晚，小雨淅瀝，薄霧瀰漫，聽雨望江，詩意畫意。是個被青山、綠水和古樹妝扮，集淡雅、古樸、恬靜、美景、美人為一體的優雅小鎮。

寧靜古鎮，秀美多姿

古鎮多是明清時代的石木建築，一座座古樸的木板房、吊腳樓，依著盤根錯節的古榕樹，分不清是房靠著

古鎮的一橋一亭、一木一屋、紅男綠女都融入青山秀水中。

樹還是樹撐著房。房前一條石板長街，古樸優雅，樸實無華。看慣了城市裡加有隔離欄的六車道、八車道，這不足兩公尺寬的石板小道，才真感覺得到是人走的道，足踏實地，舒適而溫馨。

這青山綠水間的方寸之地，那份清純與秀美讓我驚訝不已，一見傾心。與麗江和鳳凰相比，柳江雖不負盛名，但在人們眼裡卻是更勝一籌。不喧囂，更寧靜，不花俏，更淳美，切中一個詞——夜色生香。

古鎮的韻味與水相依，然而，柳江鎮依傍的河流其實不叫柳江，而是花溪河與楊村河。

小鎮被花溪河分為南北兩岸，穿過北岸粉牆黛瓦的新鎮和水車，站在岸邊望去，有一座刻有「煙雨柳江」的牌樓。牌樓兩側，是掩映在高大黃桷樹後的吊腳樓夾雜青磚小院。

1 數百高齡的老榕樹，依然展開茂密的枝葉，躬身彎腰，迎送著遠方來客。

2 曾家大院是柳江最大的公館，竟會毫髮無損，很是讓人驚歎。

3 柳江小戶人家的宅子，也是這般大氣優雅。

古鎮生長著許多巨大的黃桷樹、麻柳樹，還有一株據說已有好幾百年樹齡的黃桷蘭，高達數十公尺，枝繁葉茂，花香襲人。

舊日柳江水運繁忙，每年有木材、竹麻、筍包、藥材等山貨特產從花溪河運出，即使今天，整個洪雅縣靠木材、山貨發家致富的也不在少數，造就了舊時的名門望族。往昔柳江有「曾張楊何」四大家族，在清末及民國年間控制了柳江鎮轄區乃至整個洪雅縣的經濟、政治，有一句「曾家的房子、楊家的頂子、張家的女子、何家的穀子」之說流傳至今。其中「曾家的房子」曾家宅園是當地保存最完好的園林公館。

曾家大院原占地１１６２１平方公尺，總建築面積５４０１平方公尺，有四個四合院，三個戲臺，院中有觀景臺、八字龍門、小姐樓、書房、石牌坊，還有牡丹園、荔枝園和休閒亭。在傳統建築之上還引入西洋圖案裝飾，儼然一幢中西合璧的大洋房。

暮色降臨，靜心漫步古鎮江邊，月色、水波、光影、角樓、榕樹如詩如畫。煙雨柳江，好一個夜色生香的古鎮！

清晨，站在古鎮玉屏山野雞坪遠眺，鄉村、河流、古鎮、山林、農舍、炊煙、雞鳴，難怪當地人說：「聽蟬野雞坪，逐夢柳江鎮，品茗侯家寨，『鄉』約花溪壩。」古鎮另一側是侯家山，產侯家山有機綠茶。

３、４月去柳江是最好不過的了，青山綠水夾著金黃的油菜花，點綴著粉豔桃花、潔白梨花，樹上的金黃枇杷也笑吟吟地向你點頭哈腰；７、８月去柳江，最好玩的便是親水，碧綠清涼的水不僅沖刷掉暑熱煩悶，更是洗滌身心。若是９、10月去，煙雨柳江更是一副濃墨淡彩的中國畫，秋風細雨把樹木花草滋潤得風情翩翩。

鄉間好食，美味多滋

柳江的飲食風味亦別樣多滋。疲憊時，可進入河邊茶棚，飲一杯用山泉水沖泡的本地綠茶；暑熱難耐時，可去小食店裡吃碗清香甘甜的豆花飯或青豆稀飯，或在路邊小攤上買個現烤的鍋魁，再加上涼拌蔬菜，也可用葉兒粑或米粑解餓。還有糖心油炸粑、酸豆腐腦、肥腸豇豆粉、麻辣缽缽雞、滾燙的狗、羊肉湯鍋等。冬末早春，還可以品嘗到老臘肉。河中十多種天然野生魚鮮嫩味美。古鎮臨街商鋪被藤椒油、土家煙、牛皮糖、中藥材、竹筍等特產和蒸凍粑、九大碗之類吃食裝點得琳琅滿目。

九大碗：是巴蜀鄉村古老的宴請和食俗傳統。在鎮街兩旁，九大碗一字排開，各式燒菜、蒸菜熱氣徐徐、香氣四溢。竹筍燒豬肉、蘿蔔燒牛肉、土豆燒肥腸、青筍燒排骨、山菌燒雞、雞湯燉玉米等，蒸菜中的鹹燒白、甜燒白自然不用多說，還有蒸肘子、蒸臘肉香腸、粉蒸牛肉、粉蒸肥腸、蒸老南瓜、土豆蒸排骨等。河鮮，尤為是雅魚、黃臘丁、鰱魚是柳江的一大特色，不可不品；鄉風鄉味的砂鍋雅魚，藤椒燒黃臘丁、泡菜燒鰱魚等，一上桌，那色香味形就會讓你肚腸騰挪。

油燙鴨：柳江有家很出名的朱記油燙鴨，算得上是柳江名特產，當地人都會主動推介給你。選用當地天然放養的麻鴨，經去毛、宰殺清理、醃漬碼味，煙熏滷製，再經油炸淋燙而成，由於鴨子質優、配方獨特，色澤金紅油亮，風味香美無比，皮酥肉嫩化渣，吃口綿長、回味悠遠，不用說外地人，就連當地人接客待友，都必得去買油燙鴨。

柳江燒烤：大凡遊客到柳江，都要去吃燒烤。江邊沿岸的燒烤攤，一到夜晚生意好得了不得，煙霧繚繞，香氣彌漫，一個大鐵架，掛滿了整雞、整兔、大塊排骨、整條魚，還有烤串串等，並備有各式滷菜、啤酒。

柳江吃燒烤，最愜意不過的是在江邊上、水岸邊，一邊吃著烤魚、烤兔、烤雞、手裡撕著兔腿、雞翅，灌著啤酒，一邊觀賞夜色下的山水風情，煙雨薄霧、清風吹拂，那是何等地悠哉樂哉。攤上的魚都是現點現殺，兩面抹上濃辣的醬汁，剛從炭火上拿下來的烤肉，尚滋滋冒油哩！

萬歲涼粉：老街上，「萬歲涼粉」最惹人注目，潔白晶瑩、彈性十足，一中年婦女手腳麻利地往一溜排開的涼粉裡下作料，醬油、香醋、蒜水、紅油辣子、藤椒油、豆豉醬、白糖、味精、蔥花等不下十種調味料，一入口，涼粉清涼、滋溜滑爽，那辣麻鹹甜酸香鮮，尤其是藤椒油的幽香酥麻和著紅油辣子的香辣，回味中帶著酸甜、蒜香、醬香、清香，讓人對川味敬佩得五體投地。

鍋魁夾蒸肉：當街表演的鍋魁店，一人揉麵拌餡，一人烘烤鍋魁，一人操作夾蒸牛肉。三個婦女手腳利索、配合默契。小鍋盔皮酥麵柔、香脆綿軟，小籠牛肉麻辣鮮香、細嫩化渣，將熱嚕嚕的鍋魁劃開，揭開小籠，將蒸牛肉倒進鋼缽裡拌合均勻，再夾進鍋魁裡就行了。拿在手裡，熱氣香氣撲鼻，麻辣鮮美熗口。

除了鍋盔夾牛肉，還可夾粉蒸肥腸，亦有千層鍋盔夾涼拌三絲，以及紅糖鍋盔、千層椒鹽鍋盔，味美價廉。

生態小吃：柳江小吃的特色是藤椒風味，像藤椒缽缽雞、藤椒牛肉噠噠麵、燒肉噠噠麵、柳江擔擔麵、藤椒雞湯麵、泡椒牛肉麵、麻辣小麵、雜醬麵、酸辣抄手、豆花、血旺、涼粉、涼麵等，無不是藤椒風味襲人，幽香酥麻繞口；當然也有不少香甜可口、鄉味濃濃的小吃，像水鄉糍粑、紅糖醪糟粉子蛋、水磨湯圓、油凍粑、蛋烘糕、雜糧粥、涼糕、涼蝦等，無論饑飽，你簡直就無法拒絕。

像那一小碗在鄉鎮上極為普通的煮涼粉，四四方方，潔白透明的豌豆涼粉看似素雅，可１２種調味料可說是千滋百味，風情萬種。醬油、糖醋汁、香辣醬、鮮辣醬、豆豉醬、紅油辣子、花生、胡豆、黃豆混合的辣醬、蒜泥、大頭菜、蔥花、芹菜花、味精，每樣調料從色香味上都極其精緻、道地，風味特異。「好味鄉間」這句話真還是至理名言。

3

1 煙雨柳江風情萬種！
2 長長的一條街，幾乎有一半都是賣吃的。
3 涼粉店看似簡樸，可名氣卻大得很呢。
4 色香味形，貨真價實，遠比成都的燒鴨子更為鮮香味美。
5 各種獨具地方特色的風味小吃，讓人眼花心亂。
6 鄉鎮的家常川菜就是這樣樸實無華，樣樣生態，款款可口。

6

5

4

我想品嘗一下柳江擔擔麵，看看與成都擔擔麵有何不同，一邁進店堂，點了一碗柳江擔擔麵、一份水鄉糍粑、一碗紅糖醪糟粉子蛋。關鍵是看似素雅的擔擔麵，下面卻藏著十好幾樣精美調味料，一檔拌合，即是五彩繽紛，七滋八味，撲面竄喉，一下讓人不能自已。

先嘗了一夾鮮肉臊子加滷花生的擔擔麵，手工麵條、銀白勁道，鹹鮮香辣中，一股股藤椒特有的酥麻野香直竄喉嚨，香辣帶著酥麻。比起成都的擔擔麵，甚而是宜賓燃麵，柳江擔擔麵妙在獨特的藤椒風味，那幽幽的麻、綿綿的香，讓人渾身飄飄然。

擔擔麵只吃了一小半，趕緊舀兩勺紅糖醪糟粉子下口，把土雞蛋一口吞掉，又品嘗了兩條水鄉糍粑。那醪糟汁清澈、米粒飽滿，甘甜醇濃，酒香濃郁，一下讓我感覺到了媽媽的味道，回到了鄉下婆婆身邊，真是道地的鄉村醪糟啊！老闆娘說這是找山上一家老婆婆做的，這碗紅糖醪糟使我感動了好久。那油炸過的糍粑條，外酥內糯，蘸上黃豆粉和紅糖汁，吃來是酥脆糯軟，香甜美口，真還把向來喜好甜品的我吃得是愛不釋口。

不僅如此，從當家人口裡，我有些驚喜的得知，他們自己悶製的藤椒油、自己定製的醪糟、自己煉製的紅油辣子，都可以對外銷售，當然總量很低，還要分季節。其紅油辣子，辣椒的紅亮香辣，菜油的幽香濃醇，加之完全按民間傳統方法煉製，簡直就可以說是一絕。我當下就跟老闆說好，7、8月間我一定要來買藤椒油和醪糟。

柳江還有幾家賣醬醃小食的店鋪，除了洪雅特產的藤椒、藤椒油、花椒油外，還有揮發著藤椒幽香酥麻風味的醬豆豉、紅苕豆豉、紅豆腐乳、白菜豆腐乳、香辣醬、醬大蒜、醬子薑、醬醃乾菌、小黃魚等。尤其是有種經油酥過，再用紅油香辣醬浸泡的醬豆豆，有花生、黃豆、青豆、胡豆瓣、瓜子、芝麻，又香、又脆、又酥、香辣多滋、鹹鮮怡口，不僅可以用作擔擔麵、雜醬麵、涼麵等的餡料，曾添了一種美妙的酥香，吃來口感極爽，也可作為下酒小品。

柳江山裡還有無數菌類和野菜，江中也有十多種優質天然野生魚鮮。僅柳江別院裡的幾款當地鄉土特色、山珍河鮮菜，便可一窺全貌。

原味苦筍：選用苦竹筍，苦中帶甜、清脆爽口。

古鎮第一排：選料當地農家豬精排骨，入口甘香味濃、爽口、麻辣適中、味香。

藤椒雞：選柳江古鎮農家土雞，添加當地特產藤椒精製，口味麻辣清香、開胃，屬當地一大特色菜品。

風味甜皮鴨：選用農家土鴨，鹹甜適中、肉質香嫩、造型美觀、口感細嫩、滷香濃郁，營養豐富。

山珍坨坨肉：選用農家豬五花肉加上瓦屋山珍特製，肥而不膩，搭配竹筍，清脆爽口。

苦筍燒排骨：選用苦筍和精排骨，口感爽脆、細嫩、開胃、營養豐富。

香碗：選用農家豬肉，道地的鄉村風味，脆嫩爽口，入口不忘。

鹽菜燴老臘肉：選用瓦屋山老臘肉和農家醃製的鹽菜，臘香味濃。

紅燒麂子肉：選用當地野生麂子肉，香辣味美，無任何飼養污染，營養豐富。

香辣岩蛙：選用當地特產純野生岩蛙（又名石蹦），肉質細嫩、爽脆。

香辣瓦魚子：當地天然野生小河魚，外酥裡嫩、香脆可口。

紅湯河鰱：當地特產純野生河鰱魚，魚肉細嫩、開胃、營養豐富。

清湯雅魚：當地特產純天然野生雅魚，肉質細嫩、入口化渣、滋補養生。

19 雲頂，神秘山寨在深丘

「踏著彎彎的青石路，摸摸古老的石牌坊，登上高高的雲頂寨，走進悠悠的古宇湖」這是《美麗隆昌我的家》中的歌詞。隆昌，素有「川南門戶」之稱，重慶直轄後，即成為「四川東大門」。隆昌盛產黑山羊，以羊肉、羊雜湯鍋聞名，隆昌亦盛產青石，有「青石文化城」的讚譽，尤以縣城內兩大石碑牌坊群而享譽華夏。

隆昌原有明清時期石牌坊69座，現存的17座牌坊集中在城南古驛道上。其數量、規模及種類堪稱華夏一絕，自古即有「中國石牌坊之鄉」之說。隆昌的石牌坊主要分為節孝坊、貞節坊、功德坊、德政坊、百壽坊、警示坊、花牌坊等，均為四柱三門重簷建造。

石牌坊距今500餘年歷史，素有「立體史書」之稱。牌坊蘊涵著華夏文明的精髓，是集哲學、歷史、

厚德載物，是隆昌青石牌坊留給後人的啟示。從善積德，則是昭示中華文化之精髓。

數學、文學、力學、建築學、美學為一體的明、清建築精粹。在石牌坊和古驛道的遠處，隆昌城外約20公里的山野深丘之地，還隱藏著一個名聲顯赫的神秘山寨——雲頂寨。

雲頂廢墟鮮活情

雲頂寨是中華大地僅有的兩大古寨之一。因為建在山丘頂上，有一種來到了古代「山寨」的味道。在高築的寨牆後面，那些掩沒於荒草翠竹叢中的朽爛屋基和殘牆斷壁，在風中淒涼的搖晃。

雲頂古寨堪稱近現代建築的山野博物館，昔日稅監、錢莊、郵政、學校、監獄等一應俱全，素有「雲頂國」、「神奇城堡」之稱。與雲頂古寨相呼應的是

1 幾乎完好的城樓和城牆，給人一種神奇莫測的震撼。

2 保存最完整的郭家大院：金墨灣，現為雲頂寨文物館，讓人感受到了昔日郭氏家族的氣勢和奢華。

3 如今郭氏山寨雖已是斷壁殘垣，卻仍保留著原格局，歲月無奈，歷史無情，是非善惡任由後人評說罷了。

3

1

2

寨子下面半山腰上普通鄉民居住的雲頂場，以其「夜半交易，天明人散」的「早市」風俗，被稱為「中國雲頂鬼市」。

雲頂古寨始建於明朝，距今６００多年，規模宏大，寨樓炮台、兵棚馬房、糧草庫、武器庫、蓄煤池、儲水池等一應具全。創建者郭氏家族，是四川大移民歷史文化中頗具代表性和傳奇色彩的家族。

據載郭氏始祖郭孟四在明洪武四年從湖北麻城移民入蜀，到雲頂山圈地開田，耕種定居。後代在明代中進士，居高官，郭氏世代簪纓，漸成雲頂大族。後於山頂築巢，取名「雲頂寨」。到清光緒對寨擴建加固，方才形成了今日如縣城般規模的奇特古寨。

雲頂寨在繁榮時期，寨內住戶三千餘人，郭氏家族還掌控著隆昌，乃至川南地區的不少產業，瀘州老窖的釀酒業也曾由郭氏家族控制。此外在寨外還開設了藥鋪、綢緞店、酒肆、茶館、錢莊、當鋪、煙館等產業，富甲川南，雄霸一方。隨著時光的流逝，經過郭氏家族29代子孫不懈的奮鬥，漸成雲頂旺族，遂建成這個「雲頂國」。

雲頂寨的每個莊園都有一個名字，如金墨灣、竹林屋基、新竹林屋基等。金墨灣，是至今保留得相對完整的一處清代建築，現作為雲頂寨民俗陳列館。

使雲頂寨崩潰的是時代，人民解放軍解放大西南的號角敲響了雲頂寨的喪鐘。作為封建地主階級、豪紳惡霸的典型，雲頂寨理所當然地成為革命的首要對象。一夜之間，雲頂寨變成了郭氏家族的一座棄城。如今，寨子裡居住人口已經不到２００人，其中那些與郭氏家族有關聯的人已經不足一半。

雲頂寨的出名還在於寨下雲頂場的「鬼市」。建在雲頂寨外山腰上的雲頂場，是當地老

百姓和外來生意人的歇息交易之地。雲頂場亦由郭氏家族興建，其奇特的商貿方式，趕場不在白天而在午夜後，半夜兩、三點開始，雞叫就散場。不逢場時行人很少，關門閉戶。

每逢趕場天，白日悄無聲息，一到接近淩晨，整個寨子突然間像鬼市一樣熱鬧，擺滿新鮮蔬果、山珍藥材、雞鴨鵝兔、牛羊驢馬、竹編草編、農用工具、日雜百貨等。「鬼市」開市時間短，且「偷偷摸摸」，像是販賣違禁品，或是土匪強盜偷掠物品。故而買賣交易不討價還價，十分快捷，故又號稱「強盜場」。

進入雲頂場的條石街道，有一寺廟名為「雲頂寺」，香火嫋嫋。街道兩邊的房子大部為土木結構，透出一股古樸的味道。

路過一家簡陋的家庭麵館，主人卻問我要不要一碗醪糟粉子荷包蛋，我才想起這裡的祖先都是來自湖北麻城，記憶中麻城最好吃的東西，不就是一碗紅糖醪糟荷包蛋嗎？

接近中午時分，我欣喜的發現一家四合院門洞大開，天井裡老兩口正在吃午飯。我進去向老人打招呼，令我很驚訝的是小桌上擺放了三大缽菜，紅燒魚塊、芹菜炒肉絲、竹筍燒雞，葷素皆有，香味彌漫，十分家常，與別的鎮上人家就一兩個小菜不同，顯得十分隆重，似乎是為大爺或婆婆慶生一般。大爺笑眯眯地端起酒杯招呼我：「坐下來喝一杯嘛。」我不停地讚揚菜做的很好，大爺不無驕傲的說：「那是的，我家老婆子手藝不錯哦！比街上館子頭做的還好吃。」婆婆隨即呵呵笑起來。那一刻，一股股濃濃的久違了的溫馨與溫情讓我心裡特別的舒坦和感動。

閒聊中老人家告訴我，兒女都在大城市裡安了家，每年春節才帶著孩子回來玩幾天。原本兒女們也打算把父母接到城裡去住，但大爺十分堅定的說：「那大城市裡全是樓房，一門關進就啥子都看不到了。哪有我們這裡舒服嘛，青山綠水、空氣清新、吃的喝的既方便又鮮活，遠比城裡安逸。再說幾輩人都生活在這裡，捨不得離開了。」婆婆也插話說：「在那城裡，一天到晚氣都出不好，悶得心慌。」老人一席話讓我頓時失語，沉思良久……。

跨過了山寨最後一個階梯，頭頂的樹蔭也漸褪去，如水的心裡漣漪依舊層層蕩漾。山寨已無可補救的成為一派廢墟，但卻是美麗的廢墟，鮮活的廢墟，美麗得讓人心痛，廢墟中這些點點滴滴的鮮活與生動，給我們帶了強烈的啟示，欣慰和生活的信心。

雲頂美味山寨風

山寨裡有三、四家飯館，但幾乎都沒開門營業。雲頂寨的「金三角」烤全羊遠近聞名，價格500～800元一只。也有兩、三家農家樂，價格也不貴，還可以品嘗道地的山野農家菜。

雲頂場的日常，就連剃頭修面也成為一種休閒。

山腰上的雲頂場還保留完好，也是雲頂寨最傳奇的「雲頂鬼市」，至今依然如故。

豆花飯館：印象深刻的是「雲頂寺」對面的那家豆花飯館，兩個看上去年過半百的夫妻坐在屋簷下，旁邊是一鍋燒好了的雪白的豆花、另一口鍋上是熱氣騰騰的小籠蒸牛肉和羊肉，屋裡三、四張簡單的小方桌。屋後是老兩口的菜地，水靈靈，新鮮得很，特別是那豌豆尖，翠綠清香、脆嫩爽口。山寨上的豆花也有股山野的風味，清香襲人，甘甜爽心，那豆花蘸碟除了用老人家裡自己做的豆瓣醬，還添加了糍粑辣椒、鮮小米辣、花椒油、香蔥花，挑一坨豆花在紅豔油亮的蘸碟裡滾兩下送進口裡，豆花細嫩綿柔，鹹鮮香辣味濃，立馬頭頂冒汗，臉紅筋漲，嘴裡呼嚕呼嚕直哈氣，趕緊猛喝兩口豆花水。這不到１０塊錢的美餐，真正品吃到了渴望已久的鄉風鄉味，鄉情鄉夢。

梁家小店：下到山腳的路口，有家飯館卻意外的熱鬧，當街是一般的鋪面，後院竟然是一家典雅華麗，很有檔次的飯店，裝修奢華、設施現代，廚房整潔，還帶有茶園和花園，比城裡的

1 第一次到場鎮，唯一營業的豆花飯館讓我驚喜若狂，婆婆說習慣了有沒有生意都要開。

2 一席雲頂老臘肉等道地美味，對應雲頂寨的虛無飄渺，讓我百感交集，還是人間好啊！

高檔飯店還多幾分自然的清爽與優雅。讓我感到非常驚訝，招牌上卻又很令人不解的低調標明「梁家小店」，進到接待大廳方才看見這是一家旅遊接待飯店。

豬兒粑和黃粑是川南一帶的名小吃，源於鄉間，流行於民間，是用糯米粉加蔬菜葉，包上鮮肉或臘肉餡料，做成鹹鮮風味，也有用芝麻花生核桃做成香甜風味的。豬兒粑香糯柔軟，鹹鮮多滋或香甜可口。民間逢年過節幾乎家家都要做豬兒粑，尤其是過大年，更是必不可少，一蒸就是一大籠，要吃到正月十五，走人戶送禮豬兒粑也是必須的。

因有內江趕來的兩位大師楊國欽、李光前辦招待，於是有幸品嘗了這家飯店的菜肴。見到有大師在，老闆也趕緊過來打招呼，多熱情地推介了幾樣特色菜，首先是山寨臘肉香腸、山寨豬兒粑、然後是青筍燒兔、鄉村豆瓣魚、鮮椒拌土雞、野菜胡豆瓣湯。青筍燒兔很家常，青筍脆嫩、兔肉香美化渣；豆瓣魚倒是鄉味濃醇，只是味大了一分有點鹹，山裡的鄉廚大多都手重，味道吃得大，但魚肉的確很鮮美細嫩；涼拌雞鮮辣味很重，好在略帶酸甜，緩解了強烈的辣味，雞肉很鮮美，是當地土雞。一缽野菌野菜湯到讓我讚不絕口，尤其是夾著軟糯細膩的豬兒粑喝湯吃菜，股股濃郁的清香帶著山野之味，浸潤得五臟六腑格外地舒爽。

但真讓我大快朵頤的還是山寨老臘肉，用山寨傳統的土製豆豉墊底，香美得暈醉，醃香、臘香、醬香、肉香、豆香混合在一起，入口只顧大嚼，難以言表。店家的刀工也不錯，片張大小整齊、厚薄均勻，夾一片起來晶瑩剔透、油珠兒閃爍欲滴，吃進嘴裡油而不膩、香嫩爽口，慢嚼細咽，風味悠長。說實話，我品吃過四川各地的鄉村臘肉，味留心間的也就只有大涼山彝族農家和這雲頂寨的老臘肉了。

20 堯壩，文藝民風韻悠長

瀘州，古稱江陽、江城，別稱酒城。而瀘州所轄的合江縣，亦因唐代大詩家杜牧的「一騎紅塵妃子笑，無人知是荔枝來。」而借楊貴妃鍾愛合江荔枝之名而為華夏所知曉。

合江，古稱符陽縣，至今已有２１００多年歷史，位於四川盆地南緣，是川渝黔三地結合部，亦是長江、赤水河、習水河三江交匯處，是長江出入川的第一港，故而稱為合江。合江，物華天寶，地靈人傑，川黔田園風光秀美，人文多彩璀璨，古蹟風物比比皆是，默默隱伏在蜀南黔北山窪裡的堯壩古鎮即是其中之瑰寶。

川南古民居的活化石

川南一帶屬丘陵地形，先民企盼多幾分平坦的土地好種莊稼，於是就有了「張壩」、「高壩」之類的地名。而把一個亦人亦仙的「堯」字和一個平俚淡俗的「壩」字聯繫起來，作為一個並非建在平壩上之古鎮的名字，無疑為小鎮平添了幾分神秘。

堯壩古鎮味道是原汁原味的，大牌坊、老街、平房、石板路、東嶽廟、黃桷樹忠實地兀立在那，６００年如一日。古鎮彙集了川、黔兩省獨特歷史文化和古風民俗。鎮上有娘親古

鎮口斑駁蒼老的石牌坊，既是古鎮歷史文脈的標誌，也是古鎮的守護神。

1 站在高高的臺階上，俯瞰整體呈S形的悠悠長街，一絲滄桑的神秘感油然而生。

2 王朝聞故居門庭院落雖經過修繕，但也能看出王家當年的生活非同尋常人家。

3 古鎮居民的悠然自在，與中國電影藝術的風采曾在這座邊遠古鎮閃爍相對比，有種不真實感。

榕樹、神仙洞、茶鹽古道、龍眼井等歷史古蹟；紙傘店、染坊店、裁縫鋪、鐵匠鋪、小酒肆、豆花館、羊肉館、黃粑店等民俗風情，構成了古鎮的生活風貌；而華夏文化藝術名人的故居，更給古鎮套上了人文藝術的光環。

矗立在古鎮南入口的清代三門洞進士牌坊，雖破損斑駁，卻依然威風十足，盡顯古鎮的英武豪情，無疑為堯壩古鎮地標性建築。牌坊雕刻精美，匾額、題對保存完好，一、二重簷上題有「營守府」「賜進士第」字樣。中間兩根石柱上刻有「景明北停處提刑按察仗司按察使王正常題」的楹聯。

堯壩古街始建於明清時代，街面彎曲呈S形，採用山區青石板和長條石鑲嵌而成。北街由鎮上名門周氏家族修建，南街則是由武進士李躍龍為代表的李氏家族修建，故而堯壩古鎮又有周半場、李半場之說。

古民居建築、明朝古廟東嶽寺、清嘉慶建築大鴻米店、清代進士牌坊、神仙古洞等古建築，具有濃厚的清末民初川黔地方特色，被稱為「川南古民居的活化石」。

而現今堯壩在四川眾多的古鎮中之所以脫穎而出，更多取決於這方水土養育出的清嘉慶年間武進士李躍龍、反清鬥士任大容、近代革命者梁自銘、著名導演淩子風、美學奠基人王朝聞、作家李子英、打工文學先行者周崇賢、美術設計師楊洪烈等一批文化名人。

鎮南街頭第一戶是王朝聞故居，為典型川南傳統大戶人家的四合院建築，寬敞明亮，有古井一口，內堂陳設了不少王朝聞的圖片、墨寶和詩文、書籍等遺物，王朝聞的半身金色塑像，看起來是那樣的堂皇大氣，文風凜然。

另一位著名電影藝術家和導演淩子風的故居，充滿了藝術氣氛，陳列著淩老電影作品的宣傳海報，在堯壩拍片的現場圖片等。淩子風，誕生於１９１７年，祖籍堯壩，作品有《中華兒女》、《李四光》、《邊城》、《春桃》等。１９９０年，淩子風回祖籍堯壩古鎮拍攝了《狂》片，此片是他藝術生涯中的「壓軸戲」，亦是他一世人生中的最後傑作。淩子風先後獲得「為爭取和平自由而鬥爭獎」，多次獲「百花獎」和「金雞獎」等最佳導演獎。

著名導演淩子風外，還有黃健中、郭寶川、影星許晴、尤勇、陶澤如、楊昆、石蘭等紛至遝來，先後拍攝了《大鴻米店》、《酒巷深深》、《紅色記憶》、《山風》、《瀘州起義》、《英雄無界》、《功夫驕子》等十餘部影視劇。而黃健中對堯壩更是情有獨鍾，其後又在這裡拍攝完成了３６集電視連續劇《霧柳鎮》。

順著青石板鋪就的小街，駐足王朝聞、淩子風和李躍龍故居及周公館等，細細品味前輩文人居室的幽雅簡約，和古代舉人公館的雍容華麗，感受那些滄桑的歷史變遷，一股股書卷文墨之氣和古風雅韻浸入身心。

鎮街上的慈雲寺大廟，也叫東嶽廟。青瓦紅牆，依山而建，無疑是堯壩古鎮最恢弘的建築。精雕細刻的戲樓、石碑、魁星樓、城隍殿、豐都殿、孔聖殿，以及高高在上的大殿——靜心閣，積澱著紅塵眾生的祈禱。

沿著東嶽寺高高的石階，穿過油漆斑駁的朱紅大門，就站在了堯壩古鎮明清建築居民群落的高處，這個位置，幾乎可以俯瞰整個堯壩老街。

至今約１５０多年的全木質結構的環型樓閣——大鴻米店，分上下兩層，為雕欄串花結構，裡面是寬敞而典雅的樓閣，為清朝武進士李躍龍所建，為古鎮形象建築，過去叫李公館。米店兩側高聳的封火牆保存完好，撐起古鎮千年不變的門面。

大鴻米店現今已改建成茶館客棧，臨窗眺望，古鎮風光盡收眼底。在古色古香的大鴻米店內喝杯蓋碗茶，鬥鬥「地主」，或是花幾元錢吃碗紅湯羊肉，那感覺和味道，恐怕在別處是永遠不會有的了。

堯壩著名特產之一的油紙傘作坊，一把把五顏六色、精緻典雅的紙傘，亭亭玉立。

不少家傳統工藝製作油紙傘的作坊，至今已有400多年歷史，代有承傳，是現今華夏僅存的保持刷桐油、石印及傳統手工藝製作的油紙傘加工之家庭作坊。在名叫邱萬章師傅的這家作坊內，在上百年歷史的老宅院子裡，到處都是竹竿、竹條，彩線和半成品傘。

堂屋裡邱師娘正在用深山老楠竹製作傘骨，每天經她手製作的傘骨上百把。一把油紙傘在骨架製作好後，都要一針一線手工縫製，多達兩千多針的功夫。傘面是選用拉力強的特製手工牛皮紙，根據中國民間傳說和故事，繪有「龍鳳呈祥」、「二龍戲珠」、「雙鳳朝陽」等傳統圖案。最後在傘面刷上特製桐油，無論日曬雨淋，不褪色、不變形，美觀輕便、經久耐用。

街的盡頭有顆巨大的千年古榕樹，當地人親切地稱為「娘親樹」。相傳一位母親因日夜在此樹下苦盼遊子歸來，年終日久，氣絕身亡，死後葬於此樹下，故名娘親古榕。這顆奇特的古榕樹，枝繁葉茂，凝聚著堯壩古鎮母親對遠走他鄉的遊子無盡的牽掛和思念。

鎮街上多以賣農用物品居多，鍋碗瓢盆的、針頭線腦、鋤頭鐮刀、竹木器具等；賣小食的小店飄來熱氣騰騰的豆漿的清香味；老茶館清一色竹椅木凳，茶桌上擺著蓋碗，桌邊坐著的茶客衣著簡樸，顯示著古鎮生活的祥和安寧。

83歲的楊婆婆在一家宅院的臺階上編織著草鞋，石階梯上擺放打好的草鞋，每一雙都

2

1

3

1 慈雲寺堅守著中華傳統文化的精髓，大殿前古老的石獅，遠比當今不少政府、企業門前的石獅更為含義深刻吧。

2 站在大鴻米店門口的石階上向鎮南街回望，無論從米店外觀還是從內院，足見昔日古鎮的繁華與氣派。

3 堯壩著名的油紙傘作坊，一把油紙傘，將為古鎮增添令人遐想的秀色。

4 老茶館大多是古鎮的活動中心，也是議論是非、解決爭端的重要場所。

5 傳統手編草鞋的情感意義，是名牌鞋無以媲美的。

6 古鎮的飯館雖小，卻打理的乾淨清爽，香氣騰騰。

7 各種黃粑透出股股特有的清香。

4

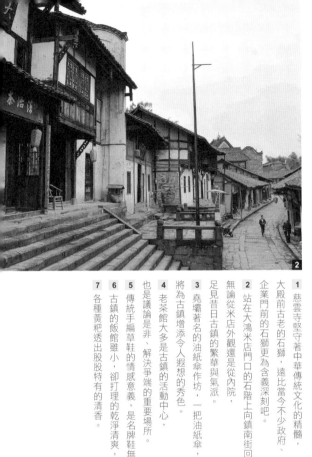

很精心地編織有紅色、黑色、藍色的線絨小球、彩色鞋帶、鞋跟還系有軟布條，以避免走路因摩擦而傷了腳後跟。一雙草鞋能如此費盡老人心機，這讓我感動不已。她是這條街上年紀最大的編草鞋的人，一天編兩三雙，不圖賺錢只圖高興。

聽鎮上人講，逢年過節鎮上熱鬧得很，打腰鼓、耍龍燈、舞獅子、跳秧歌、辦九大碗等古鎮習俗與風情絢麗多彩。但堯壩人最看重的還是堯王節，堯壩人敬拜堯王，每年清明前後，總要祭杞；再來是廟會，佛道合一，隆重非比尋常；然後是川劇，堯壩人常準備兩樣東西看戲：鞭炮、草鞋。唱得好，放鞭炮；反之扔草鞋；再者是舞龍，堯壩舞龍習俗由來已久，自有特色。古老的文明在偏僻的小鎮堯壩綿延千載穿越悠悠歲月，如今依然是那樣鮮活生動。

古風真味，親切溫馨

在川南各個鄉鎮，自然也受到自貢、瀘州的飲食的影響，一般說來有四樣美味是少不了的：臘肉、豆花、紅湯羊肉和黃粑。當然如果說非要來挑選最堯壩的美味，那當是豆花、紅湯羊肉和黃粑了。

紅湯羊肉：在堯壩鎮街上，舉目可見一家家飯館門前總是一紅一白兩口大鍋，紅的燒羊肉，白的是豆花。紅湯羊肉選用當地黑山羊肉和湯料

熬燉而成。湯色紅但不很辣，很爽口，吃不到什麼草本香料的中藥味道，只有羊肉本身的鮮香。羊肉有嚼勁但不綿老，沾著泡菜鹽水和剁碎的泡辣椒吃，風味十分特別，鹹鮮微辣、略帶乳酸。這裡的白湯羊肉，也就是羊肉湯鍋，是把帶皮羊肉剁成塊，加黃花、高山蘿蔔、木耳一同清燉，不加過多調料，味道卻香得不得了，吃起來皮脆肉嫩，湯鮮味美，肉也很有嚼勁，蘸點新鮮豆瓣，隨隨便便就要兩大碗飯。

正好也已過了中午，我坐下來要了一碗紅湯羊肉，一缽蔬菜湯。先嘗了一口羊肉湯汁，雖是紅亮，卻是不鹹不淡、香辣多滋，味道鮮美，碗內幾乎每塊羊肉都帶有一點肥肉和羊皮，吃進嘴裡感覺鮮香濃郁、十分細嫩、羊皮脆柔化渣，且沒有一點騷腥味，吃口非常舒爽。趕場的鄉民進店用餐，多半都是上一碗紅湯羊肉或羊肺蘿蔔湯，外加一碟泡菜，二兩泡酒，吃得有滋有味。

朱氏豆花：豆花館從早賣到晚，堂內高朋滿座，食客絡繹不絕。原本合江豆花品質與富順豆花可以說是不分伯仲，但佐料上富順豆花就遜於合江了。這家朱氏豆花，案板上擺放著讓人眼花繚亂的佐料，光辣椒就有生辣、油辣、煳辣、醬辣、糍粑椒、煳老殼；油料就有生菜油、木香油、麻油、豆油；還有就是木薑菜、大頭菜顆顆、薑末、蒜末、蔥花、味精、精鹽、白糖、花椒、碎花生等，琳琅滿目幾十樣。

梁記黃粑店：來到名聲在外的梁記黃粑店。黃粑色澤金黃、香氣濃郁、味甜糍潤，其獨到之處在於包料選擇的是良薑葉。蒸製的過程中，良薑葉獨特的芳香之味全滲入了糯米中，使黃粑聞起吃起來有一種薄荷的香味。黃粑做好後，放進鄉村頭蒸米飯的木甑子裡酣起，使其保持熱和、柔軟、香糯的口感。已經酣好的黃粑老遠就嗅得到它散發出來的香味，特別是那良薑葉的清香。剛下甑的黃粑熱氣騰騰，軟和糯糍，其味最為香濃，甜香、糯香、清香混合在一起直沖口舌。

黃粑亦是堯壩的土特產，鎮上做黃粑的也較多，最有名氣的算是梁黃粑和鄧黃粑。店子通常都是前店後作坊，門口擺了一大木甄子，冒出熱騰騰的熱氣，屋裡更是彌漫著黃粑的糯香，嘗一口，軟軟香香，甜味正好。

在店主人主動熱情地介紹下，我弄清了黃粑的傳統製作工藝。先將一部分洗淨的大米與糯米打製成混合的米漿。將剩下的糯米洗淨，放入傳統的木甑中蒸煮到七、八成熟。再將打製好的米漿與蒸好的糯米飯倒入大木盆中攪合均勻，然後加入少量的紅糖或白糖便成甜味黃粑，傳統的黃粑通常將切成碎顆的肥瘦臘肉拌合，或用新鮮五花豬肉切碎，加上芽菜等調輔料拌味做成鹹鮮味黃粑，至於各種水果風味，也很簡單，即將新鮮水果剁碎加進去拌和均勻即是。待米漿中的水分被糯米飯完全吸收後，便將糯米飯搓打成一個個大飯團，捽打成型。用洗淨晾乾的良薑葉將成型的切成小塊的糯米飯團依次捆紮好，然後便可全部盛入大木甑中加火蒸熟即可。

黃粑存放的時間不宜太長，最多半個月。冷卻後的黃粑會變硬不便冷吃，可以重新蒸熱後吃，也可以切成片放在火上烤熱吃，還可以切成小塊煮醪糟雞蛋、煮酸菜吃等，無論哪種吃法都不失它獨特的風味。

21 牛佛，遙想昔日鹽都風光

自貢，位於川南沱江支流的釜溪河畔，素以「千年鹽都」、「恐龍之鄉」、「南國燈城」而蜚聲中外。自古以來，自貢以高品質井鹽而聞名於世。自貢之名源於自流井和貢井兩大井鹽產區的名稱合二為一，稱為自貢。所謂「貢井」，即指此地所產之井鹽因品質上乘、味道鮮美，而進貢給皇家宮廷享用。

自貢在東漢章帝時期已開始規模性井鹽生產。西元１８３５年左右，在大墳堡地區開鑿出深度達１００１．４２公尺的燊海井，則是世界上第一口超過一千公尺的深井。自貢因鹽成市、因鹵而興，加之水陸交通方便，到清代鹽業已達鼎盛，發展為較大的工商業城市。

如今，在自貢燊海井和鹽業博物館，還能感受到舊時採鹽業的興盛。在燊海井的鹽鹵采煉作坊，有兩名鹽

工仍然在按過去的工藝煉製鹽鹵，將黑鹵熬製提煉成雪白的鹽。

以大規模恐龍遺址和恐龍化石聞名世界的自貢，亦是世界地質公園。由大山鋪恐龍化石群遺跡園區、榮縣青龍山恐龍化石群遺跡園區和自貢鹽業科技園區組成，是一個以恐龍化石遺跡、井鹽開採與生產遺址、桫欏孓遺植物群落為主要保護對象的世界級地質公園。

由於早期中國各地鹽商與客商的彙集，使自貢的飲食十分興旺，尤以牛肉菜肴最享盛譽。鹽官鹽商們在吃喝上的攀比獵奇日行日盛，也因此創製出了不少古今少見的「名肴」。其中最具典型代表的便是水煮牛肉、清湯牛肉、乾煸牛肉絲、火邊子牛肉以及風味小吃擔擔麵。

在川菜風味流派之「五幫」：成都幫、重慶幫、大河幫（川南）、小河幫（川北）菜中，自貢菜則是自成一體的自內幫（內江、富順、資中、資陽、簡陽），也叫「鹽幫菜」。在烹調風味上呈現出香、辣、鮮，味道強烈、好走極端的特點，尤為突出鮮辣、香辣。其經典菜肴如：掌盤牛肉、譚子美蛙、血泡肉、香嘴肉、鮮椒兔等。

在自貢幾個歷史悠久的古鎮，還能品味到一些頗有地方特色的民間美味，像椑木鎮的血旺、仙市的鍋巴泥鰍、板板橋的油炸粑、隆昌鵝肉湯、羊肉米粉、牛佛鎮的烘肘等。

1 燊海井已成為自貢鹽業史的標誌，其鹽鹵作坊至今仍在生產。

2 自貢乾煸牛肉絲。

古鎮情殤歲月痕

牛佛古鎮地處自貢、隆昌、內江、富順四地的中心位置，是歷史上自貢井鹽外運的一個要津，也是沱江流域一大碼頭和商品集散地。明嘉靖時期，川東地區販運食鹽，必經牛佛鎮到自流井鹽場，鎮上人氣漸趨旺盛。清咸豐、同治年間，「川鹽濟楚」，自貢鹽場產量激增，該鎮成為「川鹽陸路東運」和百貨西運的中轉站，牛佛鎮很快成為鼎盛一時的渡水碼頭。

當地俗諺云：「牛佛九街十八巷，中間有個鴨兒氹；五省八廟七柵子，河北老街隔河望。」足顯牛佛古鎮歷史上的規模和格局。其中的所謂「鴨兒氹」，聽當地老人講，原先鎮子中心有一個大水坑，鴨子們在裡面洗水，戲稱為「鴨兒氹」。民國時期有人集資把水坑填了，蓋了個戲園子，取名「和樂堂」，大戲小曲兒都唱。

牛兒山壁上的牛佛寺，臨大江遙古鎮，盡收眼底。信步走在沱江邊，江水悠悠，眼前綠意盎然，泥土江水的氣息十分濃郁。沱江上，不時有打魚船、渡船在江上穿梭。

牛佛的九街十八巷，大約是在１６世紀末期形成，清康熙組織大移民（即「湖廣填四川」）而逐漸發展。牛佛古鎮街街相通，七彎八拐的小街深巷，不時冒出一幢古舊建築，雕龍刻鳳，青磚黛瓦。鎮上可見到當年的錢莊、堆金會、當鋪、鹽幫、米行、糖幫和菸幫等遺址。連外國傳教士也來傳教佈道，建起天主教堂和福音堂。

清康熙年間，牛佛鎮逐漸形成「五省八廟」的格局。即禹王宮、南華宮、萬壽宮、天後宮、川主廟、王爺廟、火神廟，這些宮廟分別由湖北、廣東、江西、福建和本地等五省商人建造的會館，展現了各省的建築風格和文化習俗，有些會館距今已是４００多年。

然而歷史上所記載的幾大宮幾大廟，如今有的連斷壁殘垣也被推掉，徒剩虛名。像鎮街

上的「萬壽宮」便成了茶館、棋牌室，裡面除了破舊的房屋，天井院子、氣勢尚存的挑梁飛簷和封火牆外，也看不出其厚重的歷史文化內涵和往昔的風情。

在牛佛，只有古鎮江河對岸的牛王廟和江邊上的觀音閣保存完好，從四面八方趕來的鄉民，帶著自家的農產品一邊朝拜觀音菩薩，一邊湧進交易市場，觀音會也就成了一年一度盛大的商貿交易會。但後來得知，牛王廟、觀音寺及鎮政府所在地的鐘家宗祠、銀行所在地的賀家祠堂均不是歷史上五省八廟的範圍，不過是仿造建築。

在鄉鎮，我尤喜歡趕場天。但在牛佛鎮，一般都是趕早場，人還在睡夢中，大街小巷已是人聲鼎沸。街道兩旁的茶館、酒樓、飯店、米行、鐵匠鋪、製衣店擠滿了人，路道上擠滿了小攤小販，一直到夕陽西下，四方八面趕場的人慢慢散去，古鎮方才漸漸恢復原有的寧靜。

不知從什麼時候起，牛佛古鎮的「九街十八巷」全都成了商業店鋪，有出自本地農家的乾雜、竹編及草編，最有名氣的三大物產：烘肘、蒸籠鮓、豆花，毋容置疑是最道地的特產名食。

鹽鎮不鹹味美鮮

牛佛古鎮雖顯雜亂破敗，卻洋溢出古樸醇真的生活情調。掩藏在街巷裡的小飯館、豆花店、小酒坊、乾雜鋪、竹編、棕編、草編等，無不透出濃濃的鄉土氣息。

當然，我此行的主要目的就是牛佛烘肘，以及街邊巷裡的那些古樸美食：蒸籠鮓兒、豆花飯、油炸粑、燒雜燴、雞婆頭等，雖說是牛佛是鹽運要鎮，卻是鹽鎮不鹹味美鮮，像4塊

早期「川鹽陸路東運」和百貨西運的需要，作為中轉站的牛佛鎮很快成為鼎盛一時的渡水碼頭。

1 不是趕場天，古鎮
多數店家仍是開門營業，
但茶館的生意就冷清了。

2 牛佛烘肘已成為
遠近聞名的旅遊食品、
每到趕場天，
鎮子上就成了烘肘的天下。

3 如果說烘肘
是牛佛的大肉，
那這蒸籠鮓和豆花
就是隨堂便飯了。

3

2

1

錢一份的豆花飯，美味滋滋且還管飽。當然曾作為皇家貢品的牛佛烘肘又另當別論了。

牛佛烘肘：在四川山鄉，肘子一向是席桌上的一道受人觀注的大菜，是九大碗、八大碗、壩壩筵上必不可少的主菜之一，像東坡肘子、清燉肘子、焦皮肘子、魚香肘子、豆瓣肘子等，款款都為人所愛。民間還把肘子戲謔為「大姨媽」，意為有如大姨媽一樣豐腴白嫩、秀色可餐。而烘肘，卻是牛佛享譽四方的第一古樸美味。

牛佛烘肘早在清康熙年間就是宮廷貢品，具有色澤紅亮、鮮香濃厚、醬香回甜、肉質豐腴、肥而不膩。亦是牛佛人宴請賓客的頭等大菜，也是饋贈親朋好友拿得出手之特色佳品。

牛佛烘肘按世代傳承之法，須必定選用豬後肘，每只不得低於二斤半重；打整乾淨後，經修裡整形才放進湯鍋裡，加入井鹽、紅糖、料酒、醬油、香料等，大火燒開微火烘煨兩、三個鐘頭。其間，各家自有配料秘方，辛香料的品種和用量是秘訣，世代承傳。

魚市口有兩家烘肘名店——郭五和羅七，兩家店緊挨在一起，各做各的生意，各有各的買主。店門前都擺著一排條桌，烘好的豬肘裝在黃色大瓷盆裡，一排排、一疊疊，場景頗為壯觀！

烘肘都是論個賣，每只都有兩斤多重，價錢倒也不貴40元一個。牛佛當地人但凡辦席請客烘肘是必須的，既省事、又美味。兩家店平日裡都要賣出兩、三百個，逢年過節一天要賣出五、六百個。我亦買了兩只帶回去慢享。

帶回家後，經大火蒸熱，不用添加任何調輔料，最好吃的不是其中的瘦肉，而是皮和肥肉，𤆵而不爛、柔韌且略帶彈性，一口肥肉一口米飯，特別是用那湯汁泡飯，鹹淡適宜、鮮香回甘，和著泡菜吃，那才叫口福。

蒸籠鮓兒豆花飯：牛佛的蒸鮓兒和豆花，那是出了名的，味道相當巴適！當地人說話多帶兒化音，豆花叫成「灰饃兒」，蒸籠菜稱為「蒸籠鮓兒」。其實就是小籠蒸牛肉、蒸羊肉、蒸肥腸等。蒸籠鮓兒和豆花通常是配合著賣。

在新街一家豆花飯鋪，店面不大，門口兩口大鐵鍋，熱氣騰騰，一口大木蒸桶上立著一摞摞小蒸籠，爭先恐後的往外吐冒熱氣香風。旁邊是一大鍋雪白的豆花。

小籠裡蒸的大多是牛肉和肥腸，事先拌合好了五香米粉和調味料再入籠蒸熟。「牛肉要吃得軟和，肥腸要吃得脆柔」，這是當地食客的秘訣，也是標準。店主取下籠格翻扣在盤裡，撒些香菜和香蔥花上桌。拌均後麻辣鮮香，軟糯適口，回味悠長。

我在當街的桌邊坐下，要了蒸牛肉和肥腸，一碗豆花、老闆娘送了一碗棒骨帶絲湯，打來一碗米飯。蒸籠鮓兩樣味道都一樣，鹹鮮辣麻、香濃多滋，與傳統蒸法有所不同，加了糍粑辣椒和鮮小米辣，自貢地區特有的小香蔥，真是道地的自貢風味流派，也多了一股鄉野之風。兩樣雖調味一樣，但吃來卻是口感各異，牛肉細嫩、香美化渣；肥腸脆柔、綿軟味長；分量也遠比城裡的小籠蒸牛肉和肥腸要大方得多。

三國時期，豆花（豆腐）製作技術從安徽淮南傳到了四川富順、榮縣一帶。這裡盛產優質黃豆，依傍長江及其支流，又是井鹽主產之地。如此優質水源、上好鹽鹵及黃豆，使富順豆花很快名聞巴蜀。牛佛原本屬於富順縣管轄，牛佛豆花自然也就非同尋常。看那豆花潔白完整，不爛不垮，吃進嘴裡相當細嫩，而且令人意外的綿柔，一股清純的豆香在口舌間迴旋，一絲甘甜輕輕柔柔地撫弄著胃腸，十分快意。我又夾起一塊豆花再蘸碟裡滾幾下送進嘴裡，一股香辣、熗辣、鮮辣，夾帶著蔥香、芝麻香、醬香、生菜油香，吃過幾乎全川各地鄉鎮有名豆花的我，從來沒有品嘗過這樣的豆花味碟和風味。其特異與美妙在於除了油酥豆瓣醬、豆豉醬、紅油外，還要添加熗糍粑辣椒、鮮辣椒、生花椒，而且要用生菜油，這就是它的特立獨行的味道。

邊吃邊和老闆娘閒聊，聽她熱情地介紹，牛佛的豆花蘸水比富順的還要巴適。豆花蘸水是本地產的豆瓣（糍粑辣椒）、紅油、豆豉醬、芝麻、魚香葉（土藿香）、香料，再加上鹽、味精等，還加了剁碎的鮮紅小米辣，用香油和生菜油拌合，故而蘸起豆花吃進嘴裡，會有一股奇香異味。豆花幾百年來風行巴蜀各地，其最大的特點不在豆花本身，而在豆花蘸碟，一地一風味，一鄉一特色。

當地鄉民吃豆花的吃法也有講究，先將豆花拈到湯匙或飯碗裡，再用筷子夾一點蘸水塗抹於豆花上，然後將豆花摻和著米飯吞下，再喝一口窖水。如此再簡單不過的便餐，卻叫人吃得額頭發汗。

在鎮上閒逛，偶然發現一條小街裡正在熱熱鬧鬧的大辦九大碗。這是鄉村裡沿襲了千百年的美食盛宴。無論紅白喜事、結婚祝壽、小兒滿月、新房破土奠基、娃兒考上大學等，都要辦九大碗，親朋好友、四方鄉鄰都要來趕禮朝賀。鎮裡沒有寬敞的壩子，就只好在小街上一順溜擺滿了桌椅板凳，鄉廚也就在街尾搭灶起鍋忙乎起來。成筐的碗盤、成堆的葷素菜品重重疊疊，高矗如塔的大蒸籠熱氣沖騰，幾個大鍋灶爐紅火熊熊、油煙翻滾，紅光滿面的鄉廚揮鏟弄刀。幫廚的亦是有的擺碗盤、有的分裝涼菜，分工細緻，忙而不亂。親友鄉鄰、男女老少紛至遝來，分桌坐定，喝茶、吃瓜子、擺龍門陣。

正午時分，鄉廚們就先後把涼菜、冷盤擺放到桌，主人家便開始簡短的禮儀，點燃鞭炮

宣佈開席。在一陣震耳欲聾的爆竹聲中，在歡聲笑語的喧鬧中，杯舉箸揚，主人便每桌依次敬酒、勸菜。不一會，鄉廚們則每人手托數個甚至十餘個盛著三蒸九扣菜的碗、盆分送上桌，滿場食客便歡鬧起來，小鎮上的這吃喝盛宴也就達到了高潮。亦如兒歌所唱：「壩壩筵、九斗碗，哇哇叫，大人喊。小妹端菜跑不贏，差點閃了嫩腳杆。」「雞鴨味道鮮，先給老爺拈；蹄膀蒸得爬，孝敬老媽媽；肉丸圓又圓，親友大團圓。」

牛佛鎮沱江河段水產資源豐富，水質好，魚類品種多。春有鯰巴郎，夏有紅眼棒，漲水有青鮁，水清有鯽魚。本地廚師做出來的河鮮，鮮嫩可口，遠近皆知，妙不可言。其中自貢、內江的老食客不乏驅車數十里，專為一嘗牛佛河鮮。牛佛鎮還有不少小吃：各式麵條抄手自不必贅述，具有當地特色的亦有鴨兒氹的水粉，新街羊肉湯等。

1 兩份蒸籠鮓、一碗豆花、免費米飯、蘸碟和紫菜湯，真是美到了極致。

2 一處辦九大碗，全鎮都知道，其熱鬧可想而知。

22 宜賓，酒醇魚鮮老饕樂

宜賓，是座從周朝一路走來的古城，也是南絲綢之路的起點，素有「西南半壁古戎州」的美譽。而金沙江、岷江、長江，則是數千年來浸潤在宜賓人血脈中的第一文化元素，即三江文化。

挾河滾浪的金沙江，與發源雪山、川流不息的岷江，在宜賓合二為一，開始了奔騰不息的萬里長江，宜賓因此有「萬里長江第一城」的美稱。

宜賓２２９０年的建城史，昭示了往昔風雨蒼茫的歲月。歷史與文化薈萃，自然與人文交融，「十里酒城」散發出醉人的芬芳；「蜀南竹海」的旖旎景致，演繹著宜賓的風雅；「興文石海」的神奇獨特，述說著滄海桑田的變遷；「僰人懸棺」的撲朔迷離，透露出川南民族的前世今生；抗戰精魂，仁愛李庄，顯示了宜賓人博大的胸懷。如此濃墨重彩，繪就了這座獨特城市的迷人風采。

蜀酒濃無敵，江魚美可求

早在千多年前，李白、東坡、杜甫、陸游、黃庭堅等文豪詩聖就對宜賓這片美麗的土地

由衷感歎，觀江水、賞竹海，啖江魚、品佳釀，濃墨染三江，詩詞浸竹海。到抗日戰爭時期，中華各地的大學、文人學者為避開戰事，彙聚宜賓李庄，豪情滿三江。三江風情、豐腴河鮮、宜賓燃麵等風味美食使其念念不忘。尤為是朝霞月色映照下的三江打漁船，夾著股股鮮美香濃的魚鮮味。千多年前大詩人杜甫不禁揮毫寫下「蜀酒濃無敵，江魚美可求」等絕句名篇而傳誦至今。

此次我之川菜尋根古鎮行，想見見老資格川菜大師唐澤銓、宜賓燃麵傳人曹祉清大師，以及中青年大師李莊等，他們主導著川南菜肴的風味流向。如此，我是想探尋和品味一些地方特色菜肴、傳統川菜，感受些地方家常菜、農家菜，以及幾位大師菜肴中蘊含的川菜「味魂」。

宜賓作為川菜流派小河幫的代表，其烹調技法和風味特色在川菜中占有重要地位，以其鮮明的山水文化，風物特產彰顯了地方流派吃情食趣。川南風味川菜可分為五大系列。河鮮水產系列，即有長江中的江團、水密子、清波魚、黃臘丁、岩鯉、玄魚子、船丁子、翹殼等，無論蒸燜燒煮均是美味佳肴；山珍菌竹系列，有各種竹筍、竹蓀以及全竹宴；宜賓芽菜系列，作為四大醃菜之一，川菜中的燒菜、湯菜、扣肉、鹹燒白，以及麵條包子類都少不了宜賓芽菜提香增鮮；豆腐千張系列，則有雙合千張、千張肉片湯、紅湯千張，至於豆腐就更豐富了，宜賓的雞抓豆腐、荷花豆腐、芙蓉豆腐、豆腐丸子等都是名品佳肴；特色小吃系列，當然就是宜賓燃麵、豬兒粑、鴨兒粑、黃粑、水粉、白糕、涼糕等。

三江合流，河鮮水產自然是宜賓的第一大特色。三江打漁人，以船為家，每到傍晚，小船炊煙渺渺，一股股泡椒泡菜融合著魚鮮原味的香氣飄蕩在江岸，漁夫一家就船圍鍋而坐，斟美酒品魚鮮。

宜賓三江之河鮮，生長得生猛豐腴、鮮美細嫩，個大刺少、無泥腥味。三江之公路邊和碼頭的河鮮餐館，更是把三江魚鮮烹燒得香氣四溢。川南風味河鮮原本就名聞巴蜀，尤以善用泡椒、泡菜、鮮椒、乾辣椒，以鮮燒、乾燒、水煮、熗鍋等方式為擅長，不僅講究河鮮風味醇厚，更注重突出魚鮮原味。他們大多沿用江上船家烹魚之法，加以完善豐富，使得所烹之魚鮮家常風味濃醇，魚肉鮮美嫩爽，故而美味天下。

再說聞名華夏的宜賓燃麵，原名敘府燃麵，始於清光緒年間。這種小吃選用優質水葉子麵（水鹼麵）為主料，以宜賓黃芽菜、金坪豆油（即醬油）、思坡醋、小磨麻油、芝麻、花生、核桃、辣椒、花椒、味精以及香蔥等輔料，將麵煮熟，撈起甩乾，加油調料。特點是：鬆散紅亮、香味撲鼻、辣麻相間；因其油重無水，引火即燃，故名燃麵。不僅是宜賓人的最愛，中外食客亦也讚不絕口。

長寧竹海，以竹筍、竹蓀蛋、竹蓀菜、竹菌、竹海臘肉、竹筒豆花、竹筒酒、竹蓀、竹泡菜等「竹」菜匯

宜賓是長江的起點，從這裡橫貫華夏，奔流東海。

成「全竹宴」。可謂滿桌皆是竹，無竹不成席，令人大開眼界。至於「五糧美酒」更是天下盡知。

近代還有一款傳承四代之川南江河川菜經典——「唐家菜」，以及現今之第三代傳人，川菜大師、中國烹飪大師，川南小河幫菜系的一代宗師——唐澤銓，那更是聲震川南，名冠三江。

唐家菜譽滿三江

傳統上川菜分為上河幫和下河幫兩大派別，上河幫又稱蓉派，講求用料精細準確，傳統經典。下河幫又稱渝派，大方粗獷，花樣翻新迅速、用料大膽、不拘泥於材料，俗稱江湖菜。在兩大派別之外，另有以宜賓、瀘州為主的小河幫一派，流行於川南，特點是擅長小煎小炒，善烹河鮮，菜品風格大氣，風味特色鮮明，成菜味濃味厚。現今這一風格風味特色的代表人物，就是雄霸三江，笑傲一方的中國川菜大師唐澤銓，以及近代以來，傳承三代之川菜世家——「唐家菜」。

上個世紀二〇年代，宜賓人唐泗卿在水東門開了一

當年的杜甫、陸游對川南的美景與河鮮可是留戀不已。

家餐館，取名泗合園，是宜賓最有聲望的名店。其中一道招牌名菜「鐔子肉」，用豬肘、豬心、豬肚、土雞、雞蛋，再加幾種蔬菜筍菌，經煎炸煮蒸等工序，精烹妙調而成。這道菜一推出就口碑四傳，至今仍然是老宜賓人心中懷念的美味。到唐大師父親唐紹華這一代，完全繼承了其父唐泗卿的精湛廚藝，亦成為名冠全川的川南川菜泰斗。到第三代唐澤銓大師就更不用多說，名冠三江。

唐澤銓因行七，故而人稱唐七爺。他的３８種烹調方法，成就了中國民間第一大菜系。唐大師勤於學習廚藝，精於鑽研烹飪業務。他對乾貨原料發製、上湯系列菜品、竹蓀與竹筍系列菜品、野菌系列菜品、宜賓芽菜系列菜品，以及小煎小炒等方面身懷絕技。近幾年不斷推出的新菜，如乾燒極品網鮑、蜀南竹蓀釀魚翅、瓜燕延年蓀、紅燜三江玄魚、葉船小發糕等，廣受市場點讚。唐大師還多次在有關烹飪雜誌上發表學術見解及菜品，撰寫了《創新川菜》一、二集，編著有《蜀南全竹宴》一書。

宜賓竹海特產之一的竹蓀，就被他精心烹製成一款席宴大菜「蜀南竹蓀釀魚翅」；一道「紅燜三江玄魚」，將宜賓特有河鮮做出了別樣風味；而濃縮了江邊漁家口味的「葉船小發糕」，在精巧中展現出了精美；風味風情別致的「老雞湯煮冬寒菜」，更能看出唐大師的鄉土烹調情懷。

唐大師雄霸川南，經他培養的川菜廚師可說是桃李芬芳。其中李莊、李俊等多人被評為中國烹飪大師、川菜大師、川菜名師等。唐家菜至今，已傳承到第四代，唐大師之子唐雲，身為宜賓會所廚師長的他，在父親的指導下，這個名廚世家成功實現了四代傳承。這是川菜之幸，饕客之福。

李家菜引領食尚

在宜賓，唐家菜譽滿三江，但還有一個「洪順李家菜」亦是名聞江湖。這李家菜的第四代傳人，便是唐澤銓大師之高徒——李莊。

1999年李莊與世界頂級法國名廚同台獻藝，表演川菜烹飪技藝。李莊用指定原料鮭魚，以其擅長的川南河鮮烹調方式，精心烹出色香味形器俱佳的九款鮭魚菜肴，讓來自法國各地餐廳的名廚大師們驚歎不已，尤其在講究菜肴藝術性和創造性的法國巴黎，要贏得當地媒體的專題採訪報導和盛情讚美是相當不容易的，但李莊成功地讓這些美味專家欽服。

有趣的是，在里茨飯店表演大廳做準備的李莊，見到嘉賓入場，靈機一動隨手抓上土豆，三兩下就雕刻出一朵朵鮮活精美的「黃玫瑰」，送給前來的每一位女賓，驚喜聲響徹了全大廳。儘管法國人並不知道「四川宜賓」在地球哪個角落，但川菜的烹調技藝和川菜廚師的魅力，加上本身就很帥氣的青年李莊，硬是把向以美食王國自居的浪漫法國人徹底征服了。

李莊入廚幾十年，致力於川菜創新，他和師傅一起創製的「全竹宴」、「宜賓芽菜宴」，以及自創的很多菜肴，都成為當地的特色招牌菜。

從饕樂李家菜館的菜品中很容易感受到李莊的意念。一份涼菜乾拌毛肚，也當是川菜傳統家常菜，滷熟後的牛肚，長長的、薄薄的，加辣椒粉、花椒粉拌勻，吃起來軟韌有嚼頭，但又不綿紮；爽口蹄花酸辣多滋，吃來特別脆爽，完全沒有蹄花軟糯粘嘴的感覺，看來在蹄花的處理加工中必有獨到之處；味汁中薑汁的用量很大，輔以川南的小米辣椒、香蔥花和米醋，酸辣鹹鮮，非常爽口，地方風味特色十分濃郁。再喝兩杯五糧液，美滋美味！

1 到了宜賓，不品嘗唐家菜、

2 在宜賓，可謂是：一魚一格，百魚百味。

李家豆豉魚、啤酒滷魚也讓我讚不絕口。李家豆豉魚家常風味濃厚，有川南鮮辣刺激的特色，其妙處是川南農家水豆豉，因含有大量子薑碎末、鮮辣醬，故而烹的魚十分入味，風韻悠長；啤酒滷魚，其做法也有些獨特。魚是先炸、再滷、後澆汁，滷製時加了大量啤酒，既可除腥又提鮮增香，裝盤後澆上炒好的豬肉紹子，撒上乾辣椒節，碎米芽菜、小青紅椒圈，只是那滿盤五彩繽紛的色彩，就讓人心曠神怡，鮮辣刺鼻、濃香迷口。

黃沙魚：在廚師朋友的推介下，在宜賓南岸區找到一家很是獨特的小館子，位於當街的一家叫「龍鄉魚頭」的「蒼蠅館子」二樓。這家小館的獨特，在於一沒有店堂門面；二沒有招牌名字；三不公開對外營業；四沒有菜單菜譜；五是不點菜；六是只賣魚肴系列。儘管如此，這家頗具神秘性的，純粹是家庭私家廚房的小館，在宜賓美食圈中卻是口碑盛傳，一說起吃「黃沙魚」，必首推這家餐館。

在宜賓大小街面轉遊，不難看見打著「黃沙魚」招牌的餐館。「黃沙魚」是流行於宜賓的一種地方烹魚技藝和風味。孫澤雲即是當今「黃沙魚」烹飪技藝和魚肴系列的原創人。

如今，孫澤雲走出黃沙，安居宜賓南岸這家私房魚肴餐館，獨創了系列席桌魚肴。從魚頭到魚尾，從魚肩到魚子，從魚皮到魚排，從魚肉到魚肚，將河鮮發揮得淋漓盡致。像色澤嫩黃，清鮮淡雅的「魚香碗」；乳白細嫩，香美潤滑的「魚豆花」；紅黃相間，魚子香美的「活水魚蛋」；湯清汁亮，粉絲晶瑩，鹹鮮酸辣的「粉絲魚頭」；鹹鮮微辣，醬香濃郁的「回鍋魚片」；鮮美香濃，細嫩爽口的「活水魚腩」；以及紅燒鰱魚、青椒魚絲等，不僅展現出在用料、刀工、火候、調味上的嫻熟技藝，更能品味到一款一格，百款百味的風味特色與河鮮鮮美細嫩之口感。

宜賓燃麵：麵中那綠如玉、黃似珀、褐如炭、白似雪的蔥花、花仁核桃末、碎米芽菜和芝麻，春夏秋冬都在「火裡燃燒」，色彩豐富極了。

一筷子燃麵送進口中，首先是辣辣的火焰舔著你的舌頭，感到一陣通體的灼熱，而後便是隱隱的麻味，與此同時，一股奇香亦如雲卷雲迤，那是碧綠蔥花的「綠香」，花生核桃的「玉香」，芽菜的「褐香」和芝麻的「白香」。

宜賓家家麵館門口都是香氣四溢、人頭攢動。老闆不時扯開嗓門高喊：「一燃一口，提黃！」（即一碗燃麵，一碗口蘑麵，打硬一點）「一牛一雞，打盒！」（即一碗牛肉麵，一碗燉雞麵，裝在打包盒裡顧客帶走）。宜賓的麵館，都是燃麵打頭，然後是口蘑、燉雞、酸菜、生椒、京醬、牛肉等，吃得你滿嘴噴香。

宜賓燃麵的前生叫「敘府燃麵」，當地又叫「油棍麵」、「素乾麵」。近百年方才稱作「宜賓燃麵」。到清末民初，這種麵條最早見於合江門碼頭，因那些挑油擔子的挑夫，經常放下手中傳統小麵去幹活，再回來吃麵時麵已早乾了，一時找不到開水分解，情急之下往麵裡添些生菜油，把粘接在一起的麵條滋潤開來，誰知麵條口感異常地好，油香滋潤，味美爽口，於是在碼頭上口口相傳。後來碼頭邊上賣麵的小販發現，用生菜油吃來較澀口，便改用熟菜油，就出現了最早的「油棍麵」。

然而對川人來說，吃麵仍要加紅油及花椒粉。為了與前者區別，於是稱其為「紅油燃麵」。但老宜賓人習慣上仍稱「油棍麵」，這叫法一直持續到１９５０年代以後。後來人們又以燃麵有無肉餡，稱為「葷燃」與「素燃」。

燃麵，由於煮熟的麵條乾爽、無水份、油脂重，以火點之自然而燃。一般採用芝麻油、紅油和核桃等熬煉而成的熟菜油、熟化豬油。用油脂將麵條反覆揉撚挑散，使其不互相粘連糾結，然後再加花生核桃碎末、紅油辣子、花椒粉、芝麻油、醬油、芽菜末、蔥花、肉臊即成。

現今的宜賓燃麵品項十分豐富，早已突破了「白油」、「紅油」，「葷燃」、「素燃」之分。以「燃麵」掛名的就有口蘑燃麵、生椒牛肉燃麵、藤椒燃麵、肥腸燃麵、京醬燃麵、排骨燃麵、鱔魚燃麵、三鮮燃麵、辣雞燃麵、雞絲燃麵等。宜賓還有一款與燃麵並列其名的燉雞麵，選料嚴格、做工精細、色澤奶黃、鹹鮮醇香、吃口爽滑。

豬兒粑：川南地區的名特小吃，以瀘州、宜賓為代表。早先的豬兒粑皮厚餡少，鹹味以豆腐乾、芽菜為主，加有少許豬油渣或肉粒；甜味則以紅糖為主，加有少量芝麻，大蒸籠蒸熟，論個售賣。這種豬兒粑個兒頭大，三、兩個就可填滿肚子。

現今豬兒粑甜餡是用桂花、橘餅、白糖、玫瑰糖、芝麻等炒製；鹹餡則用鮮豬肉、冬筍、冬菇、芽菜、香蔥等調製。鄉村裡還有用風乾肉宰成細顆，加芽菜做餡料，吃來又是別樣風味和口感。蒸熟後剛出籠的豬兒粑，潔白而有光澤，有人乾脆把它完全捏成小奶豬兒形狀，用黑芝麻點上豬眼，用紅蘿蔔片點綴豬鼻，萌態十足。豬兒粑鹹餡鮮美香濃，甜餡甜香可口，其糍糯香醇，柔軟細嫩，不粘筷、不沾牙，一口吃掉一隻豬。

在宜賓，珙縣洛表鎮是豬兒粑的發祥地，又叫磕麵豬兒粑。在宜賓高縣、珙縣一帶更有栽秧子吃豬兒粑的習俗。每到插秧時節，男人們就統統下田，女人則三五一群在家裡忙著包豬兒粑，就像過節一樣快樂。

過年也都要在除夕晚上把事先泡好的糯米磨成漿，再把米漿倒進一大布口袋裡，然後把布口袋紮緊吊掛在屋樑上。初一早上起來，一家人就要做豬兒粑吃。大年初一吃豬兒粑，願望著家裡的日子會越過越好。

宜賓正宗的豬兒粑要用豬兒粑葉來包，蒸好以後才有葉子的清香，這種香味是其他葉子所不能代替的，主要用良薑葉。這種葉子四季長青，氣味芳香。蒸好的豬兒粑清香撲鼻、味道鮮美、香醇甜潤、糯軟而不粘牙。在豬兒粑專賣店和餐館酒樓中，有些還在麵團中加進各種顏色的蔬菜汁，像菠菜、韭菜、紅蘿蔔、番茄、南瓜、紫甘藍等，做成綠色、紅色、黃色、粉色、紫色等五顏六色的豬兒粑，那就更逗人愛了，尤其是小朋友喜歡得不得了。

宜賓唐家菜和洪順李家菜，曾是豬兒粑的正宗。此次我所品嘗和拍攝的豬兒粑，則是在唐澤銓大師所在的宜賓會所特意做的。川南，尤其是宜賓的饕餮遊，收穫頗豐，不僅大享口福，更見識了不少民間尤為是鄉土的真滋原味，俗話說：好菜鄉間，真味農家，此話真也實實在在。

1 五顏六色、七滋八味的宜賓燃麵，是宜賓人永遠的愛。

2 精緻化的豬兒粑，一個個白白胖胖，萌態十足，用南瓜汁調製的金黃豬兒粑，更是乖巧。

23 李庄，文風雅韻品古今

四川宜賓的李庄因「萬里長江第一鎮，歷史文化竟成輝」而聞名天下。長江起始河畔，有個叫李家壩的地方，坐落著一座有１４６０餘年歷史的風流古鎮，那就是李庄。

據史料記載，春秋戰國時期，李庄為古僰人聚居地，據說是因江中打魚為生的李姓弟兄聚居而得名，曾用「裡樁」、「李家村」、「李庄壩」等名。

李庄古為漁村，漢代曾設驛站，鎮上有明、清兩代建築藝術風格的廟宇、殿堂、宮觀等，還有頗具川南風格的古戲樓、古民居、古街道，典雅毓秀；明代的慧光寺、東嶽廟、旋螺殿；清代的禹王宮、文昌宮、南華宮、天上宮、祖師殿、張家祠等十餘處。

萬里長江第一鎮——李庄。

戰時教育文化重鎮

其中的祖師殿也頗有意思，是當年同濟醫學院所在地。歷史學家、教授傅斯年曾在此舉辦科普展覽，當時整個中央研究院和中央博物院都遷過來了，民俗民風得以劃時代的提升。

李庄之名冠中華，還因抗日戰爭期間那段特殊的榮光。１９３９年，為避戰亂及日本侵略軍的燒殺搶掠，同濟大學、金陵大學、中央研究院、中央博物院、中國營造學社等十多家中國高等學府、科研院所、學術機構等，以及一大批故宮博物館的珍貴歷史文物也轉移到這裡；一批大師級科研學者、文化名人，李濟、傅斯年、童第周、陶孟和、吳定良、董作賓、梁思成、林徽因、梁思永、勞榦等彙集李庄達六年之久，美國學者費正清、英國學者李約瑟等時代精英、文化名流也先後雲集此地，從事研究和教學。

１９４０年初冬，梁思成、林徽因隨中央研究院遷來，在李庄鎮上壩村安營紮寨。在寫作《中國建築史》的日子裡，由於林徽因和梁思成的薪水大都買了昂貴的藥品，用在生活上的開支十分拮据，最後梁思成到宜賓城裡典當金筆和手錶，換回的不過是兩條草魚。

朋友多次來信勸他們去美國治療、工作，林徽因和梁思成非常感激朋友們的關心，他們說：「我們的祖國正在災難中，我們不能離開她，假如我們必須死在刺刀或炸彈下，我們也要死在祖國的土地上。」

１９４６年，梁思成、林徽因一家飛離重慶，回到了闊別9年的北平，而伴隨他們走過艱辛歲月的古鎮，如實地記錄了當年那段難忘的歷史。如今，在李庄月亮田，梁思成當年艱苦奮鬥的故居門上，還掛有一副對聯：「國難不廢研求，六載清苦成巨製；室陋也蘊才情，百年佳話系大師」。梁思成在《圖像中國建築史》書中，將慧光寺的九龍石、張家祠堂的百

鶴窗、長江邊的魁星閣，以及鎮外兩公里處旋螺殿，並稱為古鎮建築「四絕」。

當年同濟大學在尋找新的校址時，隸屬南溪縣的小鎮李庄發出了「同大遷川，李庄歡迎，一切需要，地方供應」的16字電文。李庄當時的人口只有3000多人，但在1940年的時候，在中華民族最苦難的歲月裡，他們張開懷抱接納了在戰火中流離的超過一萬兩千人的學者和學子們。

在長達6年的時間裡，中國頂級的學術機構搬遷至此，使得當時的李庄成為戰時中國四大文化中心之一而蜚聲海外。

這成了李庄教育史上最輝煌，也是最驕傲的一頁。更使得李庄成為全國的文化重鎮，提高了知名度和學術地位。華夏之千年、百年古鎮為數不少，但古鎮多元化與抗戰文化融為一體的，能稱為「中國李庄」的卻是絕無僅有。

踩著凹凸不平的青石板路，兩邊的建築給人古樸、渾厚之感。在李庄外長江岸的邊魁星閣，最初建於清朝光緒年間，為三層全木結構。梁思成曾評價它「是從上海到宜賓沿長江兩千多公里江岸邊上，建造得最好的亭閣」。可惜的是原建築在文革期間被毀壞，如今是作為酒店茶樓和客棧而重建的。

李庄建築受外來文化影響，建築空間開敞、廳堂及柱廊等表現出古樸厚重格調。封火牆有雲形、坡形和馬頭牆等形式，宅院入口多為石階，大門兩邊篆刻的門聯，磚木石雕不乏上乘之作，清代建築禹王宮就呈現出這一特色。1949年後禹王宮成為李庄糧倉，1992年更名慧光寺。這裡收藏的九龍石碑，堪稱一絕，梁思成曾讚：「如果故宮太和殿的九龍石是皇冠，九龍碑就是皇冠上的一顆明珠。」寺內的戲臺是川內保存最完整的古戲臺之一。

1 天上宮是蜀地並不多見，建築形態和圖案十分奇妙道教聖殿。

2 若不是那塊黑漆牌子，很難以相信，這破敗的院子竟曾是學術泰斗們講學、科研之地。

3 慧光寺也就是禹王宮尚保存完好，氣派恢弘、香火盛旺。

4 李庄舞草龍相傳是自唐代傳下來的習俗。

李庄的古街古巷更是韻味悠長，完整保存著18條明清古街巷。由於清代李庄以商貿和手工業為主，包含農耕及商賈宅第的集鎮臨江而建，形成縱橫交錯的街市。羊街，為古時為牛羊的交易市場。席子巷，則是一條以草席而得名的小巷。一樓一底的木建築，二樓清一色的木挑吊腳樓，上有屋簷，站在街市往上眺望，僅看見一絲天空，故又稱作一線天。

走到鎮西的街上，一座古老大院張家祠堂十分有氣度。張家祠堂占地近4000平方公尺，是清道光十九年由張氏族人集資購得，主體為四合院式木結構建築，廳房的50扇窗門，均用上等楠木精工雕刻2隻仙鶴，謂「百鶴祥雲」窗。

雨中的李庄，打著雨傘的行人，增添了古鎮李庄的魅力，更有著名詩人戴舒望《雨巷》的詩情畫意。

3

1

4

1

席子巷古樸不泛典雅，透出濃郁的生活氣息。

青石巷子裡隱藏著不少豪門公館，大家宅院。

雨後濕漉漉的街面顯得老街更加冷清幽靜，兩位頭髮花白的老婆婆坐在街邊屋簷下拉著家常，十字路口一家做桿秤的小鋪子引起我的注意，小鋪門梁上掛了5個帶秤盤的桿秤，牆壁上掛滿了製作好的大桿秤，桿秤師傅埋頭悠閒的讀著報紙。隨著時間的無情流逝，這門手藝終將失傳。

受千百年歷史文化沉澱的薰陶，李庄人顯得非同尋常的從容淡定，包容大度，連那些各地來的熙熙攘攘的遊客，似乎也受到些影響，不忍去打破李庄特有的寧靜與安然，少了些浮躁和喧鬧，多了些文明與涵養，難得地盡情享受長江第一鎮的溫馨、溫柔與嫵媚。

名品小吃享口福

李庄人不僅安居一隅，且崇尚生活，頗有口福。在李庄，宜賓的名特美食，像宜賓燃麵、雙眼井涼糕、黃粑等四處可見。傍水而居的李庄人對魚的烹調技術也很有一套，一些特色魚種，鯰魚、甲魚、鱖魚、黃臘丁等一應俱全，蒸、炒、炸、燴，把河鮮弄得極其味美可口。但李庄人津津樂道的卻是李庄獨特的：「一花、二黃、三白」。

花生：「一花」指花生。李庄的白花生長在土質肥沃的河灘沙土中，顆粒飽滿，經淘洗後的花生果極為白淨，無論是煮或加工成鹽花生等，白亮的色澤十分誘人，口感上佳。李庄幾乎家家都要買新花生，做鹽煮花生，下酒當零食，或曬乾後剝了殼收藏起來，做成油酥花生或花生燉豬蹄。對李庄人來說，有了白白的花生，生活也多了一份滋味。

黃臘丁、黃粑：「二黃」即為李庄的黃臘丁和黃粑。黃臘丁若與竹蓀做湯，便叫「二黃湯」，是川南菜肴之上品。民間亦有用泡酸菜、泡紅辣椒和豆瓣燒的酸菜黃臘丁、豆腐燒黃臘丁等。

李庄的黃粑，以紅糖和本地粘米、糯米混合，用良薑葉包裹蒸而食。色澤金黃、香氣濃郁、香甜糯軟、開胃爽口。冷卻後，可切片油煎，別有一番風味，為宜賓名小吃之一。

李庄人每逢過年家家戶戶都會做黃粑。現今也有用當地的筍殼葉、粽子葉、竹葉、芭蕉葉包裹。有富油黃粑，臘肉黃粑，鮮肉黃粑，香葉黃粑，桂圓黃粑，核桃黃粑，伍仁黃粑，糯米黃粑，紅棗黃粑等。

黃粑吃法有很多種：一是大火蒸熟後，撕開包裹葉直接趁熱吃；二是冷黃粑切成片，放在熱油鍋裡煎至表面酥黃，外脆裡糯，很是香口，或是將切成片的黃粑再裹上一層雞蛋液煎炸，起鍋蘸白糖或紅糖或煉乳；再是將冷黃粑切成小拇指頭塊加醪糟一起煮熱吃，相當受中老年人喜愛。宜賓街頭燒烤攤還有經過炭火烤熟的黃粑，蘸著辣椒粉吃，甚至還有將冷黃粑切成片炒回鍋肉的，黃粑的香糯綿柔、回鍋肉滋潤香美，那真的是好吃。

白肉、白酒、白糕：「三白」即指白肉、白酒和白糕。其中白肉已成為李庄的一張名片，素有「到李庄不吃白肉，等於沒到李庄」之說。李庄白酒有「李庄五糧液」之稱，也是泡製各種藥酒的基本用酒。鎮上除了老街巷、四合院外，至今還保留著好幾家老酒廠、老酒窖。宜賓地區釀酒歷史悠久，蜚聲海內外的中國名酒「五糧液」就出產於此，造酒自然十分普及和興盛。這些老酒廠雖歷經幾百年滄桑，但仍保留著醇厚的傳統釀酒工藝原貌。

一進李庄，那滿鎮招搖的「李庄白肉」、「李庄白肉第一刀」的招牌旗號，使你很難不心動。歷史上的李庄人屬僰族，好食生肉。大凡捕到魚獵到禽畜河鮮，皆剝皮將肉劃成片蘸鹽和醬食之。秦漢以後，僰族將煮熟的豬肉，從上至下片成一公尺多長，十幾公分寬的白肉片，抹上鹽、蒜泥食之。人們便將白肉片戲稱為「蒜泥裹腳肉」。

二十世紀四〇年代，在慧光寺旁邊有家溫姓老闆開的「留芬」飯館，「李庄蒜泥裹腳白肉」便是其當家招牌菜。此菜最大之特點是肉大片勻稱，薄而透明，可見片肉之刀工不凡，經中央研究院社會科學研究所所長陶孟和博士更名為「李庄刀工蒜泥白肉」，簡稱為「李庄白肉」，至今留芳飯館仍以陶博士的更名為自豪。

李庄白肉，白淨細嫩、透光見影、肥瘦相依，相當誘人。李庄白肉多選用當地一歲左右的家養豬，皮薄柔嫩、肥瘦適宜的後腿肉，且還得割去第一刀的部位，從第二刀肉採用，俗稱「二刀肉」，方能達到大刀片肉的要求和口感標準。如今在李庄，可見到一位被當地人稱為「李庄白肉第一刀」的廚師何衛東，人稱「何三白肉」。其刀法尤為精湛，據說他每年旅遊旺季每天得片１００斤左右。

李庄白肉調味也別具特色，以大蒜、乾七星椒、乾花椒、加鹽舂成泥，叫「蒜泥糍粑辣椒」；然後加入醬油、麻油、白糖、味精調製成紅亮、香辣、蒜香、鹹鮮、回甜的蘸汁，鮮香麻辣、諸味協調。另還有一種風味，即是用川南特產的新鮮小青椒、加大蒜、青花椒和鹽舂成泥，製成「鮮辣糍粑辣椒」；然後輔以醬油、紅油、味精、白糖、麻油調合，吃來是清鮮可口頗有鄉村風味。

在李庄，那滿鎮遍街的白肉餐館、飯鋪，比較大氣較有名聲的餐館是「李濟緣飯店」和場口上的「留芬飯店」。

1 黃粑，小巧味美，每逢過年家家戶戶都會做。

2 傳統人工，土法釀酒，是李庄一大人文風情景觀。

3 李庄白肉的最大特點在廚師的刀工，能做到片張大而薄的快刀手，在李庄舉目可見。滋味、口感絕妙，連吃幾大片也不覺肥膩。

白糕常與清茶或花茶相伴，是大戶人家和文人學者的精緻養生小吃。

李庄白糕不同於川南瀘州的白糕，李庄白糕是「糕」，瀘州白糕則是「饃」。李庄白糕採用優質糯米、白砂糖、山藥粉等為原料，經過選米、開水淖、沙炒、篩、磨粉、搓揉等十餘道傳統工藝手工精製而成，有入口化渣、綿軟爽口、香甜悠長等特點。若是加入炒熟磨細的芝麻則稱為「麻糕」。尤為是開水沖泡特別適宜老年人和兒童食用，營養豐富且易消化。買上一袋禮品盒包裝的李庄白糕走親訪友，那真是價廉物美的特色禮品。

24 南溪，古城老物存溫情

宜賓南溪縣，曾被稱為「萬里長江第一縣」，2011年，南溪改縣為區，成為宜賓轄下兩大區之一，萬里長江第一縣不復存在，然而萬里長江第一城門，卻依然威風十足地屹立在南溪鎮的長江水畔。

古鎮南溪地處長江以北，湯溪河中游，是三峽庫區深處的一個古鎮。南溪因此而水美土肥，出產豐饒。曾是川、陝、鄂邊區的物質集散地和兵家必爭之地，僅存的古老建築默默地偏安江邊，不失大氣和雄風。

壯觀城牆，雄風凜然

走進南溪，你會被她的寧靜與秀美打動。狹窄的古巷長年流水相伴，古木相依，大氣雅致的封火牆勾勒出古鎮豐滿的輪廓。

南溪原有九道城門，現存臨長江的「文明門」（俗稱大南門）、「廣福門」、「望瀛門」（俗稱東門）城樓及沿江部份城牆，建於明天順年間，清代、民國多次增修培補，城牆全用紅砂條石堆砌而成。其中的「長江第一門」文明門城樓為重簷歇山式頂臺梁式磚木結構建築，

■南溪原有九道城門，現存臨長江的「文明門」、「廣福門」、「望瀛門」城樓及沿江部份城牆。從任一城門洞望去，可感覺到長江第一碼頭昔日的盛況。

1 深巷裡散發出一股純天然且濃郁的生活情趣。

2 朱德故居。

翼角高翹、曲線優美、秀頃大方、不落俗套，屬川南民間風格。

南溪古城樓和城牆，無疑是萬里長江沿岸保存最為完整的古代城池防禦工事，巍峨大氣、雄風凜然，極為壯觀。

穿過城門洞，便是川南最大的南溪商業古街，這是一條融匯了川南民居、江浙民居等多種風格的古建築群，每一幢樓甚至每一個鋪面都風格各異。登上城樓，室內是很簡陋的南溪民俗博物館，室外城樓上即是茶園。

宜賓南溪區官倉街，一片低矮平房在周遭現代建築的包圍中很顯寒酸。高聳的馬頭牆也風化了，木質門窗留下了日曬雨淋的木裂漆剝的痕跡。這片滄桑的老宅，是民國時期當地陳姓大糖商的私宅。１９１７年，朱德參加護國軍北伐袁世凱時期，曾流落在這裡斷斷續續居住了近7年之久。

走進另一條老街，不寬的街道兩邊幾乎全是賣竹編用品和木器的商鋪。各種各樣的主編器具玲瑯滿目，讓人感到既新鮮又溫情，竹簍、竹筐、竹籃、竹蒸籠、竹扒、竹篩等。

竹背簍不僅編製精巧、形狀優雅、而且是非結實耐用，小孩子在裡面能站能坐，能四處轉動張望，還可隨意撒尿，即便是在今朝，鄉裡的孩子，大多都是在這竹背簍裡長大的。

整條巷子從這邊屋簷搭到對面屋簷的竹竿上，晾曬著衣物、被單等。沿巷子的門前，有女人在洗衣服、洗菜，有老人在喝茶、聊天、看書、讀報，小孩在巷子裡打打鬧鬧，在拐角處，一位婆婆在翻動晾曬竹簸箕裡的野生地木耳，這種地木耳一定是山裡採摘來的，物以稀為貴，故而老婆婆顯得格外地專心專意，整條深巷裡散發出一股純天然的濃濃生活氣息。

老街區廢棄鐵道邊，一座老茶館把老街區的精彩透射出來。茶館是幢平房，沒有店名、

也沒有招牌，占地約200平方公尺，前後門口全是長長的木質舊鋪板。木梁木柱已有點歪斜，破損的牆面露出竹笆子，屋頂是殘缺的小青瓦，雖然很破舊更顯歲月的滄桑。秋日的陽光從狹小的天井和屋頂的亮瓦照射進來，灑在灰黯的老虎灶上，泥巴地凹凸不平。如果沒有陽光整個茶館很昏暗，燒開水用的是蜂窩煤，灶旁邊長有青苔的大石缸裝滿了井水，過濾後燒開供茶客使用。

男女茶客有的打牌或搓麻將，有的捧著茶壺閒聊、抽葉子煙，有的默不作聲；空氣裡瀰漫著嗆人的煙葉味，滲和著茶香味。但對於這裡的老茶客而言，樂享的就是這種氛圍、情趣和滋味，在他們心裡茶館是生活的一種必須，也是一種精神寄託。

昏暗的茶館婆婆當家，孫女擔當服務員，每天在這裡奔忙，賺取微薄的收入。在茶館裡，茶客也可以自已動手沖泡茶。就是這樣極普通甚至簡陋的地方，卻讓我感受到時光的溫情倒流。

川南特色，回味悠長

在南溪有著一家與眾不同的牛肉麵館，蘇氏清真牛肉店。從清晨到半夜，館子裡始終一座難求，座無虛席，想在清真牛肉館吃碗牛肉香糯、湯紅味濃、辣麻多滋、麵條筋道的牛肉麵需要很大的耐心。南溪桂花街抄手店，只有紅白兩味，簡單純粹得就像那抄手皮，可以一眼見到裡面的粉色通紅的肉餡，湯麵上只有幾顆碧綠的蔥花，一攪動卻是鮮香四溢。不遠處的「楊包子」，入口滾燙，湯汁滴答，吃著香美滋潤的小籠包，喝著糯米稀飯真是美味到了

老茶客、老茶碗，長牌、麻將，給人恍若隔世之感。

1 南溪豆腐乾。
2 鮮椒仔薑爆炒鴨。
3 鹽菜豆芽肉片湯。
4 家常坨坨魚。

家；還有那豬兒粑特有的清香……南溪清晨的味道就這樣不聲不響地蔓延開來。

南溪豆腐乾：兒時，我就品嘗過父親帶回來的南溪豆腐乾。那乾綿細嫩、香美可口的感覺，至今仍可絲絲回味。據傳南溪豆腐乾發源於三國時期，被諸葛亮讚譽為「金包玉」，即是指經過碼味、晾曬、煙熏過的豆腐乾外表金黃、裡面白嫩細膩。清代中期以後，南溪豆腐乾一直流行於川江航道，成為船工與過往商客的下酒佳品。

鵝肉乾：外地少見的特色產品。原來，南溪也是四川白鵝之鄉，有國家級鵝種場。精品鵝肉乾是南溪一大特色，辣而不膩，耐咀嚼，略帶一種淡淡 回甜味。僅這一個品項，年產值即達數億元。

仔薑爆炒鴨：南溪廚師的招牌菜，很多餐館都有。街邊一家叫「土碗菜」的飯館，生意很好，仔薑爆炒鴨一上桌就讓人眼睛發亮，口水翻湧。那色彩之豔麗新鮮，切成大片的嫩黃仔薑、鮮紅好鬥的鮮紅小米辣、含而不露的鮮青椒，一塊塊仔鴨肉滾滿醬色。嘗了一片仔薑，很舒服、脆嫩化渣、辛香回甜；一塊鴨肉入口，香辣醬香、七滋八味竄喉，鴨肉爆得恰到好處，不綿不生、肉嫩脫骨、香美爽口，看來廚師把握火候的功夫都還老道。

仔薑牛肉絲：也是川南風味小煎小炒中的一款傳統名菜。只是近２０年間，受江湖菜的影響，添加了新鮮青紅小米辣椒。成菜大氣，色澤紅黃綠相間，鹹鮮鮮辣中帶有濃郁的仔薑辛香與芹菜香味，牛肉絲粗細適宜細嫩化渣，滋味豐厚，只是川南小河幫風味比上河幫成都風味稍重，吃起來感覺味大了點。此菜看似簡單，卻在刀工、火候、調味上十分講究。新鮮牛肉需去盡筋絡，橫切成二粗絲；仔薑切成細絲、芹菜切成寸節、青紅小米辣切短節，有的還要加冬筍絲、蔥絲；調味需事先兌好碗欠，即用鹽、料酒、醬油、鮮湯、水豆粉勾成滋

汁；起鍋淋點香油，成菜油亮一線、顏色豔麗、香氣濃郁，不失為佐酒助餐的佳肴。

燒坨魚：南溪城濱江而興，河鮮美味非常有名，不泛江團、岩鯉珍稀魚種。也有黃臘丁、鮰魚類。南溪魚肴名菜即有豆腐江團、清蒸江團、氣蒸鮰魚頭、剁椒魚頭、傳統的大蒜燒鯰魚等；南溪黃沙河中出產的黃沙魚當算是南溪的地方特產，一魚多吃也是南溪餐館的拿手好戲，魚排酥香、魚丸滑嫩、魚鱗焦脆，令人大飽口福。而眼前的這盤家常坨魚，便顯現了南溪廚師烹魚之所長。這款魚肴，用的是當地的鮮椒豆瓣，且還打去了料渣，顯得十分清爽，鮰魚砍成不大不小的條塊，既易燒熟又易入味，整鉢魚湯汁紅亮、魚肉細嫩、鮮美香濃、不鹹不淡，佐酒下飯。

白砍雞：源自樂山，但南溪的白砍雞在調味蘸碟上風味獨具，油酥豆瓣醬、豆豉醬、鮮紅椒、蒜泥、蔥花、醬油等，辣麻鮮香、滋味香濃，加之雞肉鮮嫩香美，吃起來還真是放不下筷子。

鹽菜豆芽肉片湯：南溪的家常名菜，頗有鄉土風味，鹹鮮香美，清爽淡雅，肉片滑嫩、特別舒爽、巴適。

參

四方尋味

四川之名源自宋代川峽四路行政區域的總體簡稱，
今日好吃嘴的四個川，乃川南、川北、川東、川西！
千百年來居住著來自華夏各地不同的移民，
且保有各自的民風、習俗、土特產、飲食習慣、烹調技藝，
並融入巴山蜀水，形成食材、食風、食俗、食文、食事、食趣，
且蘊含豐富的文化內涵和地方風情，生動而充分揭示出川菜天下，
天下川味的個中奧秘。然而，現今之川菜，味之迷惘，魂之迷失。
如此，傳統川菜偏安何方？正宗川味散落何處？
巡遊古老鄉鎮，川菜之魂，依然是根植鄉土，
若求川菜真味，還得返璞歸真。

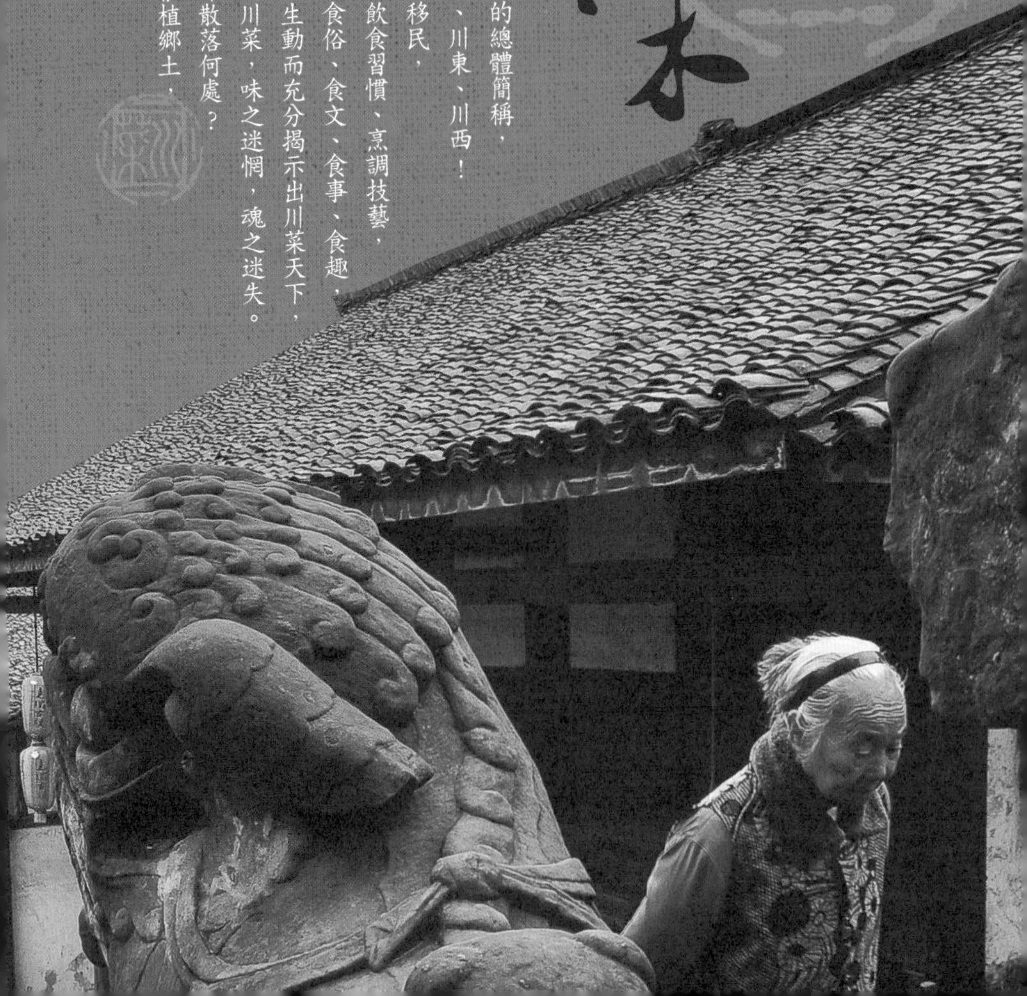

阿壩藏族自治區
綿陽
廣元
巴中
達州
南充
德陽
成都
遂寧
廣安
甘孜藏族自治州
雅安
眉山
資陽
內江
自貢
樂山
宜賓
瀘州
涼山彝族自助州
攀枝花

25 水磨、三江，藏羌風情

川西北高原及水磨古鎮、水鄉藏寨是個讓人心曠神怡的地方。也許不少人是因２００８年那場天崩地裂的特大地震才開始熟悉川西高原的茂縣、汶川、映秀。而在川人心裡，茂縣和汶川是一個既充滿神秘，又令人敬畏的神聖之地。

大約４、５千年前，一支支從大西北遷徙而來的人，從川西北高原茂縣、汶川一帶的險山惡水中，沿岷江峽谷翻山越嶺，終於在灌縣見到了一望無邊的平川原野、沼澤濕地，便安居下來。然而年年的岷江山洪使其難以長治久安。他們繼續遷徙，來到其後被稱為彭州、新津、郫縣、溫江、雙流、廣漢、成都金沙等地方，形成了蠶叢氏及魚鳧氏部落，並與盆地土著部落柏灌氏組合為古蜀三大民族，並建立了古蜀王國。因此，上古川人的發祥地茂縣、汶川一帶的原住民——羌族，被歷史文化學者認定為川人的先祖。

水磨羌寨，奇風異俗

大地震後再建重生的水磨古鎮和三江藏寨，不僅恢復了她獨特的羌藏漢文化和民俗風情，更賦予了她全新的風姿雅韻。２０１０年，水磨古鎮被全球人居環境論壇理事會和聯合

國人居署《全球最佳範例》雜誌評為「全球災後重建最佳範例」，被第三屆世界文化旅遊論壇組委會授予「中國精品文化旅遊景區」稱號。

水磨古鎮位於汶川縣南部，是阿壩藏族羌族自治州的南大門，有「川西高原生態休閒勝地」之稱。千百年間，漢族、藏族、羌族的和諧交融，呈現出奇特的人文風情。

水磨古鎮早在商代就享有「長壽之鄉」的美譽，時稱老人村，因鎮裡鎮外老百姓多用大水車抽水推磨碾壓稻米、麥子、包穀，故而稱為水磨鎮。大地震後，古鎮重建「禪壽老街、壽溪湖、羌城」三大區，高大的民居，摻著桔梗的黃泥外牆、具有羌族元素的砌磚、貼木，窗沿上的寫意白石，圖騰紋案，雲紋、羊頭等裝飾，既有川西民居特色，又有羌寨風貌。

「谷口鶯啼細竹，洞門犬吠桃花。駐世何須丹灶，仙風吹長靈芽。」這是明代詩人郭莊筆下的水磨古鎮。許久以來，我心中一直嚮往青山綠水，在風吹草低見牛羊中，一覽洋溢著濃郁西羌民族特色的古鎮；靜心品味「羌笛何須怨楊柳，春風不度玉門關」，沐浴醇美敦實

金沙博物館中復原的四千年前川西壩子風貌。

1 東水磨羌城歷來就是藏、羌、漢交匯之地，震後重生的水磨古鎮分為新鎮和古鎮兩部分，再次展現盎然生機。

2 居於新鎮和老鎮之間的獨具民族特色的廣場，也是當地人舉辦盛大活動的地方。

的民風民情；品享脆羊排、犛牛肉，青稞酒，酥油茶、老臘肉、野菌、野菜，讓那悠揚委婉的羌笛和穿透山野的藏族民歌徹底洗滌身心。

20年前，我曾到過水磨，來去匆匆，印象中水磨就是個交通閉塞、貧窮落後的高原城堡、古老村寨。2013年，我再次站在了壽溪河畔。水磨坐落在川西高原的大山坡上，岷江支流環繞流過，藍天白雲，青山綠水映襯的古鎮分外秀美多姿。

信步走入水磨，入眼全是賞心悅目的景色和淳美風情，紅燈籠、中國結與令人眼花繚亂的藏族、羌族飾物、古牌坊、白塔、彩幡、碉樓、亭閣，甚至一串串金黃玉米棒子、一排排紅褐油亮的老臘肉混雜在一起。黑漆招牌、紅黃布招點綴著街道兩邊木質穿斗結構的兩層民居，前店後院，明亮而寬敞。

下午的古鎮很熱鬧，陽光照射的街道一半明亮奪目、一半陰影濃罩，熙熙攘攘的遊客、街邊羌族特色小店，羌繡妹子、古樸的店招，街沿的潺潺流水，店主熱情的招呼聲，飄香四溢的羌藏小食，加上親和可人的賣酥油茶和民族飾品的藏族婦女，以及極具羌族特色的民居，構成了一幅雪域高原之「清明上河圖」。

羌城的建築色調很濃豔，很溫暖，多是就地取材，利用附近山上的石料、木材、竹子做成，堅韌古樸的獨特建築藝術令人歎為觀止。

禪壽老街：全長1300公尺，兩側的春風閣、大夫第、萬年臺、字形檔塔、白塔等建築，其風格集中國傳統建築藝術之大成，是典型羌、藏、漢相結合的明清風格建築。老街上古鎮之風撲面而來，沿街亭臺樓閣，白脊青瓦古樸典雅，窗雕欞刻各具特色。

春風閣，水磨古鎮的標誌性建築，造型獨特，主體為中國傳統建築，細部裝飾具有濃郁的宗教和羌族文化色彩。坐於春風閣戶外露天茶坊，可居高臨下，眼前青山連綿，湖面如鏡，山水古鎮交融的美麗風光。近在眼下的壽溪湖是古鎮最佳的休閒區域，親水納涼。

萬年臺：大地震後修復，具有古樸典雅的民族特色和地方藝術風格，吸取了中國傳統建築及川西民居建築結構的簡潔、樸實、莊重等特點，是研究中國戲劇發展史寶貴的實物資料。

字形檔塔：又名惜字宮、敬字亭、聖跡亭、文風塔、焚字爐等，是古人專門用來焚燒字紙的建築，始建於清代，毀壞後修復。

水磨亭：水磨作為中國古代傳統的生活用具。此水磨為明晚期建造，距今有４００餘年歷史，是古鎮傳統農業的歷史縮影，也是岷江流域農耕文化的真實寫照。

羌碉樓：「水磨羌城」的碉樓是羌城的標誌性建築，蘊含了羌族的千年歷史與建築文化。千百年來，羌族先民為了避免戰亂，碉樓成了防禦外侵的工事。碉樓城內街巷縱連，臺階綠樹分佈其間，既有園林景觀，也有城的氛圍。

最顯羌族風情的是羊皮鼓，羌族自古以來對羊就有著特殊的感情，以羊祭山是古羌人的重大典禮。在羌人活動地區，羌民所供奉的神是「羊身人面」，視羊為祖先。羌族，亦是能歌善舞的民族。羌笛，在漢代就流傳於甘肅、四川等地，最適於獨奏，也可為歌舞伴奏。

羌繡，是中華民族五千年燦爛文化中的瑰寶，也是羌族姑娘的拿手絕活。與藏族姑娘相比，羌族姑娘顯得文靜而秀氣。

羌繡的美妙工藝與華彩充分顯現在羌族服飾上。羌族服飾還保留著許多古老風俗，羌族男子多穿自織麻布長衫，長過膝蓋，多為白色或藍色。腰系吊刀和皮製錢兜。穿布鞋或滿耳

草鞋，一般裹羊毛製的綁腿，束腰帶。羌族婦女愛穿自織的麻布長衫，袍外多套上一件羊皮背心。領口、袖口、腰帶上都繡有各種幾何花紋圖案，用繡花腰帶束腰，腳打綁帶，穿尖鈎鞋，戴特大銀耳環和項圈。羌族男女都喜歡包青色和白色頭帕，青年婦女的頭帕上繡有各色圖案。從羌族服飾中透出的千年民族傳統文化和人文風情的巨大感染力。

每年羌族節日期間，寨子內，小夥子與姑娘們不僅深情對歌，還和村裡人一道圍著火塘跳鍋莊舞，吃著大塊肉，喝著自製的米酒，咂酒，吹著羌笛、嗩吶、口弦琴，打著羊皮鼓，充滿了濃郁的西部特色。

這裡的植物資源十分豐富，種類多達４０００餘種。還擁有大量的野生動物資源。也是水果之鄉、花椒產地。春季可品嘗到櫻桃，夏季是蘋果、桃、李、梅、核桃等，茂縣花椒很有口碑，與漢源花椒齊名，以溝口鄉的花椒為珍貴。藥材也十分豐富，還有各種野菜珍蔬等。

1 春風閣酒店外觀結合羌族碉樓，是水磨古鎮的標誌性建築。 2 極具特色的羌繡。

3 水磨古鎮販售著各種山珍藥材，這些自古就是羌藏漢物資交流的主角。

藏寨三江，絢麗多姿

在水磨古鎮上游便是著名的水鄉藏寨——三江寨。因西河、中河、黑石河在此匯合，故稱三江。三江當地先民原為羌族，後有藏民遷入。到清代漢族人口逐漸占多數，目前仍為漢藏混居地，汶川地震後有了藏寨三江。

三江被背包客們稱為夢幻三江、水墨三江。區內植被繁茂，動植物種類豐富，更是大熊貓的主要集中棲息地。青山連綿，翠谷碧水，藏家寨子和放牧的藏族姑娘，原始如童話仙境。

走進三江，老遠就看見一座藏族風情的四角碉樓，寫著「水鄉藏寨」。山峰倒映在明澈如鏡的湖水中，明月亭與七個湖心小島相依相伴，相映成趣。修復一新的民居漂亮寬敞，當地人辦起了「農家樂」。景區內還有藏家風景園、惠州公園、民俗廣場、三江口觀景亭等景點，水上有巨大的木製水輪在水鄉藏寨大門前流轉，激起層層水花。

悠悠歲月中遺留下來的茶馬古道、藏寶洞、盤龍寺遺址、羌式木屋、古碉、浪橋、轉經塔等修復如初。從水磨羌城到三江風景區修建一新的古羌棧道，沿途皆是景：鴛鴦瀑布、巨龜舉石、石上雷公、望夫泉、石上樹、一線天等，最值得體驗的就是這裡的森林小火車了。

夏季，是觀賞鴿子花的最佳季節。這裡是全球唯一能看到如此壯觀美景的地方。從四月開始，花朵由淡綠而乳白而棕褐色，遠望去如花毯似花海。秋時，最讓人心動的莫過於紅葉。冬日，藏民、羌人崇拜的白石塔與白雪渾然一體。從春開到冬「國花天下第一香」——蘭花仍在雪地中生息。

百鳥山莊有著藏族插著五色經幡的「水轉經」的水車，水車轉動一圈表示念了一次經，虔誠地站在水車旁，看著它轉了一圈又一圈，心中默默地祈禱著。那用白色的石頭壘成的圖

騰，形狀各異的石碓上掛滿了動物的頭骨，還有香火和祭品的痕跡。北宋范仲淹有詩云：「岷山起鳳，汶水騰蛟」，這是汶川悠久燦爛歷史的真實寫照。

三江水鄉藏寨一部分建在江邊廣場，與藏族白塔相輝映，叫水鄉風情寨；另一部分依山而建，分為上寨、中寨和下寨，以生態旅遊和獼猴桃種植為主業，山野間種植著大片獼猴桃果樹林，間或也種有鄉民自家食用的糧食，像青稞、小麥、玉米、蔬菜類。

一排排、一圈圈、一幢幢色彩豔麗，造型結構獨特的藏家民居，在青山秀水映襯下顯得分外絢麗多姿；寨子裡的每一路口都鑲嵌著牌坊、亭閣、石祭和木祭圖騰。

大地震後，當地藏民為了紀念遇難鄉親和被摧毀的村寨，從山裡搬運來百年大樹，雕刻成一個個粗大的木柱圖騰，稱之為「木祭」。

鄉民們還將大地震中從高山滾落的塊塊巨石收集堆放起來，刻上神秘符號，被稱為「石祭」，與寨子入口處的「木祭」相呼應。那些巨石形態各異，被洗刷得潔淨光亮，巍然不動地躺在路旁，關注著父老鄉親和男女遊人。

1 三江展現出一派優雅生態風光，如詩如畫的水墨風情。

2 山腳下的水鄉藏寨民居，分為上寨、中寨和下寨。

3 木祭，那像是遠古的圖文，透出無盡的神秘。

4 依山而建的藏寨清風雅靜，對於５．１２大地震，藏寨特別壘砌了「石祭」，來追悼和紀念。

最讓人感受深刻的是山野的豐碩，除了獼猴桃，還有新發芽的連香葉，在山坡採摘新鮮蕨菜、蘑菇、野菜那是少有的愜意。最好在當地鄉民的指導下，找一大片的野蕨菜林，然後挑最綠最嫩的野厥菜新芽，送進農家廚房，先用開水汩熟，再用清水泡去澀味，接下來涼拌、清炒或熗炒，吃起來鮮嫩滑爽。

三江寨獼猴桃種植面積多達６００多畝，中藥材種植９８００畝。三江的紅心獼猴桃色澤青綠，橫切面呈現放射狀紅色條紋，果實軟化後具有濃郁的香味，皮薄汁多，十分可口。

川味美食，羌藏食俗

在水磨和三江，羌藏百姓也好吃麻辣、火鍋、串串、燒烤。當地的美食主要是各類名特小吃、傳統菜肴、地方土菜、原生態山珍野菜等。如水磨豆花、老臘肉、竹筍、蕨菜、山珍野菌、土雞燉白果、山藥蒸臘肉，藏羌九大碗和壩壩宴流水席等，尤其是用青稞麵粉手工製作的青稞餅、核桃餅、龍眼酥，以及我兒時最愛吃的沙仁條和桃片，配著獼猴桃吃，那口感之爽！藏族姑娘告訴我，青稞點心配著酥油茶吃，是藏家待客的老傳統。

川味美食是主流：水磨三江最有名的特色美食是正宗犛牛，這種犛牛肉肉質極佳；老臘肉是選用新鮮山野放養黑山豬豬肉，經碼味再用香杉煙熏製作，味道清香爽口，與巴蜀各地的臘肉風味大不一樣。

三江豆花採用新鮮的青豆為原料，用石磨手工磨成的豆花。看似清湯寡水的豆花，在沾了辣椒碟之後變得鮮美香濃。還有一種「豆花什錦」，除了豆花，還有野生木耳、竹蓀、蘑菇、

火腿腸、酥肉、牛雜蔬菜等，不僅吃口相當豐富，而且鮮美清香，山風鄉味十足。

鄉民們還常背上竹編背兜，徒步到海拔2000多公尺的山上去採摘野菜，每天往返一趟，一次能背回100多斤，經過保鮮，在五至十月旅遊旺季時，山珍野蔬便是遊客爭相品吃的口福。

我在水磨古鎮的一家小食店，要了碗招牌小吃紅燒牛肉麵，一碗水磨豆花，又叫老闆用大青椒炒了盤老臘肉。紅燒牛肉麵相當不錯，因為是在花椒之鄉，故而麻味十足，很勁道。泡蘿蔔顆顆，鹹鮮脆嫩、略酸微甜，配在牛肉麵裡，美滋美味；青椒脆嫩清香，臘肉油香滋潤；豆花潔白細嫩，有股濃郁的豆香味，連豆花水也是清純甘甜，十分潤喉，豆花蘸碟香辣酥麻，醬香濃醇，頗有農家鄉味。

水磨三江的飲食有一個顯著的特點，就是野味十足。從牛羊肉、跑山豬、河魚，到野菜、野菌、野筍等，充分顯示了自然生態，道地野味。在水磨古鎮，第二天，我被一家飯館的山藥蒸老臘肉、野生地耳菜、野菌蛋花湯所吸引。

1 手工製作的青稞餅、核桃餅、龍眼酥，以及我兒時最愛吃的沙仁條和桃片，配著獼猴桃吃，那口感之爽！真是可遇不可求。

2 民族風味道地川菜，總能吸引過往遊客，其中各種醃臘肉品是水磨三江最扯人眼球、誘人流延的壯景。

那山藥蒸老臘肉，山藥是山裡野生的，臘肉是野長的跑山豬，野菌是野生地耳菜，既新鮮又清香。嘗了一小口湯汁，鮮美香濃，一下滋潤得腸胃翻騰。

地耳菜，油綠清脆、滑爽香嫩。老闆很傳統，懂得野菜清炒需得用化豬油加蒜末才香美可口，只是鹹味重了一分。再嘗野菌蛋花湯，那野菌十分脆嫩，一嚼化渣，口感舒爽。三樣菜看似清鮮淡雅，無麻無辣，卻是多滋多味，風味悠長。

臨走老闆給了張名片，名片背面印著頗有意思的藏家九大碗歌謠：

佛山禪壽顯佛光，先飲一碗起席湯；
粉條豆乾拌土雞，上桌生津滿嘴香；
甜燒白，鹹燒白，豬排蒸酥酒已光；
香碗舉箸砣砣肉，伸頭揮腦響皮湯；
神仙不知人間樂，大夫弟前流涎長。

羌藏民俗吃食：在川西地區，千百年的羌藏漢的交流與融合，使川菜川味成為主流，但羌藏人民也依然保持著傳統民族食俗。像糌粑，是將炒熟的青稞麥用石磨加工成麵粉，又稱「炒麵」；酥油，是從牛奶中提煉出來的奶油；肉，有豬、牛、羊，偶爾也吃獵獲的野牲肉；煮好的牛羊肉，也稱「手抓肉」，吃時一手持刀，一手抓肉，故叫「手抓肉」，流傳到城裡的餐館，就變成了「手撕牛肉」。藏民常愛吃的還有灌腸、血腸、肉腸、乾腸和麵腸等。

茶：是藏族人民的日常飲料，也是待客的主要飲品。有糌粑茶、奶茶和酥油茶。糌粑茶，以糌粑為主要原料，飲用時先在碗底放一小勺糌粑，稍微壓一下以便一倒茶水糌粑從碗底全翻上來，然後放少許奶渣、酥油、白糖或鹽，再倒進滾熱茶水攪合。藏語稱糌粑茶叫「卡豆」

或「豆瑪」。奶茶，是牧區藏民的日常飲料，藏語稱「俄甲」。奶茶的製法是，在茶壺或茶鍋裡放進茯茶，讓水沸煮，待熬成咖啡色，這就是馬茶，也叫茯茶，然後往熬好的茶水裡放進鮮奶，再燒開即成奶茶。奶茶能止渴、消食、解除疲勞。

酥油茶：是藏民普遍喜飲的佳品，也是待客的最佳飲料。製普通的酥油茶時，將茶葉熬成紅湯，熬好後把茶渣篩濾出來，將趁熱的茶湯倒人放有酥油、食鹽的桶內，再倒進鮮奶，沒有鮮奶亦可用奶粉代替，同時打幾個雞蛋倒入桶內，用打茶工具在茶桶內不斷地攪打，使酥油等食料充分而均勻地溶於紅茶中，然後裝入銅壺內，放在微火上保溫，以便隨時趁熱取飲。製做上等的酥油茶，還要加人事先碾碎的核桃仁、花生、芝麻等，一般是隨製隨喝，並要趁熱。酥油茶不僅香美可口，且營養豐富。

優酪乳：主要在秋夏兩季飲用。其做法是：將新鮮奶煮沸，倒入容器中，待牛奶不燙手時，加入優酪乳酵頭攪勻，放在溫度適宜的地方，幾小時後，牛奶凝固成嫩豆花狀即成優酪乳。食用時可加白糖。

1 水磨三江以粗曠豪放的食俗風情，迎送遠方來客。

2 青稞糕點亦是水磨特色小吃。

26 雅安上里，清風雅雨

雅安，素有「川西咽喉」、「西藏門戶」、「民族走廊」之稱。古稱「若水」之地，是溝通川、藏、滇各民族的地緣走廊。是世界茶文化的源頭，國寶熊貓之故鄉。「雅女」、「雅魚」、「雅雨」之「三雅」，使「青衣羌國」雅安城成為一座奇妙古城。

雅安，在史書上還稱其為「天漏」之地，因此有了「女媧補天」的傳說，是為「雨城」。傳說女媧死後，其玉體化為碧峰峽，其佩劍墜入河中，化為神魚驅妖鎮邪，神魚即雅魚。雅女，傳說為女媧之後，天生麗質，靈氣秀美。

水墨上里，田園風光

上里古鎮位於雅安市雨城區北，古鎮初名「羅繩」，是歷史上南方絲綢之路臨邛古道進入雅安的重要驛站，也

將雅安城一分為二的青衣江亦如歷史的長河，如歌如泣地述說著雅安的精彩，也將人們的目光引入到那蒼茫的深山裡。

是唐蕃古道上的重要邊茶關隘和茶馬司所在地。

古鎮沿河有十餘座古橋，其中最具代表性的是：「二仙橋」與「立交橋」。老人們說，就在上世紀五〇年代，這裡的集市也是熱鬧非凡的，除了各地馬幫將帶來的貨物擺滿一街，還有各路戲班的戲劇和雜耍表演，人聲鼎沸。

獨自走過青石板路，穿過背街小巷，細看涓涓的流水，凝視滄桑的四合院、拱橋、牌坊，撫摸千年古樹，一種歷史的久遠感和滄桑感油然而生。隨著貿易道路的變遷，昔日的繁榮已成為過眼雲煙。然而秀麗的山川與悠閒的生活方式，又賦予了它怡然自得的自由散漫的氣息，這就是集田園風光、小橋流水、古鎮人家的水墨上里。

青山環抱的古鎮，背靠「觀音峰」，前觀連綿突兀的小丘。山中白霧升騰，常是清風雅雨。一條靜謐的小河把古鎮與大路隔開，幾座古橋把外面來的客人吸引進來。過了橋，踏著濕滑的石板路，行走在古舊的和仿古舊的鋪面中間，古舊與現代往復交錯著，給人一種在古老與現實間不斷浮移的感覺。

鄉野美味最勾魂

上里是個「紅色古鎮」，不少餐館都要借「紅軍」之盛名，其中最張揚的是一家「紅軍飯館」，當街的店內，掛著許多有關紅軍在上里的故事、傳說，圖片照片，其「紅軍」菜譜更很有意思，「雪山老臘肉、搶奪瀘定橋、穿越大草地、翻越夾金山、同甘共苦、三軍會師」等，讓人完全弄不清楚究竟是些什麼食材和味道。

鎮上的羊肉湯、狗肉湯、砣砣肉、油淋鴨、缽缽雞舉手可嘗，街邊的紅油串串、藤椒串串，吃法很簡單，蘸起辣椒粉就可以吃了。其他小吃亦滿目皆是：蛋烘糕、炸糍粑蘸紅糖、涼拌花洋芋、紅糖冰粉，吃起來甚是涼快；還有餛飩、米線、蒸饃、玉米饃、包穀粑等。

雅安小吃，食材和調味都很自然。紅亮亮的辣油，香噴噴的蘸碟，讓你無法抗拒。特別是本地特產漢源清溪花椒、藤椒，香麻之味讓人胃口大開。同樣是麵條，澆上本地精心烹製出牛肉、排骨、燉雞、三鮮等臊子，真是款款美味而實惠。

街邊，老鄉烤著的黃黃的玉米棒，散發出誘人的香味；樓上掛著的土製酸菜在斜陽的光照下閃著金光；特別是掛著的老臘肉滲著金紅欲滴的油珠，令人垂涎！在上里，解決吃的問題，最佳選擇是古鎮名氣最大的——噠噠麵。

所謂「噠」，在雅安人的口語中就是「摔」的意思，比如說「摔了一個跟頭」，便叫「噠了一跤」。顧名思義「噠噠麵」也就是摔噠出來的麵條，且在摔噠次數和用力中，麵條可寬可細，可厚可薄，既是一種工藝，也是一種可觀

秀麗的古鎮與悠閒的生活，賦予了古鎮怡然自得的甜美氣息。

賞的風味小吃。此外，臊子也是獨具一格。

噠噠麵，尤以製作特別和風味獨特著稱。通常大師傅把加雞蛋清、鹽及清水的麵粉和好、揉熟做成麵胚，然後一塊塊搓成小條擺在方盤裡用濕布蓋上，有客吃時，拿出麵條，反覆拉拽，由圓條變成扁條，由寬變窄，邊拉扯邊在案板上反覆摔打，發出「噠噠，噠噠」的響聲。這時，只見拉麵師父雙手把麵，上下舞動，掄、摔、疊、拉、扣，自然順暢一氣呵成。這一「噠」出的麵條可寬可窄、可粗可細，吃起來尤為筋道，也特別的光亮滑爽、柔韌綿長，澆上佐以煙筍、野菌等山珍烹燒的大塊紅亮豬肉、排骨、牛肉、三鮮等餡料，味道鮮美無比，吃口特別舒爽。

有意思的是，在上里古鎮早上起來，捧碗噠噠麵，站在戲臺前，一邊吃，一邊觀賞雅女的噠噠麵表演。聽說為保住「噠噠麵」金牌不倒，雅安飲食公司毅然將這塊名牌送還給創始人羅序江家。羅家的兒女們接過父親手中的金牌和技藝，對「噠噠麵」更是倍加珍惜，把這一金牌名小吃傳承下去。

噠噠麵先聲奪人，可以說是雅安第一名小吃，也是上里的獨特美食。那帶噠噠作響，具表演性的麵條製作，加上大塊紅燒肉，不由得人口饞心動。

雅魚：上里古鎮上的餐館飯館大多都背靠河岸當街而開，山珍野菌、時令野蔬，生猛河鮮比比皆是，雅魚則為其中之珍品。雅魚生活在腔穴中，多以岩漿為食，其頭部呈「丙」字形，也因此而叫「丙穴魚」。丙靈寺之丙穴魚，為雅魚之上品，肉質極為細嫩鮮美。

一千多年前唐代詩聖杜甫的下酒菜就是丙穴魚，留下了「魚知丙穴由來美」的名篇絕句。宋代陸游亦是從川返鄉後，在其《思蜀三首》中抒發了「玉食峨眉栮，金齏丙穴魚」的讚歎與懷念。

雅安人食雅魚，向來追求滋補養生，喜好原汁原味，濃湯厚汁。傳統上，歷代雅安名廚都擅用雅魚烹出上百種魚肴，風味則是一魚一格，百款百味。豆瓣雅魚、蔥燒雅魚、脆皮雅魚等，款款都不失為筵席珍肴。然而最負盛名的還是砂鍋雅魚與砂鍋魚頭，講究原魚原鍋、原汁原味。以煮雞、豬肚的原湯，輔以熟雞肉、熟豬肚、舌、心及火腿、金鉤、玉蘭片、口蘑香菇、水發魷魚、海參，再放進蔥結、薑塊、料酒，湯鮮美、魚香嫩。

然而，上里的雅魚烹燒，硬是要用農家泡菜、木薑子油來燒成一大缽野風蕩漾，鄉味四溢的泡菜雅魚。吃起來卻是令人叫絕，鮮美無比、香濃無敵、酸辣怡口、細嫩潤喉；尤其那湯色看起來金黃淡雅，不像水煮魚、沸騰魚、香水魚那般色相張狂，但卻是幽香暗浮、鹹鮮酸辣暗湧。

在鄉村或古鎮，我最愛到平常人家中蹭飯，圖的是一份暖暖的溫情和質樸的農家菜。比如山藥燉雞，山藥是主角，熬過的山藥粉綿粉綿的，野菌脆脆的，雞的鮮香非同一般。喝一口香濃的熱湯，五臟六腑頓時熱騰起來。野山藥優在口感細嫩略脆，化渣，土雞肉香油亮，只有「野」和「土」的結合才能成就這道具有濃郁地方特色的美食。

上里河岸最誘人的是燒菜館、鄉菜館、河鮮館、豆花飯館。每家都把各式當家燒菜、野菜、魚鮮、臘肉香腸、豆花等擺在門前路邊，尤為是那擺在店堂前，一大盆油光紅亮的紅燒肉、酥炸肉，還有那幾大盆燒菜，熱氣夾裹著鮮香。看著菜盆上方一溜菜牌：筍子燒肉、土豆燒肥腸、千佛菌燒土雞、紅燒排骨、山藥燉土雞、鄉村老臘肉，水煮土豆、扁豆、水煮老南瓜，以及其他各式涼菜、豆花、泡菜等。

夜色和霓虹燈光，像是給上里換上了一套優雅華麗的晚禮服。晚間的戲臺廣場竟然是那樣熱鬧非常，白日裡的飯館、酒吧，華麗轉身為燒烤大餐和串串香。廣場上一家家都亮出各自陣勢，菜品攤、桌椅、燒烤架、柴火、烤全羊、烤整雞、整兔，香氣在繚繞的煙霧裡翻騰，油煙味直嗆喉嚨。

1 優雅寧靜的周公河，生長著傳說中的神奇雅魚。2 上里河岸最誘人的是各式餐館幾大盆燒菜擺在店前，熱氣夾裹著鮮香，任何男女漢子都不得不舉手投降。3 到了晚上，古鎮滋味就轉換為燒烤、串串、夜啤酒模式。

27 漢源清溪，花椒吐香

西出雅安，新開通的雅西（雅安－西昌）高速風光如畫。曾經惡名昭著的泥巴山，路艱險，道難行，如今上了泥巴山，只需穿越長達10公里的幽長隧道，就能到達漢源縣城。

漢源，是個依山而建的千年古城，盛產花椒、梨、李子、櫻桃、桃子等水果，被稱為「花椒之鄉」、「貢椒之鄉」。清代、民國時期，過往客商頻繁，每年農曆7月「椒會」期間，市場特別興旺，有「建昌道上小潼關」之稱。

險峻古道，椒香襲人

從漢源進入清溪古鎮，沿路都是花椒、果樹，樹下種的是大蒜。出花椒的時候，幽香撲面，蒜香四溢，

清溪古鎮的城門洞和城牆、古樹、老屋，時間的斧鑿深沉，然往日雄風依稀尚存。

蘋果、梨子掉落一地。清溪是漢源舊縣城所在地，處於山谷之間，距今已有一千多年歷史。昔日古城以磚石為牆，內有「九街十八巷」，又因城中有數道泉水，故名「清溪」。仍保留著大片明清時期的青瓦白牆和磚木飛簷的古樸民居。

站在城北土牆上俯瞰，一大片青瓦、灰牆之間的石板路連綿縱橫數公里，順著青石板路走進城裡，在破舊的房屋之間，悠悠古風悠然刮過，兩側屋簷下，掛著一串串金色的玉米棒，在暖和陽光下的泛起點點晶瑩。

清溪還是有名的風城，素有「無日不風聲」之說。「清風雅雨建昌（西昌）月」被歷代風流文人讚美為西康地區（今甘孜州及部分涼山州）的「風雅三絕」。

清溪古城的民居古樸典雅，簡樸淳厚，巧妙的四合院，重疊交錯。老街在陽光的照射下，半明亮半陰暗。看到屋子的牆角一大堆柴火、炭灰、躺在地上的小石磨及一些雜物，一下想起了家裡原先的老屋，父親、母親腰彎背弓的身影彷彿也在老屋前悠悠晃動。

千年歷史沉積，賦予古鎮深厚的文化內涵。信步

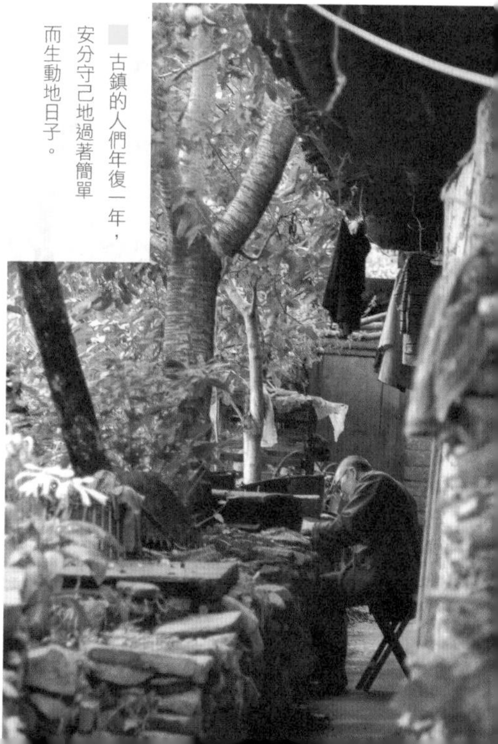

古鎮的人們年復一年，安分守己地過著簡單而生動地日子。

清溪，俯首皆是文物古蹟。名勝八景中清溪的「沉犀秋月」是其一，清嘉慶縣令王夢庚親筆題寫的崖刻「沉犀秋月」還完好無損。城東的玉淵池還有宋代「玉淵銘碑」，城西冷飯溝石岩上有天啟年間石刻「山横」和「水遠」。

古鎮東北角落有座難得的文廟，斗拱重簷，紅牆碧瓦，冠戴般的櫺星門，雕刻著精妙的圖案，最有趣的是狀元打馬遊街圖。

古老的街道與石板路，印刻著無形的古代絲綢路和茶馬古道的綺麗風光與奇異民俗，透射出古道上艱辛的血淚歷程。

清溪除了南路紅花椒，便是茶馬古道。山間鈴響馬幫來，是１９６０年代前的真實寫照。清溪的茶馬古道，古時因犛牛道、沈黎道、清嘉道在此交匯，而成為重要交通樞紐和邊關要道。令人驚訝的是，在清溪半山腰的新黎村茶馬古道遺址上，還能見到一個個「子窩」，那可都是背夫們留下的杖印。

清溪茶馬古道用不規則的石塊鋪築而成。古時無數的絲綢、邊茶和食鹽就從古道驢駝、馬載、人背，翻山越嶺，中間要經過２４個「之」字拐，俗稱二十四盤，尤為是翻越泥巴山，更是險象橫生。至今，仍不時有馬幫馱著各種日常生活物品，從山下運進深山老林裡。

清溪花椒，香麻古今

清溪花椒與茶馬古道一樣，有著久遠動人的傳奇。相傳清溪花椒是唐三藏西天取經時，途經這裡，隨手將寶杖插在地上，而後竟長出花椒，成為歷代宮廷的貢椒。漢源雅士聶正春

曾有詩云：「黎椒家種傳何人，三藏插藤記夙因。鴨綠千層飽雨露，猩紅萬顆盡珍珠。根深自結子連母，枝古何嫌刺滿身。」

清溪雖是個雲霧山中的小鎮，卻是在2000多年前，就以所產的南路紅袍「娃娃椒」，成為歷朝歷代皇家貢品和皇妃公主們寢宮及隨身攜帶的名貴保健香料而聞名華夏。

早在西漢前即貢入皇家用於取香配膳、祭祀供神、驅疫辟邪、洗浴沐身等。清溪民間至今還流傳著黎州貢椒和趙飛燕的傳說。相傳漢成帝立趙飛燕為后，但皇后多年沒生育，御醫即在皇后寢宮用花椒合泥塗刷四壁，讓寢宮溫熱氣正，以調理皇后體內風寒。三年後，皇后產下龍子。而所用花椒正是黎州所產之紅袍娃娃椒，於是皇帝封黎州花椒為「貢椒」。此後皇親國戚、達官貴人均以花椒合泥塗刷夫人小姐臥房，稱為「椒房」。也寓意如花椒般多生多育、多子多福。

清溪花椒連續入貢千餘年，成為達官貴人饋贈珍品。舊縣誌記載：「官斯士者，每年除入貢外，以小紅囊印記分，得者莫不以為貴」。甚而那時富家子弟向豪門千金求愛或訂婚，都以送盛有花椒的繡花荷包為榮。

清溪花椒，以「子母椒」稱奇，每顆花椒腋下都生一二顆小花椒，就像媽媽背了小娃娃，俗稱「娃娃椒」，即使乾製後，母子仍不分離，當地百姓稱其為「椒子」。這種花椒色澤丹紅、香麻濃郁、風味悠長，且有清新濃醇的柳橙香味，十分奇妙。

立秋過後一個月左右，是清溪人最忙的時節，花椒的採摘成為最重要的事情。因花椒非常嬌氣，下雨天採摘的椒子很容易變黑，不能保持其豔麗的赭紅色，所以農戶雨天都不會去採摘椒子。等到天一放晴，再趕集般地去摘花椒，這便成了村裡一道獨特的景觀。

摘回家的花椒，需要精心晾曬。曬乾後，便可端起竹簸箕或鐵篩網，一遍遍簸出、篩出雜質和黑椒籽兒。再將花椒殼裝入口袋乾燥保存以待賣出。當然也會留下一些製成花椒粉，以備自家調味之用。

清溪鎮街上的花椒商戶，會將收來的新花椒篩掉雜質放進大鍋或不銹鋼桶裡，把燒熟了的菜籽油倒進去，激出新鮮花椒的香與麻後，溫度略降，撈出花椒，靜置至涼，就成了新花椒油。

山腰上的新黎村（原建黎鄉）一眼望去猶如世外椒園，生態保持得很完美。

然而，清溪的花椒種植與產量在逐年減少。因花椒種植、養護、曬製，特別是採收，需要耗費不少時間、勞力，尤其是年輕人都出走了，剩下的多是中老年人，加之採收花椒不僅全憑手工，且十分艱辛，容易被花椒樹尖銳的角刺劃傷，即便是熟手，一天最多也只能摘得２０來斤。椒農投入的成本高利潤卻逐年減少。於是清溪鎮不少傳統農戶便減少花椒種植，改以栽種經濟林木，務工少且效益高。

1 在清溪鎮貢級花椒產地，每到農曆7、8月間，便展現一派奇香異景。

2 新出的鮮花椒和乾花椒是不愁賣的，只是篩去曬乾花椒的籽，也是件辛苦事兒。

椒鄉美味，一嘗鍾情

在清溪，鎮上最有特色的當然是花椒，到這裡來遊玩的人，都不會忘記帶走幾瓶黎紅花椒油，稱上幾斤好花椒。而鮮為人知的是，清溪黃牛肉也相當有名，堪稱漢源一絕。一進漢源，甚至一到雅安，無論在哪個鄉鎮，都不難見到打著「清溪黃牛肉」招牌的飯館，店裡的燒牛肉、拌牛肉、炒牛肉、滷牛肉、鐔鐔粉蒸肉、黃牛肉火鍋等，都風味別樣。在清溪鎮上，除了黃牛肉館和個別小食店賣點麵條、抄手、包子、粑粑類，就幾乎看不到賣其他菜肴的飯館了。我在「一品紅黃牛肉館」一落腳，就請店家下了碗牛肉麵，除了牛肉的美滋美味，其顯著風味特色就是麻，但那麻，確實非同一般，酥麻、幽遠、清香，真是盪氣迴腸。

作為漢藏羌族混居之地，茶馬古道重要驛站，清溪歷來都養有犛牛、黃牛以托運貨物。清溪因地處深山，加之黃牛向來是放養在山上任其野生野長，故而體格健壯，膘肥肉緊，殷紅細嫩，香味濃郁。

雖是午後兩點多了，一品紅黃牛肉館店裡依然食客滿座。路過的貨車司機，大多都要停下車來吃個痛快，又才心滿意足上路。店門口兩大鍋牛肉紅燒的、清燉的，冒著熱氣，香味撲鼻，

如今的清溪鄉，水果與花椒平分秋色，競吐芳香。

桌上盤子裡和一旁的大竹筲箕裡堆放著紅亮誘人、香氣爛漫的滷牛肉。我只要了碗蘿蔔燒牛肉，先試著品嘗。人一落座菜就上桌，只見那湯汁紅亮、牛肉大塊，蘿蔔水嫩，我有些疑惑，這麼大塊牛肉能燒入味嗎？

我先喝了點紅湯，那牛肉的香味，裹著香辣酥麻一個勁兒在嘴裡亂竄；牛肉不僅很入味，更是難得的香美濃醇、細嫩化渣；蘿蔔堪與牛肉媲美，水嫩香甜，入口即化，勝於水果，高山生長的大白蘿蔔果然非同尋常。第二天又品吃了清燉牛肉，那清鮮香濃的牛肉味，真令人迷醉。

第二天搭乘當地椒農的摩托車上了山，在茶馬古道廣場邊，意外地品吃了一款精美特色風味小吃——軟炸花椒葉。一對山上的中老年夫婦在廣場一角擺了個小攤，兩個小方桌，火爐上的油鍋周圍擺放著油炸土豆絲餅、火腿腸和雞翅，旁邊一盆裡浸泡著野菌、土豆等串串。正在用竹筷炸著枝葉的大娘說：「花椒葉，新鮮的，剛摘來，多好吃的，嘗一下嘛」。我一下有些吃驚，七八月間，青椒上市，那辣椒葉倒是常吃、熗炒的、涼拌的，清香鮮嫩，十分可口，沒想到花椒葉也能吃，我這個崇尚美食美味的人真還有些孤陋寡聞了。

我毫不猶豫地坐下來，看著大娘把一只只花椒葉在盆裡裹上麵糊，放進溫油鍋裡慢炸，這在川菜裡面叫「軟炸」，川菜名菜「軟炸荷花」、「軟炸玉蘭」就是這樣的。我又要了一盤炸土豆絲餅，大娘又送上一盤辣椒花椒粉。這油炸花椒葉，酥脆化渣，清香中含有淡淡的甜味，我吃了兩片純花椒葉，又嘗了兩片蘸辣椒花椒粉的，感覺還是吃純的更能體悟到花椒葉的清純香美。

清溪山裡的菜肴除了鮮活生態與特有的香辣酥麻外，還多少有些茶馬古道馬幫粗曠豪放

的遺風，無論葷素，牛肉、豬肉、土豆、蘿蔔都大塊大碗，很野性。然而在清溪，花椒無疑留給你的是印象深刻、浸入肺腑的幽麻酥香。

說到花椒在川菜中的妙用，遠不止是「麻辣燙」三個字可以顯現得淋漓盡致的。花椒在川菜中有「三椒（花椒、辣椒、胡椒）之王」的美譽。四川人用花椒，無論是餐館酒樓，還是家戶人家，都格外精心，十分講究。像買花椒是很挑剔，通常愛買整粒的，一是因為磨成粉末香味容易散失，二是為了辨別品質，要正宗「漢源花椒」或「大紅袍花椒」，先要觀顏色，再聞香，然後嘗一粒，只是麻還不行，要麻而不帶苦味，丟到嘴裡輕輕一咬，幽幽的麻，酥酥的香，麻得悠悠繞口，久久不能散去，方是正宗漢源紅袍花椒。

花椒之麻於川人是一種很超凡脫俗的享受。川人家除了常備乾花椒還愛把花椒炕乾，放在石碓窩中舂成細粉，即花椒粉，撒在製好的菜上，或用作調料蘸水。別小看這麻辣蘸水，它非但是十分地講究，更是川人吃煮的、燉的，像豆花、連鍋湯、燉蹄膀甚至白水菜，千萬少不得的蘸水調料。通常是用溫江醬油加剁細的油酥郫縣豆瓣、紅油辣子、花椒粉、香油、味精調合，又稠又粘、又濃又香，光是看到或聞到這調料，那口水稍不留神就滴到心口上。

1 蘿蔔細嫩甘甜、牛肉香美化渣，最後用那湯汁泡米飯，就著泡菜，可是美味到了極致。

2 軟炸花椒葉，真讓我開了眼界，享了口福之樂。

28 內江羅泉，鮮活生動

在四川仁壽、威遠、資中三縣交界的地方，掩藏著一座古老鄉鎮，自古譽為「川中第一龍鎮」——資中羅泉鎮。被山丘包圍在一處低谷之中的羅泉古鎮，已有１７００多年歷史，與採鹽業密不可分。《鹽法志》記載「資州羅泉井，古廠也，創於秦」。

２０年前，為了拍攝四川古鎮的片子，我曾經來到丘谷河壩上的羅泉古鎮。恰逢趕場，熙攘的人流，吆喝聲此起彼伏；尤其是那一家家飯館熱氣騰騰、香風徐徐，酒館茶館煙霧繚繞；不足兩公尺寬的深長街面，背背簍、挑籮筐、提竹籃、拉板板車、推自行車的父老鄉親，像是過節一般喧鬧。雖說是交通相對閉塞的窮鄉僻壤，古老鄉鎮的生動與鮮活，卻讓我驚訝不已。

沿街的建築多為清代建成的木結構房屋，多是四合院，幾乎都有天井，大戶人家還建有廊坊閣樓，前院後堂。

深丘淺穀中的羅泉古鎮，在雲霧朦朧裡尤顯一絲神秘。

現在大多數的房屋仍然被用作商業鋪面，或賣雜貨、或釀土酒、或磨豆腐、或作客棧、茶館。

封火牆下的古樸日常

由於羅泉鎮建於山間谷地之間，古鎮佈局只能結合地形山勢，依山建屋層層升高，鎮中街道時寬時窄，有開有合；特別狹窄之處，兩邊房屋的飛簷都近乎挨在了一起，頭頂僅現一線天際。

如此密度的建築，又多為木屋，稍有不慎，便會引來火患。於是，古街每隔幾座屋宇，就有一堵屏風般的封火牆巍然高聳。封火牆是羅泉古鎮的一大特色景致，雖為擋火而建，然而古人在設計建造時，不僅考慮到了它的實用性能，還特別注重其美觀和造型。這些呈雲形、弓形、階梯形等造型多樣的封火牆，再輔以牆上雲朵、花草、鳥獸等圖案，成就了四川封火牆「極變幻之能事，有無限之趣味」的盛名。

古鎮最有歷史韻味和風情的要數鹽神廟、子來橋、羅泉會議遺址、繡樓及羅泉溶洞。步入鎮街的子來橋，建於

閒步進入古鎮日常生活，其中的點點滴滴無不顯示了羅泉人的從容與淡定。

清嘉慶元年，至今已有２００餘年，仍然屹立在龍結河上。兩端立有碩大逼真的石刻獅子和龍，見證過盛產鹽鹵的羅泉鎮當年的顯赫與興盛。

子來橋西邊是城隍廟，東邊是鹽神廟。是中國唯一的供奉和祭拜鹽神的大廟，建於清同治七年。最具特色的是大廟裡的戲樓及看臺，正殿屋頂天花板上鑲嵌眾多民間傳說、戲曲故事或鄉風民俗、山水風光的淺浮雕。廟內供奉著被視為鹽神的管仲，關羽和火神祝融相伴左右，是古鎮曾經輝煌的重要標誌。

長街中段的福音堂是「羅泉井會議」會址，清光緒年間修建，為重簷歇山式建築，有天井、大堂和兩耳房。１９１１年武昌起義前夕，同盟會在這裡召開的「羅泉井會議」，成為四川「保路運動」由和平請願演變為武裝起義的重要會議，亦是武裝推翻清王朝的民主革命重要里程碑。

長街盡頭那昔日九宮十八廟之一的城隍廟已是大門緊閉，透過門隙向裡望去，裡面殘垣斷壁，一片荒蕪，唯有廟前的抗日陣亡烈士紀念碑，依然挺立。

羅泉作為昔日鹽商、官宦、富賈繁榮生意的往來重地，除了最具特色的鹽神廟，其他祭祀場所大多已成遺跡。令人意外的是，在這一大片破舊衰敗的廟宇、民居裡，盡然掩藏著一座幾乎完美無損的公館繡樓。雖說已成為鎮上百姓的娛樂文化場所，但繡樓、亭閣、天井的漂亮大氣依舊十分令人驚訝。

繡樓，原為劉家大院，始建於清道光10年，前院為劉家小姐的閨房，拋繡球之處，故稱繡樓。從精巧華麗、青瓦白壁、飛簷挑梁、紅漆門柱、木格花窗、天井花台中，不難想像當年劉家的富甲一方和千金小姐的顯赫名貴，引來四方官宦公子、富家子弟的蜂擁追求，那拋

繡球熱鬧瘋狂的場景該是何等壯觀。

鎮街上的茶館，無疑是羅泉古鎮的「參議院」和「眾議院」。鎮子裡的中老年人從清晨一大早就到茶館裡，一泡就是一整天，一支葉子煙，清茶清談，打牌下棋，成了他們日常生活的必然。

一上子來橋，直入眼簾的便是一家釀酒作坊，夫妻倆從天亮忙到落黑，完全憑手工勞作，按家傳工藝釀製高粱酒、玉米酒。

轉到鎮邊的鄉村人家閒逛，幾乎家家都關門閉戶。房屋雖很陳舊卻很乾淨清爽，門邊牆角堆的木柴、草把、磚塊、背簍、竹筐，顯露出濃濃的生活氣息。

回到鎮街上，一眼看見一位滿頭銀髮的婆婆坐在門口，黑黑的裡屋簡陋得不行。老人手裡抓著一大塊豬肘仔細地清理著殘毛，小條桌上放著一小碗洗淨的生花生和核桃，一口高壓鍋，花生核桃燉豬肘，那可是補氣養血、護膚養顏的美餐啊。老人家笑眯眯地說：「人老了，牙齒不行了，只能吃點燉的東西，吃肉喝湯，養養身子，燉一次可要吃好幾天哩。」

古老美肴：豆腐嫩，鯰魚鮮

有人曾說，羅泉豆腐甲天下，這當然有過譽之嫌。但一方水土養一方人，羅泉豆腐是用羅泉特有的千年井水和優質黃豆用青石磨磨製成豆漿，用傳統工藝下鹵水點製而成，具有潔白、細嫩、綿柔、豆香醇濃的特點。鎮裡人家多用家常風味烹調出麻、辣、鮮、香、綿、柔、嫩、燙的各式豆腐美肴，如熊掌豆腐、麻婆豆腐、口袋豆腐、白油豆腐、箱箱豆腐等，以及豆腐乾、

1 隱身老街中的鹽神廟。

2 長街中段的福音堂是「羅泉井會議」會址，清光緒年間修建。

3 鎮子裡的中老年人從清晨一大早就到茶館裡，一泡就是一整天。

4 最漂亮還是這座繡樓，雖成了茶社，卻是風情依舊，令人遐想。

5 鎮邊的鄉村人家的安逸與羅泉古鎮熱鬧形成鮮明對比。

6 家庭作坊，不僅東西道地正宗，更有那濃濃鄉情。

7 殊不知豆腐包子的色香味情都蘊藏在這雪白細嫩的豆腐肚子裡。

豆腐乳等幾十種品項，專業鄉廚還開發出風味多樣、風情別致的鄉村豆腐全席。

一大清早天剛灰朦，豆腐人家便將一箱箱豆腐和一大桶熱乎乎的豆漿擺在家門口售賣，有的還肩挑手推、走街串巷、一路叫賣：「熱豆漿囉——熱豆腐！」

從子來橋頭到街尾巷裡，舉目可見豆腐攤子和豆腐飯館，老字號謝豆腐、楊記豆腐、鐘豆腐以及泉水豆花飯館等，豆腐、豆花都是永恆的招牌和主菜，涼拌、油炸、鮮燒、紅燒、煎煮等，清鮮、麻辣、家常、泡椒、火鍋等風味樣樣出色。還有一些家製豆腐乾、豆腐乳、豆腐包子，色香味俱佳。

豆腐包子：羅泉人還創造出了許多烹調豆腐的絕活。其中除了最為令人拍案驚奇的是那形狀寸方、薄如筷頭、表皮金黃、肉質潔白、細嫩綿韌、開撕不爛、切片不碎的羅泉豆腐乾外，便是羅泉當地人口中的豆腐包子了。

所謂豆腐包子，即是將豆腐劃成有兩個骨牌大小的豆腐塊，將上方一端從中間劃開，形成口袋狀，填進鮮肉餡料即可，可用於蒸燒煎燜，調製成各種風味。這與川菜豆腐名菜裡的口袋豆腐、懷胎豆腐、箱箱豆腐大同小異。當地人按其做法，豆腐包肉餡而稱之為豆腐包子。但其間之關鍵在於豆腐，須得老嫩適宜，太嫩則易破碎，過老則顯綿紮，口感不爽。另外便是餡料的調製，須用新鮮五花豬肉剁茸，加蔥茸、薑米、郫縣豆瓣和青花椒油，適量水豆粉或太白粉調製，其餡料需乾稀適度、肥肉均勻、細嫩香美，方才入口化渣。

羅泉鎮上賣豆腐包子的有好幾家，一種是金黃金黃油炸過的，這種豆腐包子表皮因油炸而緊實，不易破爛，易於攜帶，不少遊人便大包買來捎帶回家，再以個人口味喜好烹調，通常可以燒成清鮮鹹香風味，也可燒成家常風味，還可加其他配料，像蘑菇、筍子、青筍、番茄等，以及一些輔料，蒜苗、芹菜等。另一種便是鮮豆腐包子，即是生豆腐生餡料，新鮮現做的。這種易於破碎，當然就不能帶走。

我在鎮街盡頭發現一家叫「泉水豆花」的飯館，豆腐十分新鮮，緊實而富有彈性，老嫩恰到好處；再看餡料，也是剛調製好的，新鮮香濃、乾稀適宜。

２０個豆腐包子，個個形態完美，躺臥在紅亮滋潤，麻辣香濃，帶有火鍋和熗辣魚香風味的湯汁中，其間參雜著香蔥節、芹菜節、子薑絲和花椒、乾辣椒。我小心地夾起一塊吹吹氣，慢慢入口，因為燒好的豆腐外熱內燙，若是心急一口吃去會燙口。這豆腐包子特別細嫩鮮美，鹹鮮適口、麻辣多滋，風味悠長。

球溪鯰魚：羅泉還一款名肴，便是大蒜燒鯰魚。鯰魚在四川民間俗稱鯰巴郎，但「鯰」字對川人來說與「鰱」字的讀音是分不清的，因此在四川民間常寫成「鰱魚」或「鰱巴郎」。

鯰魚是四川河鮮優質食用魚種之一，素以無鱗、魚身有粘液、肉質細嫩鮮美、體無細刺而受到川人喜愛。野生鯰魚與人工養殖鯰魚的區別在於野生鯰魚是青綠色的，養殖鯰魚則是黑黝黝的。這種天然野生鯰魚幾乎絕跡，要吃到野生仔鯰已是天賜口福。

資中球溪河以盛產鯰魚而名揚巴蜀，至今大多鯰魚館子都要打「球溪河鯰魚」這張名牌。幾十年來，在通往資中、內江的成渝高速龍泉高洞至內江段，路邊一排排氣派醒目的鯰魚餐館已成為一道高速公路靚麗景觀。

羅泉的廚師無論燒豆腐還是燒鯰魚，都帶有川菜自內幫流派的風味特色，及喜好在烹調中添加當地小香蔥、鮮小米辣椒和子薑。鯰魚亦是用豆瓣、泡小米辣椒、大蒜、香蔥、芹菜、子薑絲烹燒，吃來是鯰魚細嫩鮮美、七滋八味，鹹辣酸甜恰到妙處，獨頭蒜也炸得酥軟有味。

觀看廚師烹燒鯰魚，也是道地，魚不碼芡、不過油，將清理洗淨的鮮魚直接放入湯汁中，小火慢燒而成。用此法烹魚既能使魚肉入味、滋味鮮美，又可使魚肉細嫩、色澤亮麗。按川人的食俗吃完魚，剩餘滋汁會讓服務生端回廚房免費加燒豆腐。幾分鐘後豆腐上桌，依然紅豔亮麗香鮮撲鼻，或是下一波細麵條，用這鯰魚菜的燒汁拌麵，哪怕你已是腸滿肚飽仍會食欲重開。

1 泉水豆花飯館麻辣味的燒豆腐包子。

2 正宗的球溪河鯰魚，十分生猛，大蒜燒鯰魚更是一絕。

29

南充周子，原味淳樸

南充蓬安縣，地處川東北嘉陵江中游的淺丘地帶，因是漢代大辭賦家司馬相如的故里而聞名古今。如情書般的《鳳求凰》既是司馬相如的詩作，也是漢代最有名的古琴曲，演繹了司馬相如與卓文君的愛情故事。

司馬相如的故事，迷住了宋代理學鼻祖周敦頤。他因仰慕司馬相如橫溢的才華和浪漫傳千古的愛情經典，乘船專程到相如縣來朝聖懷古。於此留下了著名佳作《愛蓮說》，其中「出污泥而不染，濯清漣而不妖」成為千古絕句。

宋以後，當地立石碑刻銘詩以作紀念，將舟鎮更名為周子鎮。大畫家吳道子亦也仰慕司馬相如，奉皇帝聖旨來到這裡揮毫潑墨，創作了《錦繡嘉陵三百里圖》，留下不少傳世佳品。

周子鎮原先叫舟鎮、周口，與相如故城（今錦屏鎮）

如此青山碧水，秀麗古鎮，讓人心襟蕩漾。

隔江相望。古鎮三面環山一面朝水，山青水碧；金碧輝煌的龍角山大廟、觀景亭、碼頭上的財神樓，與古鎮青屋黑瓦相映成輝。

古鎮長約１０００公尺的古街，兩旁首尾相連、錯落有致的３０００多座清代民居院落，散發出其特有的魅力。電影《愛亦無聲》、《鄉村故事》、《水雨童話》、《沉默的馬鞍》以及《少年朱德》的部分場景，均在此地完成拍攝。各地攝影藝術家、畫家、作家等亦十分青睞這裡的迷人的山水風光和人文風情，將周子鎮視為的影視拍攝、藝術創作的基地。

走進周子古鎮，似乎一日流覽了千年。踏著青石板在古鎮裡徜徉，上河街、下河街、鹽店街、順河街、紅軍街在腳下一溜展開。這座歷史厚重的古鎮原有很多文

嘉陵江兩岸，周子古鎮與相如故城，一派詩情畫景，風流多嬌。

周子古鎮青石階梯，古樸民居，原樣風貌原樣情，遠離了現代商業的污染。

物古蹟，但大多都被毀壞了，萬壽宮，武聖祠等只剩門面斷牆，而財神樓，濂溪祠又為新修。好在古鎮的老街人民要生活繁衍，故還保存完好，居民都還過著平實而淡定的生活。街道兩旁全是古老的穿斗木結構式的青瓦房，朱紅的鋪板門，還有奢華忠義的會館文化、紅軍文化、豐富的民俗，傳承至今活躍民間的嘉陵江船工號子、川劇變臉、川北燈戲、水龍舞、蚌舞、婚嫁歌、蓮宵、竹琴等，為千年古鎮增添了生動風情和人文色彩。

古樸典雅，山水宜人

鎮上幾條古街，完全沒有那些俗氣的商業氣息，一派淳樸的。街上古色古香的客棧、充滿濃厚鄉土氣息的店鋪比比皆是，家家都是老字號，鹽鋪、米店、打鐵鋪、草藥房、裁縫鋪、釀酒坊、打油坊、農具店、剃頭鋪、古玩店，甚而還有代寫書信的，最吸引人的，則是打鍋魁的、賣麻花饊子的、賣涼粉小吃的，以及河鮮餐館。

周敦頤號「濂溪」，因他曾在此開筵講學而擴建了濂溪祠，一個隱於山水間的高等學堂。「瀟灑風塵外，停車教可傳」，「蓮香四海，祠名天下」。濂溪祠原有戲臺、正殿，殿內現供奉有濂溪先生坐像，兩壁鐫刻《愛蓮說》、《太極圖說》，祠前有愛蓮池，池中亭、臺、走廊錯落有致。

夜雨中的周子古鎮，仿佛從遠古走來，釋放出濃濃的古意，映襯出悠然而又神秘的氣氛，讓我真真切切感受到了它的朦朧美、流動美，以及深紮於骨子裡的純美。那綿長的情調，幽遠的詩韻，讓人無法忘卻。

下到鎮街盡頭，就是臨江矗立的財神樓，供奉著財神、文昌、龍王三位神仙。財神樓始建於唐初，為四層攢頂式開放閣樓，清咸豐年間重新培修，為紀念畫聖吳道子，民國四年又命名為「畫江樓」，香火鼎盛，被譽為「嘉陵江畔第一樓」。

周子古鎮曾被譽為嘉陵江上最後的碼頭古鎮。古鎮的碼頭，依江而建，仿佛一個古樸典雅的點將臺。「周子古渡」四個大字，雕刻在江畔的青石墩上。整個古渡碼頭均是青石板和青條石鋪砌而成，仍可看見當年南來北往的商賈趕馬馱運貨物時走過的馬蹄印痕。碼頭石頭牆上還雕刻著《嘉陵江船工》、《司馬相如與卓文君》、《鳳求凰》等等浮雕作品，生動地再現了周子古鎮碼頭悠久的人文歷史。

古鎮下碼頭４０年之前都還是很熱鬧的，從古寨子門洞往裡瞧，老龍角樹，老木屋，再加幾縷陽光，長梯送你去青石河邊，故名「下河街」。駐足在江邊的「碼頭客棧」和「臨江閣茶樓」，悠悠慢品濃濃茶香。

逛完周子鎮，傍晚時分，金紅燦爛的太陽把繽紛四射的色彩傾情潑散在江面上，坐在江邊城牆垛上的臨江客棧，一個人的晚餐，一杯咖啡、一個紅糖鍋魁，一邊慢飲細嚼，一邊欣賞日落下嘉陵江的驚心豔情。斑斕耀眼的霞光把漸漸變為墨藍色的天空映照得有如夜空裡的絢麗煙花，江中的打漁船輕輕搖弋，穿透江面那五彩薄紗，身後留下金光閃爍的波紋。此時，不由想起了杜甫神遊川東北，在綿陽涪江邊品享生魚片寫下的《觀打魚歌》：「綿州江水之東津，魴魚鱍鱍色勝銀。魚人漾舟沉大網，截江一擁數百鱗。」

嘉陵江流過蓬安縣城後，在相如鎮和錦屏鎮之間形成兩個巨大的江中島嶼，老百姓分別稱它們為太陽島、月亮島。從暮春到初秋時節，這裡會上演罕見的生態奇觀——百牛渡江。

晨曦裡，上百頭大小水牛橫渡嘉陵江，一些還不能踩水游泳的小牛仔，也要爬到牛媽、牛爸背上，到島上享受美味大餐。

鄉鎮小吃，香口多滋

到蓬安，不暢遊周子古鎮是遺憾，到古鎮，不品嘗姚麻花、吳饊子、魏鍋魁、相如香兔、唐氏米涼粉、雞絲涼麵、河舒豆乾等名小吃，就可惜了。

周子古鎮依山傍水，好吃的東西自然不菲。嘉陵江蓬安段有１８０多種魚類，野生的鯽魚、鯉魚、鰱魚、草魚、青鱔、翹殼、青波等，其中最著名的是嘉陵江蓬安段裡的特產石梁沱江團。此魚品嘗起來肉質細嫩，味道鮮美，曾是歷朝歷代進貢朝廷的貢品。

吳麻花：據傳，麻花原是宮廷食品，清乾隆年間，一位姚姓商人把它帶回家鄉周子古鎮製作出售，食者甚多。如今的吳麻花金黃酥脆，蓬鬆芳香，那現炸現賣的古鎮麻花在蓬安堪稱一絕。

在下河街門前的街沿邊，你可看見吳麻花的當家

如周子古鎮的碼頭，後方為財神樓，雖歷經歲月的洗禮，卻依舊大氣。

河邊夕陽，讓我想起了童年在錦江河畔，母親洗衣，我在一旁打水漂。

人在案板前坐下，彎腰弓背慢條斯理地揉製麵團，輕輕一拉，瞬間便變成了一根尺餘長的細麵繩了，他用動手腕，將麵繩對折合成一股，在案板上搓上一搓，又提起麵繩再對折，雙手將其挽成一個「8」字，最後將麵繩的末端像穿針似地穿進彎曲的空隙裡，一把麻花就搓好了。

接著往油鍋裡一把一把地丟麻花，那麻花在油鍋裡上下翻滾，「嘶嘶」地吐著氣泡，用長勺將炸好的麻花舀出油鍋。炸好的麻花比起案板上沒炸的麻花，體積大了一倍，顏色變得金黃，極像一朵秋日怒放的雅菊。

吳麻花確實風味別樣，小巧精美、酥香化渣，還分有花生、瓜子、肉鬆、蜂蜜、果仁幾個品項。老闆還創製了饊子和油茶。因為這吳饊子祖孫三代都是女性操持，勤勞賢淑、熱情美麗、真誠豪爽，人稱「麻花西施」，成為周子古鎮的一道風情景觀。

周子鍋魁：一進周子古鎮首先進入眼球的就是鍋魁，不大的鎮街上就有幾十家鍋魁攤點。然而周子鍋魁獨具特色的是，所有做鍋魁、賣鍋魁的都是女人。

周子鎮的鍋魁就椒鹽方酥鍋魁和紅糖圓鍋魁兩種，外加川北涼粉與涼麵。方酥鍋魁可真是千層酥，咬一口不僅嚓嚓作響，且碎末飄落；吃紅糖鍋盔那就要注點意了，從火爐裡夾出的綿軟柔韌的鍋魁裡，香美滾燙的紅糖汁，一不注意就流到衣褲上。

更絕美的是那「鍋魁灌」，當地人是這樣叫的。店主用一把雪亮的小

1 吳麻花創始人冀先生對麻花的品質要求甚嚴。

2 酥脆的熱鍋魁灌上麻辣鮮香的涼粉，熱與涼的交融，讓人神魂蕩漾。

3 麻花西施吳饊子可是古鎮美食的香招牌。

刀沿鍋盔邊沿，切開一道小口，再用一個小鐵刮子，將倒扣在案板上的涼粉細細地刮上一碗，放進紅油辣椒、醬油、豆豉醬、香醋，抖上一點花椒粉、胡椒粉，澆上生薑、蒜水，撒上幾絲青蔥的芫荽，拌勻後從鍋盔切出的口子處灌進去，這就是美味的鍋盔灌了。方酥椒鹽鍋魁夾川北涼粉，鍋魁的熱絡酥脆，涼粉酸辣柔滑，那冷與熱、脆與柔的碰撞和交融，帶來了十分美妙的口感。

河舒豆腐：司馬相如曾得漢帝寵愛，受賜皇宮豆腐席宴，衣錦還鄉後，遂將豆腐製法傳入老家蓬安，於是蓬安河舒豆腐就此而名聲遠揚。河舒鎮與周子鎮隔江相望，鎮上有口「萬壽古井」，其水清澈甘甜。當地人利用此井水和優質黃豆，出產了聞名四方的河舒豆花、豆腐、豆腐乾。河舒豆腐的菜式多達百餘種，如豆腐鯽魚、豆腐鯰魚、雞抓豆腐、家常豆腐、蝦仁豆腐等。河舒豆腐乾更是一絕，細若凝脂、柔嫩綿紮、清香可口，加之風味多樣：五香、麻辣、香辣、椒鹽、鹹鮮、原味等口感各異，款款都是佐酒香口的絕佳小吃。

川北涼粉：謝涼粉用南部縣江北的優質豌豆，用山泉井水，把豌豆泡得不硬不軟，石磨慢慢推漿、過濾，提取澱粉；熬製出來的豌豆涼粉，色澤嫩黃、口感柔嫩、清香宜人。涼粉可切塊、切條、鏇子打絲，迎刃自如。

老謝的涼粉調料也很講究，取西充山南的辣椒調製紅油，用潼川豆豉秘製成醬；輔以花椒粉、蒜水、薑水、蔥葉、冰糖等。如此，其涼粉麻辣多滋、醬香濃郁、鮮香味濃、吃口豐厚，配上鬆脆酥香小鍋魁，風味尤為舒爽。南充儀隴人朱德、羅瑞卿回南充視察工作時，鄉裡人請他們品嘗川北涼粉，吃後讚不絕口，朱德還說：「四川的名小吃，要數南充川北涼粉最有味！」

1 河舒豆腐是古鎮又一特色美食，尤其是豆腐乾系列，那是一定要買的。

2 川北涼粉麻辣酸甜鹹鮮香，嫩滑涼爽。

30 廣安肖溪，農耕文明

廣安位於川東華鎣山脈中段，毗鄰重慶，有「川東門戶」之稱。廣安之名，源自宋代，廣安天下，天下廣安。遺存至今的「下里巴人」、「巴渝舞」、「竹枝舞」、「滑杆抬幺妹」、「嶽池燈戲」等民間藝術無一不具有濃厚的川東民俗文化特色。

廣安最受人觸目的是鄧小平故居。位於廣安城北協興鎮牌坊村，經過翻新修繕的農家三合院，背靠青山，小青瓦屋面，典型的川東北民居，陳列的各種文物、器具、傢俱、老灶房等，如實地反映了鄧家當時的生活背景。公園式的人造景區，包括綠色長廊、鄧小平紀念園、鄧小平銅像廣場、鄧小平圖片展、蓮花池、佛手山景區、協興老街、牌坊新村等。

西溪是渠江的支流，繞著廣安新城款款流淌。從廣安花園乘船溯江而上，一座古樸原始的小場鎮就呈現在你的

眼前，這就是極具明清特色的水運碼頭，肖溪古鎮。

青黑的屋面、狹長的街道、粗舊的柱樑、斑駁的石墩、寬大的簷廊，雖歷百年風雨，破舊而不曾消黯。

肖溪鎮原名肖家場。當年「湖廣填四川」時，有肖姓移民在此建房落戶，設店經商。清末民初，形成了一條長３００多公尺的石板路。後因戰火被毀。民國十年，當地紳士林功亭、楊乾山率先在廢墟上重建街房，經２０餘年形成規模。

古鎮場頭矗立著新修的石牌坊，上書對聯為「百年渺街戀幽篁獨領巴渝風景，千載摩崖留華賦盡書禹甸文明」。穿過彎曲石梯，右邊的山岩上刻著一首「夢回肖溪」的詩句，左邊便是一片破舊的黑瓦房。步入石板古道，是一個大自然鬼斧神工的傑作「鐘鼓石」，形狀既像一口古代的圓形大鐘又酷似一面鼓，「鐘鼓石」就由此得名。順「鐘鼓石」而下約30公尺，是一塊看似碑座、實際上是一座「無字碑」。

古鎮的街道西高東低，一半在山梁上，一半在山腳下。建築多以清代和民國時期為主，古色古香，淳厚雅致，堪稱是巴蜀保存較為完好的一座川東風格的古場鎮。街面青石板路，因歲月的踩踏、風吹雨打，顯得錯落變形，凸凹不平，但也古樸淳厚，韻味優雅。街上除了幾家小商鋪和掛麵作坊外，大都是民居老宅。

肖溪古鎮給我留下最深印象的是簷廊，屋下街沿比街面還寬，極為奇特，肖溪就是憑著「簷廊」把「淳樸」兩個字深深地刻入每個過往遊人的腦海裡。所有街房都沿街面各伸出簷廊，趕場交易全部在簷廊下進行，晴天不被太陽曬，雨天不被大雨淋。正如俗諺所云：「落雨趕肖溪，買賣不濕衣；熱天趕肖溪，清涼如家裡」。

1 山崖上的「夢回肖溪」，讓我亦有似曾相識燕歸來的感覺。

2 一座古老的石橋，將位於山梁的古鎮上下老街連接起來，每逢趕場，橋上便人流湧動。

3 太陽一從山梁上升起，鎮街上也就散發出溫馨的生機，打長牌、品新茶、擺龍門陣是古鎮日復一日不可或缺的風情。

4 古鎮裡正吃著早飯的姐弟倆，長得健康靈氣，十分喜人。

5 雖說鵝兒們生活在鄉野小鎮，卻也處變不驚逍遙而自在。

渠江的支流西溪，晚霞映照，波光閃爍。

由於地處偏僻，交通不便，經濟比較落後。逢場時，鎮後山幾條小路走來川流不息的山民或趕集人，或挑著雞鴨鵝，或抬著肥豬、牽著羊；或背著糧食、山貨，挑著蔬菜、水果，沿著山路石階沉靜地走來，紅黑的臉膛汗珠滾動，笑容綻開，給古鎮帶來鮮活的生動。

古街獨領巴渝風景

倘佯在古鎮青石板道上，隨便走進一座院落，推開一扇房門，順手拾起一塊舊磚，仿佛都能感受到肖溪那佈滿塵埃的歷史積澱。我走進幾戶居民家中，發現很多木柱蟲蝕腐朽嚴重，牆上石灰脫落，牆體有些傾斜。近年來，肖溪幾乎年年遭遇洪水，這些老房子經受洪水浸泡，漸漸開始腐朽，變得更加脆弱。

在高處俯瞰肖溪鎮景，雲中有山，山中有田，竹林深處有人家。午後的肖溪，清閒而淡然，溪流伴著石板路在木屋間迤邐蜿蜒。鎮街上的民居院子裡，看上去似乎破破爛爛，家中的陳設也極其簡陋，但屋簷下、天井中、牆腳邊都長滿了花草。

「水流花謝本無情，道盡東風過楚城。蝴蝶夢中家萬里，杜鵑枝上月三更。故園書動經年絕，華髮青催滿鏡生。自是欲歸歸不得，五湖煙景有誰爭。」這是晚唐著名詩人崔塗在春遊肖溪後，留下的著名詩句——《春遊沖相寺》，該詩又名《春夕》，至今仍然鐫刻在沖相寺後的摩崖石壁上。

沖相寺有全世界佛教聖地唯一的「太陽菩薩」石刻造像。自古以來至清末的一千多年漫長歲月裡，這裡一直香火鼎盛。然而到了民國之後，因為戰亂頻仍、經濟蕭條，這裡的光景

也日趨式微。

在川東任何一個鄉鎮，你都會看見，那青石板路的小巷、歪歪斜斜的吊腳樓、家家推開小窗就能俯瞰大江東去的山景；風味各異的各種粑粑和傳統小吃，還有蒼涼而悠遠的叫賣聲；那擔水漢子們黑裡透紅的肩頭、挑磚女人身披的棗紅色方巾；不時吼得震天響的川江號子；更有那板車大軍上坡時埋頭弓步拉車的沉重，與下坡時飛快地衝下去，雙腳還要像蜻蜓點水式地調控方向的驚心動魄；這所有的一切，只有當你置身其間，才能感受體驗到那份驚人的生命活力。

鎮外江邊的紅土丘陵便是一片片莊稼地，此時此際也正是收割菜籽、玉米和插秧的時節，鮮活生動的蔬菜瓜果，在陽光下顯得格外精神飽滿；雞鴨鵝，豬牛羊在地頭坡坎自在遊蕩，輕鬆覓食；幾只水牛也在草地上悠閒地吃喝著；遠處一位老農正在獨自收割著成熟的菜籽；竹林掩映的青瓦農舍冒出徐徐炊煙，一位大娘在菜地裡翻弄蔬菜；眼前的一切，有如大自然、天地人之間的情景對話，是那麼溫馨親切，農耕、生態、四季、時節，都在無聲的演繹著。

肖溪沒有受到商業的污染，保持住原始的古樸與現代的蒼涼，呈現出農耕文明，讓人心靜如洗。

我想，在我川菜尋根古鎮行所去過的巴蜀近40個鄉鎮中，恐怕肖溪是自然生態和農耕文化最後的堅守者了。作為一個過客，懷著對腳下這片古老土地厚重人文歷史的敬畏，我為肖溪太墨守成規而有些嘆惜，又為他的這種心無旁騖地堅守感到欣慰。

川東美味，鹹鮮醇濃

廣安的小吃很豐富，頗具特色。光是岳池米粉便有羊肉、牛肉、雞肉、鱔魚、肥腸、燉雞、豌豆等多種，色香味俱全；鴛鴦蒸餃、歐抄手、紅鼻子抄手味道獨特；烘糕、油麻元、焦餅甜而不膩，芳香撲鼻；糟蛋既有醪糟的甘甜酒香味，又具鴨蛋細嫩香砂的特點，蛋黃尤其爽口；珍珠粥、竹筒飯、桐葉粑清香宜人，營養豐富，是不可不食的佳品。

而肖溪的美食美味，又獨具當地特色，尤以河鮮最美。江內生長的邊魚、岩魚、青波、鯰魚、白鱔等河魚肉嫩味鮮。肖溪的粉蒸鯰魚、河灘魚、五指鯽魚等聞名遐邇，來者必食，食之不忘。粉蒸鯰魚色、香、味俱佳，是必嘗的美味佳肴，還有大河五指鯽魚、黃花雞、醃臘肉等。肖溪胭脂紅蘿蔔，又名「透心紅」，色澤鮮紅，且裡外紅透，洗淨生吃，嫩甜可口，鄉民多用來醃製泡菜，清脆異常。肖溪高粱粑、葉兒粑、桐葉粑更是鄉味一絕。不同於大多川東地區的飲食風俗，廣安及肖溪則多以鹹鮮醇濃為主，麻辣為輔，講究鹹鮮香醇。

鄧家菜：鄧小平家招待客人的菜肴，川東風味濃醇。曾在２０００年前後與毛家菜齊名，風靡成都、北京等地。雖然打起「鄧家菜」的旗號很顯然是噱頭和炒作，但其菜肴特點是鄉土風味濃郁、經濟實惠。像「鄧家菜」特色菜品有八個，大都出自於川東地區的「八大碗、九大碗」。像粉條或萵筍絲墊底的麻辣「涼拌瘦肉片（絲）」，海帶、芋頭或白薯所蒸的「八寶蛋」、「夾沙肉」、鹹燒白、鹽菜扣肉、酥肉燒雜燴、川東香辣回鍋肉、老臘肉，以及雞鴨魚、豆花、豆腐、時令鮮蔬瓜果等美肴。

鄧家鹽皮蛋：傳說３００年前起源於廣安牌坊村，明末清初，張獻忠入川，到處燒殺

夫妻倆每天從早到晚都在為烹製「鄧家菜」快樂忙碌。

大蒸籠裡的各種粉蒸菜，香誘路人。

1 一個皮蛋，兩種風味、兩樣口感。

2 這樣的清燉三巴湯，記憶中也是十幾年前的美味了。

3 一缽黑豆花與香辣醬，可以品出川東人的耿直與淳樸。

搶掠，鄧家先祖與鄉親們避亂於深山，數日後返回家中，發現一片破敗散亂，惟有藏在地窖裡的做滷菜用的老鹵水、香料、鹽巴、鴨蛋等尚還保存完好。但因連日大雨，鴨蛋和香料混雜泡在一起。一家老小為了充饑，便把浸泡在鹵水香料中的鴨蛋用以煮食，卻意外發現煮熟後的鴨蛋兼有鹽蛋與皮蛋形態與美味，於是鄧家先祖便以此法經改良，形成獨特的鴨蛋醃滷技法，以家庭作坊的方式製作加工，對外售賣，使全家人度過了兵荒馬亂的歲月。

鄧家先用清水將鴨蛋洗去污穢晾乾，再將廣安茶葉放進鐵鍋熬，倒入瓦缸中等茶水冷卻，放進食鹽，後置鴨蛋於茶水中加蓋密封，浸泡若干天後取出再煮。此時的鹽皮蛋悄悄發生變化，蛋清呈咖啡色膠質狀，清晰透明；蛋黃則是金黃沙糯，細膩香美，形成一個蛋兩種形態、風味迥然的天然美食，因既有鹽蛋又有皮蛋的特質和美味，故名鹽皮蛋。

鹽皮蛋鹹鮮香醇、口感細膩，當地鄉村人家吃法，用柴火灰烘熟的鮮青椒剁碎，鹽皮蛋切成小塊，加醬油、香油拌合即可；也可將鮮青椒和鹽皮蛋切成丁顆，菜油燒熱，下鍋加適量醬油、香油翻炒幾下；還可將鹽皮蛋切成條或厚片，輔以其他蔬菜燒成湯肴。無論何種，都不失鹽皮蛋的天然美味，不僅是佐酒的美味食品，更是夏日佐餐開胃、爽口清心，清熱祛暑的最佳下飯菜之一。

粉蒸鯰魚：鎮街上的飯館都有擺在街面上的小蒸籠，有肥腸、排骨、牛肉，但最具特色的還是粉蒸鯰魚。傳統川菜名菜中有款荷葉粉蒸鯰魚，即是出自於此，通常是把鯰魚切成條塊，加五香米粉、郫縣豆瓣、泡紅辣椒末、薑蒜米、冷雞湯等調味料拌合，把肉一塊塊放在荷葉上包裹起來，再放入蒸碗入籠大火蒸30～40分鐘取出，翻扣在盤中，揭去荷葉，撒上辣椒粉、花椒粉，在淋上熱菜油，撒上蔥花、香菜即可。而川東一帶，像達州、廣安當則將

捕自渠江的鯰魚切成肉條，拌以米粉，米粉中加以辣椒粉、花椒粉、薑末等蒸而食之，上桌前再淋以芝麻油、撒上蔥花即可。粉蒸鯰魚肥美無碎刺，味道鮮美，口感極好。

三巴湯：堪稱川東地區既古老又傳統的江湖名菜。此菜以牛的嘴巴、尾巴、牛雞巴（牛鞭）為原料，配搭適量的當歸、沙參、大棗、枸杞、三芎等十幾味中藥，用土沙罐慢火煨燉六小時以上方可食用。剛出爐的「三巴湯」色鮮味美、清香宜人，具有活血生津、滋陰壯陽之獨特功效，它是人們固本保腎、強身健體的上乘食補品之一。推薦餐廳：馬氏清真園、沿口古鎮牛肉館、三江大河魚。

黑豆花：在四川鄉下，最具風味特色的是青豆豆花，以新鮮青豆剝殼、泡入水中輕搓去皮膜、經推磨、濾滓、熬製成豆花。青豆花色綠如翡翠、甘甜可口、配以鄉村特有的新鮮辣醬，即便是山珍海味。而在川東山鄉人家，除了青豆花、黃豆花、綠豆花，還有一種對城裡人來講十分少見，顯得有些珍稀的「黑豆花」。當然是用黑黃豆磨製的，這黑豆花不僅顏色特別，灰黑灰黑的，吃到嘴裡，口感和味道也有些異樣，天然本味、清醇甘美。黑豆花、青豆花實乃豆花之珍品，倘若農家以此款待，你不是貴客亦當是貴賓。

【後記】

1996—1997，為拍攝川菜電視節目《中國川菜》，我曾跑遍了四川各地，走訪了諸多鄉鎮，採訪了不少名師大廚，也接觸了眾多民間鄉廚和鄉親，自然也嘗遍了各地名菜佳餚、特色美食、鄉風鄉味。各地鄉鎮，看似無華，甚至是有落後感，實則民風淳樸，民俗生動，人文風情絢麗多彩，情感豐富的鄉風鄉韻感人肺腑，感動之下大夢初醒，看到了深藏在我們心靈底處追求的是一份感情，更發現了川菜的魂，小吃的根。

此後，近二十年間，我全身心去挖掘，去發現，隱藏在民間和鄉鎮的鮮活生動的飲食文化，去探尋川菜的源流與歸宿。我想，不僅川菜需要「返璞歸真」，川菜人和川菜吃貨亦需「返璞歸真」。然而，隨著經濟發展及城鎮化的推進，「返璞」已漸變成「妄想」，「歸真」亦成為「奢談」。

一個個古樸老鎮，要麼已被推掉，要麼被迫改裝成商業旅遊雜賣場，那些千百年的古鎮大多已是「魂飛魄散，靈之不存」。於是我不再猶豫，於2012—2013近兩年多時間，孤獨前行，蹣跚巴山蜀水，決心搶在推土機之前，再訪鄉鎮，記錄下她「壽終正寢」前最後的微笑與溫馨，也權當是最後的吻別吧。

當然，更是對那上世紀三十年代，單衣赤腳從鄉下進到城裡，提籃小賣，拉車洗衣，生育養育我的父親母親之寸草感恩之心和傷感的懷念。

2015年・立春

向東

【附錄】＝常用川語註釋

【吃　貨】：美食愛好者。

【好吃嘴】：指愛吃的人，重慶地區則說「好吃狗」。

【巴　適】：川話，形容舒適、美好，引申用於形容美味、好吃。

【化　渣】：形容口感細緻。

【土　豆】：馬鈴薯。

【包　穀】：玉米。

【吃　口】：一般指口感，也指容易入口，吃起來方便的意思。

【鬆　泡】：指形態蓬鬆。

【吊　漿】：用石磨將糯米磨成水磨粉漿，再用細布袋吊起瀝乾。

【臊　子】：「臊」字本指切得細碎的肉，四川地區延伸其意，泛指澆在麵條類小吃上，經烹調而成的各式葷素醬汁，又稱之為「澆頭」。

【甜水麵】：筷子粗的水麵麵條煮熟後撈起拌入菜籽油，晾涼。取適量涼熟麵條入碗，用紅油辣子、花椒粉、甜醬油、蒜泥、芝麻醬、糖等調味，口味麻辣鹹鮮，甜香明顯，故稱「甜水麵」。

【晒　蔫】：指植物暴露在陽光下失去水分，造成的萎蔫現象。

【仔公雞】：未成熟的公雞。

國家圖書館出版品預行編目(CIP)資料

神遊海吃下四川：川菜小吃古鎮行 /
向東圖．文．-- 初版．-- 新竹市：賽尚圖文，
民 107.09　面；　公分．--（書食館；10）

ISBN 978-986-6527-43-2(平裝)
1.旅遊 2.飲食風俗 3.四川省　672.76
107013964

神遊海吃下四川：川菜小吃古鎮行

文 / 圖 ・向東
發行人 / 主編 ・蔡名雄
文字編輯 ・林美齡
排版設計 ・nana
數位影像管理 ・蔡名雄
出版發行 ・賽尚圖文事業有限公司
300 新竹市中華路六段 459 巷 1 弄 3 號
（電話）03-5181860　（傳真）03-5181862
（劃撥帳號）19923978　（戶名）賽尚圖文事業有限公司
{賽尚玩味市集} http://www.pcstore.com.tw/tsaisidea/
總經銷 ・紅螞蟻圖書有限公司
台北市 114 內湖區舊宗路 2 段 121 巷 19 號（紅螞蟻資訊大樓）
（電話）02-2795-3656　（傳真）02-2795-4100

出版日期 ・2018 年（民 107）9 月　初版一刷
ISBN ・978-986-6527-432
定價 ・NT.380 元